東京大学出版会

岡本隆司　吉澤誠一郎［編］

# 近代中国研究入門

An Introduction to the Study of Modern China
Takashi OKAMOTO and Seiichiro YOSHIZAWA, Editors
University of Tokyo Press, 2012
ISBN978-4-13-022024-8

# まえがき

本書はおよそ一九世紀がはじまる前後から、中華人民共和国の成立あたりにいたるまでの、いわゆる近代中国を対象とした研究の手引である。

研究の手引といえば、近代中国という分野に限っただけでも、近年おびただしい入門書が出ている。概説書・教科書、あるいは翻訳書も含めれば、いっそう多くなろう。そのなか、屋下屋を架すのもかえりみず、本書を出すことにしたのは、やはり危機感が払拭できないからである。

これまでの類書には共通した背景があるように思われる。それは学問研究をめぐって進んでいる環境・条件の激変ということである。たとえばグローバル化への対応ということも、強く意識されているといえるだろう。確かに、研究も社会の産物である以上は、時代の荒波のなかで鍛えられる必要がある。

しかし、単に状況に対応すれば、魅力ある学問を発展させていけるというものでもない。むしろ、環境・条件は変わっても、学問研究の核心が、そうそう変化するわけはないということも、しっかり認識しなくてはならない。研究のコアにあるべきものをあらためて確認し、習得し、実践してゆくべきではないのか。

そこでわれわれが想起したのは、三十五年以上前に出た、坂野正高・田中正俊・衛藤瀋吉編『近代中国研究入門』（東京大学出版会、一九七四年。以下、前作と称す）である。これは研究の「作法」を説きつつ、学問の核心を描き出した、文字どおり研究の手引書となっている。確かに現在では内容が古い部分はあるとはいえ、そこで披瀝された学問の理想、そしてそれと密接に結びついた研究手法から、われわれも言い尽くせないほどの影響を受けてきた名著といえる。そのためにかえって、その後継となるべき本は、昨今出版あいつぐ類書のなかに、どうもみあたらない。このことは美しい学問への憧憬が失われ、それとともに研究技量も低下していく現状を端的に表現しているし、また同時に、そうした現状の一因をなしているともいえよう。

われわれが非力をかえりみず、前作の精神を継承して新たな『近代中国研究入門』を作ろうと考えたのは、そのような現状にささやかな一石を投じようとする意図からである。もしかすると、それは時流に逆行する反時代的な試みであるかもしれないが、しかし学問をするからには、そういう意地をもつこともまた必要であると感じている。

前作は「interdisciplinary な中国研究への志向――『タコツボ』意識の打破」という目標を掲げていた。究極にめざすところはかわらない。ただし、前作では、歴史研究と同時代中国研究がともに扱われていて、それが大きな魅力となっていたのに対し、本書では歴史研究におおむね特化することにした。それは、同時代中国研究が大きく発展したなかで、建設的な分業を行うためには、歴史研究がしっかり足下を見つめるべきだという主張をずばり出したいと考えたからである。歴史学は本来、学際的な性格をそなえたものだが、その持ち味を生かすには、何より基本がしっかりしていなくてはなるまい。

実は、今日、近代中国の歴史についての知的関心は決して低調なわけではなく、むしろ連接分野・他分野からの言及は増えているといってよい。しかし、その内容についていえば、ときに眼につくのは、史料操作の杜撰、先行研究の軽視などであって、そこに歴史学への尊重があるようには、到底おもえないこともある。それゆえ、歴史・中国の専門家はもとより、非専門家も歴史学・近代中国の領域に足を踏み入れるのならば、これくらいはわきまえてもらわねば困る、という最低限のものを提示することも無意味ではないだろう。すこぶる古典的なカテゴリーで各章を編成したのも、そのためである。

右のような意図から生まれた本書の各章は、それぞれの分野で意欲的な研究にとりくんでいる執筆者が、各自の問題意識にもとづき、工夫をこらして書いたものとなっている。

序章「研究の前提と現実」は専門にわたる各章では立ち入っては扱いにくい、本書の基本をなすことがらをとりあげて、全体の導入にしたものである。時期区分や素養・工具書・読み書き・出版などを概観して、研究実践の前提にあるはずのものをさぐる。

第一章「社会史」は、「社会」史概念のあいまいさと研究領域の茫漠さから説き起こし、人口と家族・エスニシティ・村落などの論点に即して、研究の前提条件と可能性を語る。農村の社会とその調査をとりあげた議論は、近年さかんになっているフィールドワークにおいても意識すべき点を示唆する。

第二章「法制史」は、「法とは何か」という問題意識をもたない研究は、「法制史」ではありえない、という確乎厳然たる立場から、研究史を回顧する。法制史という研究を支えるものが何であり、層の薄い日本の中国法制史研究がなぜ世界をリードできているのか、学問のあるべき「美しい」姿を説いてやまないこの文章が、その一端を物語る。

第三章「経済史」は、近年研究が低調ななかで、その存在意義を確認し、はばひろい視野から動向と課題を指摘する。なかんずく地域経済史に焦点をあてたことは、往年の蓄積がぶ厚い当該分野の研究において、ひとつの方向性を示唆したものであり、また「モデル化」の意義も、些末な実証に流れがちなわれわれには見のがせない。

第四章「外交史」は、近年ようやく盛んになりつつある外交史研究の動向を、その研究手法と関連づけて概観する。公刊史料の徹底的な勉強という、ごくあたりまえの作法の意義をあらためて確認し、あいつぐ文書史料の公開という条件の好転と偏向に流されない心構えを説く。

第五章「政治史」は、二〇世紀中国のそれを中心に、研究の基本的な姿勢と視座から近年の研究動向にいたるまで、史料の特質を中心に論じる。史料じたいのなりたちから解析の対象となる、という指摘は、政治史に限らない、本書全体のモチーフでもある。のみならず、中国史研究すべてにいえることであり、歴史学の本質を衝くものでもある。

第六章「文学史」は、文学における「近代中国」の位置をさぐりつつ、従前のみかたを批判して、視座の転換をよびかける。さらに、そうした学説・視座の問題のみならず、現在の水準と条件で、テクストと向き合う作法をも懇切に解説する。これは史料の十全な読解をおろそかにしがちな歴史の学徒にとっても、きわめて有益な情報である。

第七章「思想史」は、「近代中国」思想史を書く意味と意義、そしてその「類型」を確認したうえで、語彙概念・文体にまでおよぶテクスト研究の重要性を強調する。その論点はとりわけ、第四章・第五章・第六章とあい呼応する内容をなしており、西洋「文明」と中国「文明」の交錯する「近代中国」を研究する全般的な姿勢を説くものともなっている。

最後に執筆者全員による座談会「近代中国研究の現状と課題」を付した。各自が日頃、研究の営みのなかで思っている疑問や意見を、分担の章のなかでは書ききれなかったことも含めて、率直に開陳し、自由に討論したものである。専門別で個性豊かな各章全体を、一つにとらえるまとめであると同時に、各章それぞれのねらいを明確化する手がかりにもなるはずである。

なお本書では、各章の執筆者が、史料をひとつずつ図版にかかげて紹介している。歴史研究はあくまで史料に基づいて行われることはいうまでもないが、研究領域の個別的な特徴を端的に表現するのもまた史料であるといってよい。本書は史料についての網羅的な紹介を任とはしないけれども、「研究入門」をうたうからには、史料を取り扱う方法について一端を示すことにも意味があると考えたからである。

もちろん以上だけで、手引の役割をつくせたとは思っていない。ここには、当然あるべくして、ないものもある。たとえば、軍事史である。近代に限らず、中国史の現実過程はハードな、武力的な政権交代の歴史であるから、軍事史は必須の研究課題のはずである。ところが、実際には研究者の関心からほとんど逸れているといってよい。

もとより研究が皆無なわけではない。別の領域・テーマから説き及んでいるものもある。あるいは、軍事史もほかの分野と切り離すことができず、後者の研究がいまだしの段階で、軍事をプロパーにはできない事情もある。このように、ほかの時代・地域にくらべ、研究に相当な立ち後れのある「近代中国」では、以上七章の基礎的なテーマ以外にまで、手が回りきらない、という厳然たる現実がある。それを自他ともに認識しておくことも、また必要であろう。そうした点、今後の研究の進展に期するほかはあるまい。

本書の企画は二〇〇九年の夏、東北新幹線に乗り合わせた編者二人が、雑談していたなかからはじまった。中国近代史研究をとりまく厳しい情勢のなかで、自分たちにできることは何か、何を若い人たちに伝えてゆくべきか、そんなことを考えはじめると、まず念頭に浮かんだのが前作『近代中国研究入門』である。これを二一世紀に甦らせることが、何にもまして学界に寄与するはず、そう確信して編集をすすめた。幸いそうした趣旨に、版元・執筆者の方々にも賛同いただいて、めでたく本書が成るにいたった。

執筆をお願いしたのは、各分野で当代第一線の研究者、これだけ専門化・細分化の著しい研究情況にあって、各自の研究領域を説きながら、しかも一貫した主張を出してゆくのは至難のことである。むしろ開き直って、何より各々の抱懐するところを率直に吐露していただく、という基本方針を立て、書式や文献のあげ方など、最低限の統一ははかったけれども、内容論旨に関わる相互の調整はいっさいしなかった。「違うところのあるのがよろしい」のであり、これも期せずして、前作にならったところである。

それだけに、まとまった一書として世に問うにあたって、版元にかけたご苦労はかりしれない。企画の段階から忍耐強く編者を支えていただいた東京大学出版会の山田秀樹氏と山本徹氏に深甚なる謝意をあらわしたい。

二〇一二年二月

岡本隆司
吉澤誠一郎

# 目次

# 序章

## 研究の前提と現実

岡本隆司

## 一　なぜいま「近代中国」なのか

中国語で「近代中国」といった場合、西暦でいえば、一八四〇年から一九四九年までの時代だとほぼ決まっている。これはイデオロギー・政権が認定《オーソライズ》した歴史観によるもので、そこに議論の余地はない。だからそれを信奉する中国人が「近代中国」という分には、その範囲は動かないし、それに盲従するなら、以下の論述はほぼ無用である。

しかし独自の発達をとげた日本の中国研究に立脚して考えれば、そうはいかない。日本語の近代中国は、それほど一定した内容をもつ術語でもないし、意味づけもずいぶん異なっている。

「近代」という漢語は、英語のmodernにあたる西洋語の翻訳で、大づかみには、いま現在に直結する過去というくらいの意味である。そこで「現代」ということばと微妙に重なりあい、中国語ではまったく同義のことさえある。だから近代中国と現代中国は、じつは区別が難しいし、時の経過とともに、その範囲も変わってきた。

中国に対する本格的な学術研究がはじまったころ、「近代」は「近世」とほとんど同義であり、事実、互換的に使われていた。内藤湖南に「近代支那の文化生活」という名論文がある。これは一九二八年の作、宋代以降の士大夫の「文化生活」を解き明かし、しかもそれがなお、リアルタイムに存在することを示唆したものである。同時代の様相が時間的に、どこまでさかのぼれるのか。「近代（＝近世）」とはそういう意味であり、欧米の原義にもかなっている。[1] そこでは、いわゆる清末民国時代は、アヘン戦争から数えても百年に満たず、辛亥革命ならば二十年足らず、ほとんど同時代、時事問題にほかならなかった。「近代」と「現代」は切れ目なくつながる概念であり、そのなかで清末民国は、双方を兼ね備えた時期だったといえよう。

中国史学・東洋史学の草創期に、そうした通念ができてしまうと、なかなか払拭されない。国民革命・日中戦争をへて、敗戦をむかえ、さらに中華人民共和国が成立しても、中国史研究の内部では、清末民国の歴史は「近代」史と称されながら、なお時事論とひとしなみな扱いであった。「清末から以後は歴史ではない」、その研究も「ジャーナリスティックなものしかできない」という雰囲気のなか、清末民国の研究は出発したのである。

そうなった理由として、第一に、日本のシナ学・東洋史学のでき方・体質にかかわる問題、そして第二に、それと表裏一体としてある「政治にふりまわされる危険[2]」をあげることができよう。

第一の問題では、江戸時代から続いた漢学の伝統と、明治時代にヨーロッパから輸入した学問方法とが結合してできたシナ学・東洋史学は、ほぼ元代以前の範囲を対象とした、という事実をみのがすことができない。いわゆる明清史研究と清末民国史研究は、ともに戦後の産物である。にもかかわらず、明清史のほうは歴史研究、シナ学・東洋史学の一部として発展したのに対し、清末民国史はそれとは切り離されて、時事問題のまま遇されることが多かった[3]。

そこで第二に関連してくる。清末民国の研究は時事問題であればこそ、現実政治の影響をつよく受けざるをえない。これは戦前・戦後つうじてあてはまることである。積極的に現実政治にかかわろうとする人は、いよいよ時事的に、「ジャーナリスティック」になり、それをいさぎよしとしない人は、清末民国そのものを避け、「古いところへ逃げ」て「こもっ」てしまい[4]、両者がいよいよ分断される。戦後マルクス史学の流行に対する反応も、類似の事態だったといえよう。明清史までの研究は、アカデミックな装いをもった時代区分論争が起こったのに対し、清末民国ではそうならず、直截にイデオロギッシュな革命史観が支配的でありつづけたのである。

前作の坂野・田中・衛藤編『近代中国研究入門』はそれに対し、生々しい実感をもちうる当事者たちの手になる。かれらはまた、漢学の伝統が残る戦前に中等教育をうけ、シナ学・東洋史学の長短を知りつくした世代でもある。そのかれらによれば、一九七〇年代までの日本のシノロジーは、「無意識のうちに、そういうような、現代に無知、無関心だというふうな、いわば現代へのかかわり合い方というものに動かされて」おり、「何か現代政治上において、ものを訴えていくための手段とせんがために、歴史を扱うということはよくない」けれども、「かといって現在と全然切り離されて、無関心であっていいというわけでもない(5)」という情況だった。それに対する不満が、前作編集の大きな動機になっている。なればこそ前作は、一九世紀の後半から二〇世紀の前半を中心にあつかうにもかかわらず、「現代」との接続を求めてやまなかった。

しかし二一世紀になった現在、もはや時代はちがう。われわれの世代は、中学高校でもろくに漢文を学んだ記憶はない。その世代が否応なく、研究の中堅をしめるようになった。それはシナ学・東洋史学の基盤をなしていた、漢学的伝統の衰退を意味する。

研究者の交代ばかりではない。中華人民共和国も四十歳をこえた一九九〇年代に入り、「改革開放」は加速して、眼前の中国のドラスティックな変化が、日本じしんの喫緊な課題となった。すでに以前からあった、研究・関心の断絶というべきものが、ここにおいて変化をみせつつ、いよいよ顕在化してくる。

それを端的にあらわすのが、たとえば、野村・山内・宇野・小島・竹内・岡部編『岩波講座　現代中国』の発刊である。一九九〇年に中華人民共和国・現代中国研究に対する浩瀚な手引き書が出たことは、ひとつの画期を示す。さらに示唆的なのは、その附録たる同編『現代中国研究案内』の充実ぶりに触発されて、清末民国を対象とする小島晋治・並木頼寿編『近代中国研究案内』が刊行されたことである。

まず中華人民共和国という「現代」の研究ありきで、清末民国をさす「近代」の研究は、あたかも「現代」から派生した附属品のような、副次的な位置づけにすぎない。以前には確かに存在した、清末民国に対する現代感というものが失われ、かつてそれを時事問題とみなしていた感覚・関心は、一九九〇年代以降、その対象をほぼ中華人民共和国、二〇世紀後半の時期に移したのである。

これは必ずしも悲観すべき事態ではない。清末民国の「近代中国」研究がかつて「ジャーナリスティックなものしかできない」といわれた雰囲気からすれば、「政治にふりまわされる危険」が少なくなって、ようやくひとつの歴史時代として、より純粋に客体的な研究対象としてとらえうる時代に来た。そうみるのが、建設的な態度であろう。しかもそれが「現代」の中華人民共和国に直結する、という位置と意義は、なお失われていない。

それでは実際の、現在進行形の研究情況はどうなっているか、といえば、これは悲観的にならざるをえない。「現代中国」研究はいよいよ関心が高まっている。その大きな理由は、最近の教育課程にある。学生が具体的にまずふれるのは、経済・軍事・政治ともに大国化が著しい中国であり、ついで語学の中国語である。以前のように、古典漢文にあらわれる歴史・文学・思想の中国ではない。そしてその中国語をある程度マスターすれば、「現代中国」は近年の情報化・グローバル化で、すこぶる研究がしやすくなった。そのこと自体は、かまわない。問題なのは、これと反比例するかのように、「近代中国」への関心が急速に希薄になり、専門的な研究も激減している、という事態である。

これはまずもって、清末民国に対するリアリティが失われて、容易には近づきにくくなった結果であろうが、また研究に入るには、中国語のみならず古典漢文読解の習得がどうしても避けて通れないために、「現代中国」よりはるかに難しい、という側面もある。換言すれば、歴史・研究に純化した「近代中国」において、シナ学・東洋史学衰退の影響が、もっとも顕著にあらわれている、ともいえよう。しかし日本・日本人にとって重大な課題たる「現代中国」と直結する過去であり、それをめぐる環境でもグローバルな枠組が共通している以上、「近代中国」の研究が衰退消滅するに任せるわけにはいかない。

しかも、いまひとつの事態が進行中である。悪しきグローバル化は、目前の社会的効用のみを評価する風潮をつくりだし、人文系の学問をズタズタにした。とりわけ外国の歴史はムダな学問、ものの役に立たない、という社会的な評価が急速に定着している。「そんなことをやって何になるのか」。同業の学者ですら、そう公言してはばからない。

そんなことは、はじめから疑問の余地がない。「好むと好まざるとにかかわらず、われわれは歴史のただなかに生きて」おり、「ひとは空気と同じほどに歴史を消費している」のであるから、「歴史を正確に書くということは、世間に奉仕する行為である」。「人間の過去から重要な一つの断片を取り出してきて、これを厳密に検討するということは、社会的な重要性を持った行為である(6)」。

歴史を知らなくても、現状がわかる、とうそぶく向きもあるが、とんでもないまちがいである。とりわけ中国は然り、「現代」に直結する時代なら、なおさらであろう。しかし現状を調べる人たちに、一から歴史研究をやれ、というのも無理難題で、なればこそ「近代中国」研究の社会的価値は大きい。

このように、前作『近代中国研究入門』がめざした「近代」と「現代」の接続という学問的要請は、消失していない。かえって増大している。とはいえ、四囲の事情はかわっていて、この時代に「古いところへ逃げ」て「こも」ることはありえまい。むしろ恐るべきは逆の事態、無意識のうちに「現代」「へ逃げ」て「こもっ」てしまう動きであり、すでにすさまじい勢いで進行している。そこに「近代中国」の研究を必要とし、その入門を不可欠とする理由がある。

## 二 「研究」の現状

本書はしたがって、時代範囲を必ずしも同じくしないながらも、意義とメッセージという点で、前作の『近代中国研究入門』を継承する。そのために構成も、前作にならった。その内容はすでに「まえがき」でふれたとおりだが、動機からもう少したちいって説明してみよう。

その前作は歴史部分にかぎってみても、(1) 辞書・参考図書の網羅的紹介と使い方、(2) 先行研究の検索方法、関連研究文献の紹介・解題、さらにはその活用、(3) 史料論として、史料のでき方・写し方・読み方・まとめ方、(4) 論文構成の着想から、註の作り方・校正にいたるまでの文章作成法、という内容になっていて、およそいたれりつくせりである。以上をまとめて、前作の編者は、

名論卓説を並べるのではなく、いかなる学風であろうとも、およそ学問研究として必要な基礎的素養、および、資料や工具の使い方、論文の書き方の作法など、総じて instrumental なことを叙述する[7]

と述べる。これがじつは、凡百の類書と前作を截然と分かつ特徴であった。その「基礎的素養」や「作法」のなかに、研究実践の原理・不易の核心が存在するからである。

だから前作からそこを汲み取ってもらえばよいのだけれど、三十五年以上経過した現在では、そうもいかない。情報・撮影・印刷技術の進歩で、(1)(2)(3)(4) のいずれも、表面的に実践するだけなら、誰でも手軽に、あまり深く考えずにできるようになったからである。

いま前作を読んで、そのとおりに実行しようとする人はあるまい。史料は筆写などせず、パソコンに入力するだろうし、目録を繰るよりウェブ・データベースで検索するだろう。それが不可であるはずもない。筆者はじめ、誰もがそうしている。ただそのなかで、見すごしていることがありはしまいか。あまりにも便利になってしまったがために、研究の手続き・「作法」が、じつは研究の質に直結している、という以前と変わらぬ事情が、かえってわかりにくくなったのではないか。何よりそれを憂慮する。

「基礎的素養」「作法」がないとどうなるか。一例をあげよう。一七九三年、イギリス特命全権大使として中国に派遣されたマカートニーの使節行をあつかったJ. L. Hevia, *Cherishing Men from Afar* である。これはポスト・モダンの視角から従来の「朝貢体制」論を批判したことが高く評価され、ジョゼフ・レベンソン賞を受けた著作だが、そこに以下のような引用史料がある。

周禮大行人掌賓客之禮儀、九州以外、謂之蕃國、各以貴寶為摯。國家聲教、曁訖四夷、來賓徼外山海諸國、典之禮部。百餘年來、勅封燕賚諸典、儀文詳洽、爰輯為賓禮。……朝貢之禮、凡四夷屬國、按期修職貢、齎表文・方物、來朝京師。(『大清通禮』巻四三、頁一)

わかりやすく訓読すれば、以下のような感じであろうか。

周禮にいふ、「大行人は賓客の禮儀を掌る。九州以外は、之を蕃國と謂ふ、各の貴寶を以て摯と為す」と。國家の聲教、四夷に曁訖《およ》べば、賓を徼外の山海諸國より來たらしめ、之を禮部に典《つかさど》らしむ。百餘年來、勅封・燕賚の諸典、儀文詳洽なり、爰《ここ》に輯《あつ》めて賓禮と為す。……朝貢の禮、凡そ四夷屬國、期に按じて職貢を修め、表文・方物を齎《もたら》し、京師に來朝す。

それをこう訳すのである。

In the *Rites of Zhou* the Grand Conductors of Affairs (*Daxingren*) handled (*zhang*) the rites and ceremonies of the guest. Kingdoms external to the nine provinces were called foreign kingdoms (*fanguo*). Each of these kingdoms took its most precious things (*guibao*) to be the offering (*zhi*). In our time the enunciated teachings of the imperial family (*guojia shengjiao*) have reached the foreign peoples of the four directions who come as guests. The various kingdoms from beyond mountains and seas have recorded this. For over a hundred years, the Board of Rites, by Imperial Order, has feasted and rewarded them. Various ceremonial writings have been examined, combined, and thus compiled to make Guest Ritual. ..... In the ceremony of offering up the most precious things at court (*chaogong zhi li*), the foreign peoples of the four directions (*siyi*) are classified as domains (*guo*) and order their offerings according to the proper season. ［The princes］ of these domains send their servants to present petitions (*biaowen*) and local products (*fangwu*). They come to Our court in the capital.[8]

この訳文はすでに指摘があるとおり、句読から誤っており、訳語概念に首をかしげるところもある。[9] 典型的なのは傍線（下線）部「四夷屬國」の解釈であり、この四字を「四方の異人は国と分類する（are classified as domains）」と誤訳したうえで、「華夷の別がない」とみなす[10]のは、日本なら学部生でもしない立論であろう。

清朝における華夷観念、そして「夷」「屬國」という文字の扱いが、いかに重要かつ複雑な問題であったかは、少なくとも日本の清代史・近代史研究者には、初歩的常識的な知識である。ところがアメリカでは、一流の研究者がそれすらわきまえていない、しかも日本の必読文献を参照すらしていない、ということになる。だから、「イギリス国王とモンゴル王公が」「同じ原理（[t]he same principles）で」あつかわれていた[11]という、とんでもない論述になるわけである。筆者の専門だけかもしれないが、国・言語を問わずこうした著述が氾濫し、また往々にして高い評価を受けている。

言辞の意味・文献のなりたちを正確につかむことで、事実を確定してゆき、その積み重ねを通じて時代を描くのが歴史学にとどまらない人文社会科学研究の基本だが、いまやその初歩からおかしくなった。世界の潮流がどうであろうと、学問である以上、絶対にそうなってはならない。

こうした「基礎的な素養」は、付け焼き刃では身につかない。平素の心がけと修練が重要である。史料の読みはくりかえすまい。もっと初歩的なところが問題で、ひとつあげるとすれば、専門に必ずしも直接には関係しないかに見える書物にとりくむ必要性である。

近年どうも目につくのは、自分の研究題目に関わる狭い範囲の読書しかしていない、という傾向である。そのテーマに直接かかわりないもののように見えて、実は、内容上、《研究史》の創造的な形成にとってきわめて重要な準備作業——直接の準備作業ではなく、平常の学習というべきものであるが——として、当該テーマによる研究が取扱うべき時代について広く歴史的展望と問題提起とをおこなっている文献をも併せ読むこと、また、方法論を学ぶために、社会科学的な理論書を読むこと、しかも、その方法論をみずからの独創的なものとして鍛え上げるために、これらの理論については、直接に古典としての原典を精読し、みずから思索することが必要である……(12)

ものを知るためばかりではない。考え方や表現のしかたを身につけるためにも、分野にかかわらず、先達の業績を咀嚼してみなくてはならない。もとよりそこに書いてあることを無謬の真理、絶対的な規準とみては、研究ではなく信仰になってしまう。けれども偉大な著述の感化力にふれ、そのゆえんを考えてみる、という経験は必要である。

それが経済理論書なら、スミスやマルクス、マルサスやケインズでもよいだろう。

清末民国に話をかぎれば、この「社会科学的な理論書」が圧倒的に重要である。現在に至るまでの研究で理論枠組になってきた、という事実がまず存在する。直接その理論・術語・概念を使っているものはもとより、使わなくとも、思考の枠組を形づくっていることが少なくない。たとえば、マルクス史観の用語を知らないと、何が書いてあるのかすら、わからない著述もある。

それればかりではない。社会科学は「近代中国」の時代に学問として形成され、また現実の政治・経済に影響力をもち、スタンダードな理論として使われていた、という事実がある。ある程度以上そうしたものに通じておかないと、文献も史料も読めない。

## 三　調べること——工具書と情報化

「基礎的な素養」といえば、昔の風習では、辞書・事典的な知識、あるいは古典などは、諳んじているのがあたりまえであった。「万巻の書」を胸中に蓄えるというのが、読書人の嗜《たしな》みである。日本でも四書五経くらい、すら暗誦できなければ、寺子屋の教師さえつとまらなかったし、それが寺子屋で学ぶ子弟の目標でもあった。筆者など江戸時代なら、さしづめ落第坊主である。

もちろん今はそんなことはないから、筆者ものうのうと大学教師の禄を食《は》んでいられる。西洋近代との邂逅以降、学問のあり方がかわってきて、かつて個人の記憶力に負担させていた大部分を、辞書・事典などのいわゆる工具書が担うようになった。そのためシナ学・東洋史学には、おびただしい工具書が存在する。「近代中国」という立場からみると、辞書・事典・索引はもとより、十三経・廿四史・十通なども、史料というよりは、工具書のうちに入る。それらもふくめて、いまや電子化の席巻は圧倒的である。

従前はそんな工具書の存在・意義・所在を知り、入手し利用することがたいへんだったので、市古宙三の仕事の意義は大きかった。[13] もっとも、市古があげる工具書をことごとくそろえている図書館は、いまでもかれ自身が「近代中国」関係のレファレンスを整備した東洋文庫くらいしかないだろう。工具書は日常的に使うものだから、極言すれば、東洋文庫の近くにいなければ、市古レベルに万全な「近代中国」研究はできなかった、ということになる。そんな障碍がなくなったのだから、電子化の恩恵ははかりしれない。

しかし工具書が身近にあってすぐ使えれば、それですべてよし、ということにはならない。中国古代史の先生に聞くと、『漢書』は『辞源』一冊あれば読めるらしいが、同じ『漢書』『辞源』をもっていても、われわれにそんな芸当は、とても無理である。つまり工具書を使いこなすだけで、かなりの年季と学識がいるということであり、いかに電子化・情報化して便利になっても、その本質はかわらない。

近年は電子辞書が普及して、学生は必ず持っている。いちいちページを繰らなくてもよく、とても便利であるけれど、冊子体の辞書・事典を捨てる気にはならない。辞書・事典は見開きで、関連の記述がひろくみわたせること、説明・用例をじっくり読んで、解釈や文脈の当否に思いをめぐらせることが不可欠だからである。電子化の検索能力は、もとより人間の頭脳の及ぶところではない。しかしそれに使う本人がついていけないこともしばしばである。電子化が必ずしも役に立たず、実用に逆行している場合さえあることを忘れてはなるまい。

どんな形態であれ、工具書ですべてすむわけではない。辞書・事典に完璧なものは望むべくもないからである。専門のレベルでは往々にして、工具書が使い物にならない局面に出くわす。またそのくらいでなければ、専門とはいえない。そんなときに手を伸ばすのは、関連する専門の研究書であり、研究論文である。既存の研究が自らのテーマと深く関わる場合、それにいかに向き合うかは、田中正俊「社会経済史」および吉澤誠一郎「先行研究と向き合う」に説くとおりであるし、本書各章で具体的な事例について、個別に論じることであろう。先行研究の咀嚼消化は自己の論点を形象化してゆくにひとしく、それは研究そのものに不可欠な作業である。

あわせて、より注意を喚起しておきたいのは、先行研究をみるのは、自分のテーマよりも、別の問題に関することのほうが、数的にはずっと多い、ということである。不案内なことがらを知るために、関連の専門論文や翻訳書・学術書をあさるのも、やはり日常的に不可欠な作業である。そこで自身の研究課題につながるトピックや史実に出会うこともありうる。

たとえば清代の史料を読むには、古いものだけでも、臨時台湾旧慣調査会編『清国行政法』・安部健夫『清代史の研究』・東洋史研究会編『雍正時代の研究』・佐伯富『中国塩政史の研究』は、座右から手放せない。これだけ良心的に作ってあると、網羅的でないにしても、はるかに工具書よりも頼りになる。後述するように、研究成果を出版すること、文献目録と索引をつけることが必須なのは、そういう意味からでもある。

## 四　考えること――実証と解釈

過去の研究には、まず当時の事実をつきとめること、それに立脚した仮説を立てることが必須である。具体的にどうするかは、市古宙三が平明にいいつくしているので、それを引こう。まず前者の実証である。それがいかに面倒か、しかも「探偵小説のような面白さ」をもっているか、端的に述べてくれる一文である。

(一) ある事を調べるには、まずそれに関する史料をできるだけ網羅的に集める。
(二) 集められた史料は、その一つ一つについて、性質、信憑性を検討したのち、取捨選択する。
(三) 史料の信憑性は、その人が、その時に、その所で書いたもの——たとえば借金証文のようなもの——が最も高く、それから人、時、所が遠ざかるにしたがって信憑性は低くなる。しかしそれは一応の規準を示しているにすぎず、実際に史料の信憑性を考える場合には、この規準を頭にいれた上で、個別に検討しなければならない。
(四) 取捨は合理的、客観的になされねばならず、恣意的、主観的であってはならない。すなわち、仮説に都合のいいものだけを取り、都合の悪いものを棄てるということであってはならない。
(五) 研究論文においては、以上の過程が明確に記されねばならない。捨てた史料については、何故にそれを捨てたかを、誰にでも納得のいくように説明しなければならない。だまって捨ててはいけない。
(六) 研究論文は長ければいいというものではない。簡潔なほどいいのであって、その課題に関する研究者一般に自明であり常識であることは書く必要はない。どうしても書かなければならぬ場合でも、それはなるべく簡潔にすべきであって、典拠など示す必要は毛頭ない。
(七) 証拠として史料をたくさんあげればいいというものでは必ずしもない。たとえば、a・b・c・dという四つの史料があるが、b・c・dはaを写したものか、その要約にすぎないのなら、aだけをあげればよく、せいぜい「b・c・dはaから派生したもの」と注すればたくさんである。四つを証拠としてあげることは、その人の無知を示すだけであって、証拠が四つあるからそれだけ確実になったというわけではない(14)。

実証が困難なのは、必ず批判を含まなくてはならないからである。しかし実証はあくまで、問題の解き方にすぎない。それを通じて解くべき問題とは、いったい何なのか。その問題を設定するほうが、じつはいっそう重要なのであって、それも実際には、実証と批判の作業を通じてしか、みえてこない。市古の言をつづけよう。

辛亥革命の研究者にとって、それは誰であれ、動かしえない事実というものがある。……こういう動かしえない事実を求めるために面倒な作業をしなければならないことは、これまで縷々述べてきた。しかし、こういう動かしえない事実を総合して描かれる辛亥革命の図像、辛亥革命の見方は、各人各様であっていいはずである。いや、まったく同じ見方なんて、むしろ不自然である。ところが、権威主義というのか、定食趣味とでもいうのか、権威ある見方、定まった図像というものがなければおさまらない人が案外に多い。たとえば、辛亥革命はブルジョア民主主義革命に決まっている、そう見なければいけないんだ、というのである。決まっているなら何で研究などする必要があるのだろうか。(15)

これぞ、実証主義である。それを自覚実践する研究者、あるいは研究業績が、いかほどあるだろうか。きわめて懐疑的にならざるをえない。なぜしかじかのことを実証するのか、その問題意識こそ問わなくてはならない。事実をじっくりと詮索し、事実そのものから自分の意見を築き上げるという気風がもっと養われなければならない。先頃、私は世にも奇怪な光景に立ち会った。六、七人の若い大学生諸君に現代アジアの動向を分析したあるテーゼの批判を求めたところ、彼らのやったことといえば、判で捺《お》したように、西田哲学、田辺式「種の論理」学、和辻風土学、唯物史観等によるそれの再解釈ないし基礎づけであった。一人として少しでも現実の実証的研究に基づいてそれに意見を差し挟むものはなかった。(16)

分析は総合を待って、はじめて有効である。歴史学のばあい、微細な史実考証は、体系的な歴史過程を構成する一部であってこそ、意味がある。逆にいえば、実証すべき対象は何よりも、時代を表現するものではなくてはならない。事実というものは無数にある以上、すべてがその対象とはなりえないからである。そして実証は通念に抗する、ほとんど唯一の手段である。通念に迎合した実証は、いかに多数派で世上に溢れていようと、その存在理由をもたない[17]。

実証さるべき事実と主張さるべき所説との関係は、あくまで前者が前提になるべく、後者が前者の前提になってはならない。しかし後者を前者の前提とするものが大多数をしめる現状なのである。何より容易だからであり、また理論・枠組が先行しがちな社会科学の悪しき影響でもあろう。

とにかくまず実証を行う必要がある。そのためには、まず史料を自分のものにしなければならない。最近の論著がすでにそこから、あてにならなくなってきているのは、上に述べたとおりである。

それはほぼ日常の地道な作業というほかない営為であり、研究者がもつ時間のほとんどは、それに費やされている。したがって、その作業こそが研究そのもの、それをなりたたせる技術こそ、研究の原理にほかならない。

たとえば、史料を集めることを考えてみよう。あらゆる些細なことも重要な論点になる可能性があるから、適切正確に摘出記録しなければならないし、しかもすぐとりだせるように、整理もおろそかにできない。それは論述の組織化・体系化に直結し、記憶では代替のきかない作業である。

したがって、史料の筆写はきわめて重要で、その筆写用紙が原稿用紙かルーズリーフかカードかということまで、熟慮すべき問題にならざるをえなかった。コンピュータになった現在でも、本質的な原理はかわっていない。以前にあったノート・カードの選択は、たとえば使用するソフトウェアの種別に代替されている。それらをいかに選択、活用するかは、自身の気質・精神・頭脳のはたらき方と密接不可分の関連を有するから、自分に適した方法が最善なのであって、それは自ら見つけるしかない。

以前のカードに比べれば、どんなソフトを使うにしても、コンピュータははるかに便利である。筆写の手間は大いに軽減されたし、何より検索の便にすぐれている。先達が苦心していたところで労が省け、大量の資料が処理できるようになった。

問題はむしろ、その便利さに埋没しかねない、頭脳が情報技術についていけないことにある。史料の内容を咀嚼消化していない論述が急増したのも、そのあらわれであって、しかもそれを本人が自覚していない。そこで、「頭を使い手を働かせて一字一字筆写することが、内容を読解するための有効な手段」、「学問研究の本質に根ざした正統的な方法である」(18)という指摘をあらためて嚙みしめなくてはならない。

## 五　書くこと——記述と表現

読み、調べ、考えることは大切である。しかし書くことはもっと重要である。昔から史家の三長という。「学」「識」「才」のことで、「学」は知識、「識」は識見で、ただ歴史の事実を知っているだけでは、史家とはいえない。その本質をとらえる見識が不可欠である。「才」は文才、言わんとすることを十分に表現できる能力のことで、その識見を載せ、人を動かすに足る筆力がなくてはならない。

筆者なりに説明してみよう。知識にしても、見解にしても、それはしょせん、断片的な観念の無秩序な集合にすぎない。書くということになれば、その雑然と散らばる断片のひとつひとつに適切な形と位置を与え、ひとつの構成体に組み上げてやらねばならない。それがつまり、ことばでの表現であり、センテンス・パラグラフの構成・排列だということになる。それに失敗すれば、いかに豊富な知識をもっていても、卓越した観念・識見をもっていても、自他に伝達できないのだから、持っていないのと同然であろう。

そこで章学誠は「文」、つまり歴史を叙述する文章表現をことのほか重視し、その「才」と「徳」を史家の要件にあげた。「徳」とは文章をつづるにあたっての晴朗平静な心の持ち方のことで、「才」だけでは足らないのである。宮崎市定の言い換えによれば、

歴史学の成果を公けにするとき、それをいかに表現すべきかの問題は密接に、理解の問題、評価の問題と関係している。歴史事実に対する理解の深浅、興味のおき方、評価の大小は直ちに表現の巧拙にひびいてくるからである。文章はただ紙になすりつけたインクでなく、言わずにおれぬことを言った言葉でなければならぬから、自信と愛情をもたなければ、ろくな記述のできるはずがない。(19)

しょせん書いて表現できないものは、本物の知識・理解ではないし、書いたものにこそ、その人の思考・精神が如実にあらわれる。

コンピュータのおかげで、史料や文献の検索・調査から、その蒐集・閲覧・整理、原稿の執筆・定稿にいたる作業は、きわめて楽になった。いまやその負担軽減の反動ともいうべき安易と軽率の弊害を憂慮しなければならない事態になっている。「ただ紙になすりつけたインク」というべき文章が、いかに多いことか。ジャーナリズムはいわずもがな、アカデミズムもほとんど同断といってよいかもしれない。

せめてわれわれがものする学術書・学術論文ばかりは、そうであってはなるまい。書くに値することがなくては、筆を執るべきではないし、論じたいことがなくて書いた文章に、生命が宿るはずもない。たとえ大家であれ、いな大家であればあるほど、二番煎じ・リフレインの論文がつまらないのは、そこに原因がある。精神の高揚と躍動が乏しいからである。

しかし書きたくなれば即、文章ができるわけではない。ことさら美文・名文でなくともよいけれど、主張したいことを過不足なく、論理的に記述伝達する能力・技術、そうしようとする気力と努力が必要である。それが現代の「才」と「徳」にあたるだろう。

昨今はいわゆるグローバル化にともなって、外国語の運用能力、いわゆる語学の要請度が甚だしい。けれども外国語はできても、日本語の文章はさっぱり、という人は少なくない。日本語を書くことこそ難しい、と心得るべきである。

たとえば、わけのわからないことば、あいまいな概念をつかってすませるというのが、日本文の悪いクセである。おそらく漢文訓読体の積弊であろう。昔は晦渋な漢語、いまは多義的なカタカナ語がその典型であり、こういうのを使うと、アカデミックだと勘違いしている向きが多い。立派なジャーナリストから研究者にいたるまで、その弊は蔓延している。

東洋史学でいえば、古くは「佃戸《でんこ》」をめぐる時代区分論争も、じつは「資本主義的」「封建的」という概念規定が十分ではなかった、という議論の前提に、大きな紛糾の要因がある。(20) 筆者に近いところでは、「朝貢システム」という概念がそれにあたる。「朝貢」の史実内容も把握せず、十分な概念規定もおこなわずに、多義的な「システム」をそれにくっつけて、学術概念らしくした語であり、その意図は評価できても、史実分析の概念としては使うに堪えない。これを無条件無批判に引用して理論的な前提とする著述は、信用できないとみてよい。

以上は別に目新しくもない。ずっと以前から、くりかえし言われてきたことである。

表現される思想は理解のできる語法で表現されなければならない……あらゆる実際的な目的からすれば、理解されないことは、言わないも同然と考えられても仕方がない。問題が複雑だから、はっきり説くことができないといったところで、それは口実にはならない。いかに複雑でも、もし充分に理解されていれば……どんな概念であっても、なんら晦渋の影をとどめずに述べることができるはずだ。晦渋さは貧しい思索と不完全な知識から生まれてくる。(21)

それでもなお、言わなければならないところに、事態の深刻さがある。

書き終わったものを、許される限り一定の時間を経て後、疑いの眼で見る他人の立場に立って何度も読み返し、その批判に耐えうるよう、何度も書き改める。……最も明晰、適切な言葉に形象化し、明確な概念と緻密な論理とに構成しようとする悟性的ないし理性的な努力を放棄して、主語と述語との繋がりがずれている文章を書いたり、日本語の質を落すような粗雑な言葉遣いをしたりするようでは、職業的専門家として社会に遇せられている研究者たるに堪え得ないであろう。(22)

三十五年前のこの警句は、近年の氾濫する学術書の文章に対する頂門の一針というべきではあるまいか。

## 六　出版のすすめ

書くという行為は、基本的には、公にする、人にみてもらう、ことにほかならない。見られることが前提になるので、ひとりよがりはゆるされない、なればこそ思考が秩序化するのであって、それにはそれなりの心構えが必要である。

主として学術論文にかかわる最低限度のことは、田中比呂志「研究成果を公表する」にくわしい。ただそれは、ほとんどが書き手にとっての「世に問う」ことの意義である。書き手は書くのをやめた瞬間に読み手になるし、自分も含めて世のすべての人が読み手たりうるわけだから、いっそうその読み手にとっての意義を語らねばなるまい。日本の学風では、まず学術雑誌・学会誌に掲載することが、学術論文・学問的成果と認知される第一歩である。だから大多数の研究成果は、雑誌に存在する。雑誌論文の検索・閲覧は、データベースの発達・図書館の連繫・テクストの電子化でつくづく楽になった。以前は自分の足と目で探し見つけ、筆写の必要すらあった。いまは図書館でいながらに、世界中の論文を閲覧することも不可能ではない。

とはいえ雑誌論文の形では、やはり検索閲覧に不便である。「近代中国」を勉強するのに、たとえば、藤井宏「新安商人の研究」や佐々木正哉「鴉片戦争の研究」は必読の長編論文だが、それほど読まれていないようなのは遺憾である。それは読まない方の責任ではあるけれども、両氏の作品が著書、とりわけ単著に収まっていれば、いっそう便利となって、より多くの読者を得ていたにちがいない。

そこで研究成果はなるべく出版すべきだと言いたい。出版に堪える質のものを書こうという励みにもなるし、編集者という学問世界とは別の、外のチェックの眼も入るから、文章もいっそう読みやすくなる。もっとも内容や文章をろくに点検せずに、たれ流し的に出版する論外の事例もあるようだが、一般的には、そういってさしつかえない。

もっとも現状としては、出版図書の数は増加をつづけており、テーマや内容はまだしも、稚拙な文章や字句の誤脱がおびただしいものも少なくない。それはもちろん著者の責任だが、出版社の編集段階の問題でもある。ここにも情報印刷技術が関連していて、たとえば、入稿はほとんど例外なくデータ入稿になっているから、原稿の段階で誤りがあると、最後まで正されない可能性が大きくなった。校正も以前のような真剣勝負ではなくなってきている。現実にさまざまな障碍があるのは承知のうえで、やはり出版の意義を正確にわきまえて、編集にいっそう力をつく右は H. B. Morse, *The International Relations of the Chinese Empire,* Vol. 3, p. 510.　左は岡本隆司『馬建忠の中国近代』345 頁．両書の主人公たる Hart と馬建忠の項目を比較せよ．

してほしいと思う。

研究書の可読性は、索引があることで大いに増す。本というものは、何も最初から最後まで精読せねばならぬわけではない。重要なのは、自分の関心に直結する叙述・趣旨に出会うことで、それを助けてくれるのが索引である。だから昔の本はともかく、今後は索引のない学術書は、以ての外というべきだろう。読み手の問題だけではない。索引を作るのは、著者にとって最後の推敲・校正にほかならず、自著で使用した術語・概念・論点とその関係が適当であるか、を最終的にチェックできる機会ともなるからである。

索引も作り方によって千差万別だが、しばしば目にするのは、人名・事項と分けたものである。これは書誌・事典など、本の性質によっては、便利なこともあるけれど、だいたいは作り手本位の形態で、とりわけ歴史書では、読み手に不便なことが多い。人物は行為と切り離せないし、歴史事象は複数の人物・事物が複雑にからみあって進行するからである。General Index のかたちで、副項目と見よ項目を充実させたほうが、読者には使いやすいだろう。

そうした索引は、何といっても洋書が充実している。これは重厚な学術伝統のなせるわざで、それの乏しいわれわれには、なかなかこうは作れない。そのあたり、実例を比べれば、一目瞭然であろう。少しでも模範に近づけるようにしなくてはなるまい。

ともあれ、出版にしても索引にしても、「世に問う」わけであるから、思いをいたすべきは、ただひとつ、読者のために、ということにほかならない。

そしてその読者が、その論著の趣旨を批判、継承、発展させ、新たな研究を担ってくれたなら、ひとつの研究の責任は果たせたことになる。そうした有意義な連鎖が、少しでも多く生まれるようにしたい。以下の各章に共通する思いは、そこにある。

（1）それから百年近く経って、「近代」概念も「近世」概念も、含意そのものが変化してきたけれども、それについては、周知のことでもあり、ここでは織り込みずみとして、いっさい省略にしたがう。

（2）以上「　」内は、坂野・田中・衛藤編『近代中国研究入門』「座談会　中国研究の回顧と展望」四二八、四二九頁、衛藤瀋吉の発言。

（3）岡本隆司「明清史研究と近現代史研究」。

（4）坂野・田中・衛藤編『近代中国研究入門』「座談会」四二九頁、前野直彬・衛藤瀋吉の発言。

（5）同上、四三〇、四三一頁、田中正俊・滋賀秀三の発言。

（6）ケント『歴史研究入門』五、六頁。

(7) 坂野・田中・衛藤編『近代中国研究入門』iv頁。
(8) J. L. Hevia, *Cherishing Men from Afar*, pp. 118, 119.
(9) 周錫瑞「後現代式研究」一一二頁、J. W. Esherick, "Cherishing Sources from Afar," pp. 147-148を参照。もっともその指摘は、必ずしも本質的な批判にはなっていない。この点、羅志田「夷夏之辨与「懐柔遠人」的字義」一四三～一四四頁、同「後現代主義与中国研究」三〇四～三〇五頁に的確な論評がある。
(10) Hevia, *op. cit.*, p. 128.
(11) *Ibid.*, p. 32.
(12) 田中正俊「社会経済史」一〇四～一〇五頁。
(13) 市古宙三『近代中国の政治と社会』、市古宙三「研究のための工具類」。
(14) 市古前掲書、「はしがき」三～四頁。
(15) 同上、八～九頁。傍点は引用者。
(16) 林達夫「歴史との取引」八五頁。初出は一九三九年。傍点は引用者。
(17) 岡本隆司「時代と実証」六頁。傍点は引用者。
(18) 田中前掲論文、一三三頁。
(19) 宮崎市定「中国人の歴史思想」二八三～二八四頁。
(20) 岸本美緒「モラル・エコノミー論と中国社会研究」二一七～二一八頁。
(21) ケント『歴史研究入門』七三～七四頁。
(22) 田中前掲論文、一六〇頁。

# 第一章 社会史

吉澤誠一郎

## 一　社会史の探究

### 1　社会という概念

「社会」という言葉は、日本語としても中国語としても、広く通用している。さしたる思慮を経ずに社会という言葉を発してしまうことも多い。それほどなじみぶかい語であっても、いざ定義しようと思うと意外に難しい。

いうまでもなく、「社会」という語の起源は、翻訳と深い関係がある。明治時代の日本では英語の society を翻訳するのに苦労して、様々な訳語が試みられた。結局、「社会」という訳語が定着することになったが、翻訳のための造語という性格が強かったため、言葉の用例に裏付けられた意味内容に乏しく、それゆえに濫用されることにもなった[1]。

こうして社会という日本語が定着してから、すでに一世紀以上が経過している。現在の日本語において、「社会」はおよそ次のような意味で用いられることが多い。（一）比較的密接な人間関係が見られる集団をさす。たとえば、「村社会」というとき。（二）漠然と世の中をさす。例を挙げれば、「社会現象」というとき。（一）（二）にうまく分類できないが、「日本社会」という言い方も多い。

中国語では、厳復が sociology の訳語として「群学」を造ったが、society の訳語としては「群」と「社会」を区別して用いていた[2]。これに対し、梁啓超などが日本語から「社会」という訳語を採り入れ、そちらのほうが優勢を占めていったことは、よく知られている。ここで注意すべきなのは、厳復や梁啓超にとっては、「中国」のまとまりを作り出すことが大きな課題であり、往々にして「群」や「社会」という言葉によって国民が想定されていた点である。

このことはさして奇妙ではない。社会学の祖コントやスペンサーが、société や society という言葉で論じていたのは、実質的には各国ごとの市民社会だったかもしれない。だから「日本社会」というように国民集団をさすような表現も正当と考えるべきだろう。「社会」の概念には、暗黙のうちに国民のまとまりが隠されている場合がある。むろん、国家・国民の枠を越えて（たとえば全人類をさして）「社会」を構想することは可能である。他方では、今日に至るまで、「フランス社会」といった国名を冠した言い方も、廃れてはいない。

こうしてみると、「社会」という言い方は、近代市民社会の実体をなす国民という観念と深い関係を持っていることがわかる。しかし、一般論として、我々がたとえば千年前の過去の事柄を論じる場合でも、近代的概念を全く使わずにすますことは難しい。仮に近代の「社会」概念が特有の歴史的状況のなかで生まれたとしても、その「社会」という言葉の意味を類比的に広げていって、過去の人々の関係性をさすことも許されるだろう。ただし、一九世紀以前を対象とする歴史研究において「社会」を論じるとき、国民を一体としてみるナショナリズムの観点が無意識のうちに織り込まれているかもしれない点には、一応の留意をしておくべきだろう。

## 2　社会史の対象と方法

社会史というのは、いささか茫漠とした研究領域である。おそらく論者によってそのさす領域は異なる。[3] 私は、社会史の研究者と自己規定したことはないので、自分の立場を主張して社会史の定義に代えることもできない。

日本の歴史学者のなかで「社会史」の概念が強調されたのには、独特の経緯があった。かつてはマルクスやヴェーバーから強い影響を受け、社会構成体を論理の核心においた枠組みの影響力が大きかった。そこから脱皮しようとするときに、フランスの年鑑《アナール》学派などを参照しながら、新しい歴史学が模索された。西洋史家の二宮宏之によれば、社会史は、「旧来の歴史学に対する批判の学」であって、歴史の読みかえを志向している。「社会史という呼称は、それゆえ、状況のなかで生まれたのであり、つねに状況に立ち向かい、不断に自らをも更新しつづける歴史学を指す記号なのである(4)」。

日本や中国における中国史研究でも、むろん個々の研究者の個性は様々であっても、それまでの歴史学の枠組みを乗り越えようとする意図を示唆するために、社会史という言葉を用いることは多かったといえるかもしれない。

さらに二宮は、「全体を見る眼」つまり人間の生の営みが創り出した歴史的世界をその多様性においてまるごととらえようとする姿勢が大切だという。しかし、「「全体」なるものがアプリオリに措定され、歴史が再びその枠組の虜《とりこ》となってしまうことを避けたいがために、社会史という漠たる表現をむしろよしとするのである。社会史はそれゆえ、自己限定的であることを拒み、不断に枠組からはみ出して行くところに、その積極的な意味があると言ってよい(5)」とも述べる。すなわち、社会史という概念は、ある領域に限定されない視角を提示する茫漠さゆえに、積極的な意味をもたされていたのである。

私自身は以上のような二宮の視点に共感するところは多いけれども、それだけでは本章で議論を進めていく手がかりにはなりにくい。ここでは、社会という言葉の意味に立ち返って、ある共同性をもった人間関係の歴史的変遷を扱う研究領域について主に考えてみることにする（二宮なら狭義の社会史というだろう）。たとえば、家族や集落といったものは、まずは社会史の対象とみておきたいし、近代の企業や学校といったものもこれにあたるだろう。それにしても、共同性という言葉が指す範囲は非常に広く、親族や村人の交際もあれば、たまたま集まった群衆の愛国デモもある。

まず念頭におくべきことは、これら人々のつながりは、当事者の主観的な意味づけに依拠しているということである。親族の交際は大切だという規範は、個々の人々がそれを受け入れていることで成り立つ。しかし、中国近現代史のなかでは、親族の和合というのはむしろ個人の解放を抑圧するものだとする別の意味づけがなされて、深刻な対立が生まれたことがあった。このような秩序意識とそれを支える具体的な人間関係の歴史的変遷こそが、社会史研究の第一の対象だといえよう(6)。

他方で人が生きるのは、夢の中ではなく現実世界の中である。人々の主観を越えた領域とくに自然環境と社会の関係を問うことも大切である。たとえば自然災害がどのように意味づけられてきたのかということだけでなく、それが物理的にどれだけ人的・物的な被害を与えたのかも、当然ながら解明すべきである。もっとも、人間の側の対応でいえば、やはり意味づけという点を考慮しないと説明できない。地震・旱魃《かんばつ》・伝染病といった現実は人間の身体や生活・生産活動に対して直接的に（意味作用を介さずに）影響を与えうるのだが、他方で人間の側はそれをある形で認識することを通じて対策を導き出すからである。

もうひとつ社会史の方法として強調されるべきことは、比較の視点である。斯波義信は次のように指摘している。

Maurice Freedman 教授がすでに指摘しているように、「社会」を意識してこれに取り組むについて、中国学は決してそれ自体で自足的な学問体系ではなく、社会科学の文献のうちに比較に供しうる素材、あるいは啓示的な考察法やモデルを求めなければならない。比較を念頭におかない中国社会の研究はほぼ不可能に近い。誰しも主題の選択、説明の用語、解釈の筋道において、出自する世界の刻印を負っているのであるから、考察を深め、概括を公平かつ容易にするには比較に訴えざるを得ないであろう(7)。すなわち、社会科学への強い関心が社会史研究の前提となるというのである。概して社会科学は近代西洋の知的産物というべきものだから、その「モデル」は中国にあてはまらず無用の長物と思いがちであろう。斯波はその発想を批判しているといってよい。まず、中国と欧米の社会関係はそれぞれ全く独自の性格をもつので比較不可能と考えるのは、根拠のない盲信であろう(8)。また、人類学を含めて考えれば、自文化中心主義を乗り越えて、一定の説得力をもって比較考察をするような知的準備は、今日ではかなり整ってきている。もっと積極的にいえば我々の手でその道具立てを発展させていくべきだ。

ただし、すでに述べたように社会的現実とは、人間の側の意味付与によって初めて成り立つものである。つまり、比較を行う場合には、自分の生活圏とは必ずしも同一でない意味世界についての洞察を経ることが必要である。そのような洞察を確実に行う方法など存在しないが、やってみる価値はあるだろう。

以上の説明によっても、社会史研究の研究領域や手法がそれほど明確になったわけではない。そこで、以下では例示的に三つの論点を挙げて、考えを進めてみることにしたい。それは人口と家族、エスニシティ、村落である。

## 二　人口と家族

### 1　人口史への関心

社会と環境との関係について総括的にみようとするとき、人口への関心が出てくるのは自然なことといえる。そして、現実の社会問題として人口が注目されることも多い。

フェルナン・ブローデルは、大きな人類史的な立場から、ウラル以西の欧洲と中国の人口がおおまかにいって同様の規模で推移していたと指摘し、それぞれの数字を四〜五倍することで全世界の人口を推算しようとした。また、世界各地の人口動態の一致について、気候変動という要因を想定している。[9] ブローデルがそのように記した後に大きく進展してきた人口史研究の成果に照らせば、世界各地の人口の動向は様々であって、ブローデルの議論はおおざっぱに過ぎるということもできる。たとえば、一八世紀の中国では急激な人口増がみられたのに対し、日本では人口は停滞していた（東日本ではむしろ減少ぎみだった）。[10] しかし、社会を論じるときにまず人口に注目したのは、やはりブローデルの慧眼というべきだろう。

近代中国の知識人にとって、人口は大きな関心の対象となっていた。一九世紀はじめの洪亮吉や龔自珍は当時の人口過剰について強い関心をもっており、民国に入ると社会学者は人口問題を重要な研究課題とみなした。中国社会学社は、一九三〇年に第一次年会を開いたとき、中国の人口問題を討論テーマとし、その論文をまとめて『中国人口問題』として刊行した。そこでは、マルサス以来の人口学の理論を踏まえて、中国の人口過剰がもたらす問題やその解決策が議論され、あわせて人口の素質をどのように改良するかという優生学的な論点も示されている。

中華人民共和国の成立以後では、馬寅初の「新人口論」（一九五七年）がよく知られている。馬は当時の中国において人口増加率は毎年二％を上回ることを指摘したうえで、経済発展をめざすため投資を増やそうとするならば、人口の抑制をはかる以外の方法はないことを主張した。馬は自分が（階級矛盾を軽視する）マルサス主義者ではないことを繰り返し述べているが、翌一九五八年に政治的な批判を浴びることになった。[11]

このように人口についての関心は高かったとはいえ、中国の人口史研究は、なかなか難しい。それは端的にデータの不足による。ミクロな地域に即した人口動態の変化は、江戸時代の日本では宗門改帳によって解明されたが、清朝治下にあっては、遼寧の一部地区の旗人のデータぐらいしかない[12]。

民国時期になっても事情が大きく変化するわけではない。中国社会学社の論文集に収められた陳長蘅の文章のなかには「中国の現在の人口ははたして漸増しているのか、一定しているのか、漸減しているのか[13]」という問いがある。このような問題すら、簡単には答えられなかったことが注目される。陳によれば、漸増と一定の間ぐらいであって減ってはいないと思われるということだった。

中華人民共和国の成立以後は、ようやく統計が得られる。一九五三年の全国人口調査によって六億人を越えていることが初めてわかった。馬寅初はこの調査結果のほか、みずから浙江省で行った調査に依拠して人口の急増を指摘した。いうまでもなく人口政策の実施のためには人口動態の把握が必要である。各種登記・統計制度の整備を通じて、一九五〇年代以降は人口の把握がかなり可能となった。

巨視的にいえば、中国の人口は一八世紀に急増し、一九世紀半ばに落ち込み、その後やや回復しながらも二〇世紀前半は微増にとどまり、一九五〇〜一九六〇年代は（大躍進時期を例外として）また激増するという特徴的な変動をたどってきた。そして、中国の人口規模の大きさは、それ自体、世界的史に大きな意味をもってきたといえるだろう。

しかし、このような人口変動の影響について、歴史学者はそれほど真剣に考察してこなかった。そのなかにあって、人口変動に注目した顕著な業績というべきなのが、アメリカの中国史学者黄宗智による華北農村経済史の研究であった[14]。彼によって人口過密地域における農業経営の特徴と人口動態のメカニズムが論じられたことの意義は極めて大きい。なぜなら、農村の階級分析や農業生産力の向上に重点を置いて研究を進めてきた日中の学者にとって、

「人口圧」という背景を一般的に指摘することは通例であっても、人口の動態と農業経済を結びつける視点をもつのは難しかったからであろう。黄は、小作人たちがもしも自分で経営する土地を失い、完全な農業労働者になってしまうと結婚ができず子孫が残せないという事情を説明する。これは農民が（労働生産性を犠牲にして）なぜ小さな耕地にしがみついて小作を続けていくのかという疑問に説明を与えるとともに、土地が限られた状況での人口の停滞を説明する人口学的論理も提供したといえるだろう。

人口史研究と関係した（またはその一部といえる）研究領域としては、人の地域的移動を扱う移民史がある。人の移動といっても、農業開発移民、商業・金融業などの経済活動、流刑や亡命といった多様な動機・理由にもとづいて行われることから、それぞれに即した分析が必要とされている。

### 2　家族秩序の模索

過去数百年のあいだ（またはもっとずっと古くから）、中国大陸に住んだ人々の多数は、比較的小規模な家族ごとに暮らしていたと考えられる。夫婦とその子供、そして場合によっては夫の父母が加わるので五〜六人ぐらいが平均的であろう。理念的には大家族が望ましいという考え方もあった。しかし実際には傍系親族を含む多くの家族構成員との同居は緊張を強いられることが多く、良好な人間関係を維持するのは容易ではなかった。難しいからこそ、大家族で同居することは、道徳的に価値あることとみなされたといってもよい。

実際に生活をともにする家族とは別に、父系の出自をともにする同宗のつながりというものも意識されていた。これは姓によって表示される。同姓の者は結婚しないということから外婚集団である。

このような家族制度について、社会人類学の費孝通『生育制度』や法制史の滋賀秀三『中国家族法の原理』が詳しく検討し、世代の継承がどのような仕組みと意味づけのもとになされるかを解明した。これらの研究は概括的なものなので各地域における実態の多様性が十分に考慮されているとはいえないが、議論の出発点として大きな意義を有している。

費孝通は、結婚して家族を作り子供を産み育てる一連の過程についての社会的取り決めを「生育制度」と呼んだ。彼は、世界各地の民族誌から事例を引きつつ人類はなぜ生育制度をもっているのかを考察し、中国の家族についても広い視野のなかで論じている。費の観点では、「生育」は自己を損なって子孫を養う活動に他ならない。そこで、人々がその活動をするようにしむけ、世代を越えて種族を維持するためには生育制度が必要なのである。

費孝通がこのように説明するとき、個人と家の対立という民国知識人の思想課題を念頭においていると推察される。よく知られているように、呉虞や陳独秀、魯迅らは一九一〇年代半ばから盛んに家制度の抑圧性について論じ、個人の価値を称揚した。そして個人の自由意思を称揚する観点から、恋愛が大きな論点として提示された。（すでに旧式結婚した妻がいた）魯迅と許広平の往復書簡を集めた『両地書』が大きな話題を集めた。知識人たちは、旧来の家族制度を批判しつつ、自ら新しい家族のありかたを模索していたのである(15)。ただし、それらがどの程度の影響力があったのかは、いまだに十分には検証されていない。

一九三〇年代までの中国都市においては、労働市場の実態にもとづいて、男性ホワイトカラーと主婦という家族も少しずつ現れてきた。男性は、自身の学歴を生かして官庁・企業に勤務して高収入を得る一方で、ある程度の学歴のある女性にとって適当とみなされる職場が少ないという事情があった。他方で、人々の結婚についての考え方が急速に一新されたとは考えられず、民国時期に男性が新聞に載せる求婚広告にも旧態依然とした家族観を示すものが少なくない[16]。

二〇世紀後半になると中国の社会主義政権は、旧弊とされた家族秩序を打破し、男女平等の理念のもとで本人の自由意思による結婚を普及させようとした。他方で女性を労働力として動員しようとすることも政策課題とされており、女性は職業と家事との重い負担をおうことにもなった。共産党政権は母子保健の施策に努めるとともに、一九五〇年代後半には人口急増の現実を意識した出生計画の宣伝を本格化させた。

これについて小浜正子は「多子・男児願望が強いとされた中国農村で生殖コントロールが普及したのは、政策による上からの計画生育のキャンペーンあってこそで、農村の女性たちは、むしろ政策と同盟して多くの子を産み育てよという家父長制の圧力に抗していったのではないか[17]」とする重要な指摘を行っている。ここでいう家父長制とは、舅姑や夫の願望をさしている。他方で今日の中国において一人っ子が女児でよいとする意見として小浜が引いている「女の子も親孝行。女の子がいれば充分」との言葉は、その娘に自分の老後の介護を期待する発想の表れとも解釈される。一人っ子は、将来、老人介護の重い負担に苦しむことになるかもしれない。一人っ子政策の歴史的意味は、これから急速に進展する少子高齢化をみながら考えていくべき論点であろう。

ジェンダーとは、社会的に構成された性差であるとおおむね定義されている。そこには、生物学的な男女の差異とは異なり、歴史的に形成された男性としての生き方、女性としての生き方の変遷に注目しようとする関心がある。つまり既存の「男らしさ」「女らしさ」を可変的なものととらえる視点といえる。これらの論点が提出されたことの研究史的意義は非常に大きい。しかし、小浜の研究は、出産そのものは男性ではなく女性が担わなくてはならないという点を強く意識させる。「多くの子を産み育てよ」というのが（既婚男性より一層）既婚女性に対する圧力となるとすれば（または晩婚化に対する圧力が女性により重くかかるとすれば）、そのような生物学的な性差ゆえと考えるほかない。

さらにいえば、ジェンダーの観点に依拠したとしても、費孝通が想定した世代間の矛盾は、解消されることはない。つまり、生育とは自己の犠牲のもとに次世代をつくる活動とみなされる。これは決して女性だけを念頭においた話ではない。費孝通の基本的観点は、男性にも子供の養育に責任をもたせるために婚姻の制度があるというものである。だから、もし生育制度が機能しなければ、健全な次世代が培われないのはもちろん、人口そのものが急減してしまいかねない。費孝通は、五四時期の新しい家族理念や欧米の実態をよく知ったうえで、あえて世代の継承を重視する観点から生育制度を説明しているのである。

ある世代とその上の世代との関係は、民国時代に大きな論点となった。陳独秀は、一九一五年に新しく発刊した『青年雑誌』の巻頭に「敬《つつし》みて青年に告ぐ」を載せ、「青年」を時代の主人公として打ちだした。では、老人はどうすればよいか。そもそも儒教が説いた「孝」は父母への敬愛を根幹とする徳目である。新文化運動は、この「孝」を批判の対象としたが、実は親子がどのような関係をとり結ぶべきかについてはあまり正面から論及することはなかった。「青年」は個人の自由を追求し、老いた両親は年寄りだけで生活せよということかもしれない。呉虞のように父親との強い葛藤を経てきた者には和解は難しかっただろうが[18]、実際には新文化運動を担った知識人のなかには親と同居した者もいた。

育児だけでなく老人扶養についても、個人の自由といった理念から論じていくのは容易ではない。だからこそ、社会史の視点から家族について考察していくことには重要性があるといえるだろう。

# 三　エスニシティ

## 1　民族と族群

現行の中華人民共和国憲法の序言には、「中華人民共和国は全国各族人民が共同してうち立てた統一された多民族国家である」とある。周知のように現在の中国政府は五十六の「民族」を認めている。これら「民族」は、国家によって公認された一定の政治的地位を与えられ、当然ながら「統一」を乱すことは法的に許されていない。この意味での「民族」は各人の身分証にも明記され、はっきり制度化された枠組みである。

実は、今なお、「民族」の区分が明確にされていない人々も多少いる。そこには新しい「民族」としての公認を求めて要求を続ける人々と、どんどん民族数が増えていくことを警戒する国家との間に係争のあることが推察される。たとえ少人数であっても新たに公式の「民族」の地位を得てしまえば独自の権利を主張しうるけれども、逆にその公認を得られない限り既存「民族」の一員として扱われるほかないからである。

「民族」についての歴史叙述として、一九七〇年代末から一九八〇年代にかけて「中国少数民族簡史叢書」が刊行された。『〇〇族簡史』といったもので、各族の起源を遡る形でその歴史がまとめられている。現在の「民族」の政治的枠組みの中では、このように各族の歴史といったとらえ方が適合的なのであろうが、研究者としてはそれをそのまま受け入れて分析の前提とすることはできない。

その一つの理由は、近年に至るまで民族籍そのものの変更がしばしばみられるからである。[19] 人類学者シンジルトの研究によれば、青海省の河南蒙古族自治県において、ある郷の人々は一九五四年には蒙古族とされたが、一九五八年には蔵族と数えられ、一九八二年にはまた郷の住民ほとんど全員が蔵族から蒙古族に変更されたという。この地域のモンゴルの人々は、主にホショト部に由来する河南蒙旗の系譜を引いている。とはいえ、この地域の住民の多数はチベット語を話していた。そこで河南蒙旗の人々もチベット語を修得し、その文化的影響を受けてきたのである（現在では、モンゴル語をあまり話せない）[20]。この地域の歴史を考えるためには、固定的な「蒙古族」「蔵族」の区切りはあまり有効ではないことがわかる。

しかしいずれにせよ、大ざっぱにいってエスニシティ（ethnicity）とみなせそうなものについて考察することが非常に大切であることも疑いない。わかりやすい言葉として「民族」があるけれども、右に述べたように現代中国では特別な制度的枠組みが与えられているため、過去に遡って「民族」という言い方をすることは躊躇される。英語の ethnic group の訳語としては、おそらく台湾に始まり今日では中国大陸においても、「族群」という言葉が用いられている。便宜的にこれを採用することもできるだろう。

族群という言葉の良い点は、漢族とまとめられる人々の中にも存在する差異を指示できることである。現代台湾では福佬《ふくろう》人（閩南《びんなん》語を話す人々）と客家《はっか》人を異なる族群とみることがある。この意味で、族群という言葉も一定の政治性を免れないかもしれないが、それにしても「民族」よりは相対的に適当ではあろう。

本章で強調したいのは、族群はあくまで歴史の中で生成してきたものであり、それゆえおそらく将来も不変ではないという点である。他方で、「民族」が歴史過程のなかで構築されたものであるという見方を警戒する指摘もある。楊海英は、ベネディクト・アンダーソンの「想像の共同体」論を批判して「民族を「想像」の視点で研究する場合、その「民族」形成の歴史的プロセスと当事者たち自身の認識を否定しかねない政治的危険性が潜んでいる[21]」と述べている。これは、私の言葉で言い換えれば、当事者にとっては、「民族」とは歴史的に形成された重みをもつリアリティなのだという指摘と理解したい。

この棲の議論は、立場性を明確に意識したうえで研究がなされるべきだという強い主張である。当事者との関係において学問的な客観性がいかにして成り立つのかという問いかけでもあり、真剣に向き合う必要を感じさせる。とはいえ、少なくとも、無知の共感は理解に向かう途でない。過去の歴史的変遷の究明を通じて、今日の人々のリアリティに近づいていくという経路がありうるとも考えたい。

## 2 移住の過程とエスニシティ形成

中国の歴史についての一つの見方として、「漢族が周囲の異民族を同化・包摂していく過程だ」とすることがある。しかし、その場合に「漢族」とは何かということについての的確な定義がなされているかどうかは疑問であり、「同化」「包摂」がなされたあとの「漢族」が何故もとの「漢族」と同一であるのかという根拠についても一考を要する。また「民系」などと称される「漢族」内部の区分にも留意すべきであろう。

このことを考えるために、客家の人々を取り上げてみたい。客家は華南や台湾・東南アジアに住み、(漢語の方言に分類される) 客家語を話し、独自の文化伝統をもつ「民系」とみなされている。しかし、人類学者瀬川昌久は、客家というまとまり意識が人々の生活実態のなかで格別な意味をもつとは限らないことを指摘している。広東語を話す本地の人々との関係では、本地から客家へ、客家から本地へと帰属意識を変える事例もあるという。

香港新界地区の陸上の農村部には、確かに本地と客家という二つのカテゴリーが存在し、互いに異なる言葉を話し、通婚などからみても互いにある程度別個な社会圏を維持してきたらしいことがわかる。しかし、局所的には両者の雑居状態や親密な共住状態は珍しくなく、そうした中から両者間にはアイデンティティーの転換も生じ得たのである。地域社会内部では、親族関係、村落共同体、職業、廟の信仰など、さまざまなチャンネルのそれぞれが、そこで暮らす人々にとっての重要性とリアリティーをもっており、本地／客家というカテゴリーの区別も、そうしたものの中の一つに過ぎない(22)。

より一般的に「客家とその他の民系との境界は、基本的には人々の移住という動的なプロセスの中で形作られたものであり、しかもその移住のパターンに従って、より明確な境界が導かれたり、逆にその曖昧化が促進されたりしたものと考えられる(23)」という。さらに瀬川は、客家が移住の過程で山地において畲《ショオ》族に接した可能性を指摘し、「これまで客家の一部とみなされ、民族識別上は漢族として扱われてきた人々の中に、畲族との境界的な人々が含まれているとしても、あながち不思議なことではない(24)」と述べている。

このような明快かつ鋭利な瀬川の指摘は、族群の形成と現況を歴史的過程のなかでみるとき、むしろ穏当で常識的なものといえるだろう。

他方で、国家による統治政策が、このような族群の形成と深く関係してきたことにも、留意しなくてはならない。中華人民共和国における民族識別工作が、「民族」の確定という作業を通じて、ある特定のまとまり方に特権を与えてきたというのは、その最たるものである。そのような工作がなされる以前には、必ずしも明確な「民族」意識や具体的な社会的つながりをもたなかった人々も、政策的にひとつにまとめられることで、実際の交流を開始することもありえたし、またその過程ではもともと重要な意味をもっていた比較的小規模な族群がその凝集力を弱めるということもあったかもしれない。

明清の王朝は、むろんそれほど強く在地を支配する力量をもっていなかったとはいえ、人々は治安管理、徴税や科挙受験といった局面においては行政権力とうまく交渉しなくてはならなかった。たとえば、科挙受験においては、（二股受験を避けるため）受験地の民であることを証明することが必要だったが、あとから移住してきた客家人は現地に戸籍が無いため、県に設けられた合格定員を既得権とみた他の住民によって受験を阻止されることがあった。[25]国家は、ときに客家人のための特別定数を設けることでその紛争を終息させようとした。このような過程には、民を一視《いっし》同仁《どうじん》とする理念のもと、現地の対立にひきずられて妥協的な施策をとらざるを得ない国家の姿勢が見受けられる。他方で、国家がもつ力量をどのようにうまく利用するか、または国家から受ける被害を最小限にとどめるかということが、現地での関心となり、それをめぐっての対立は不断に生まれうる。そして、右にみたような特別受験枠のような国家の施策そのものが、族群の固定化を進める場合もあった。

二〇世紀初頭には、「民族」概念が導入されて、それが各地で争いの原因を提供した。辛亥革命のイデオロギーは「排満」を含んでいたが、それはつまり「漢族」が国家の主人公となるという主張に他ならなかった。むろん当時の論者の議論は、複雑なものであるが、華南においては「漢族」であるかどうかは政治的地位に関わる重大性を帯びることになった。それゆえ、たとえば客家は「漢族」でないと記した地方的教材が激しい批判を招くという事件も発生したのである。[26]逆に、孫文を客家とみなす主張は、民国時期の客家の地位向上に有用だっただろう。私の知る限り孫文が自らの出自を客家と明言している史料はなさそうだが、今日では孫文が客家だというのは周知のこととなっている。これも、国民党の要人を含む客家の人々が宣伝に努力した結果であろう。

### 3 都市のなかのエスニシティ

激しい人口流入は都市で特徴的に見られた。そこには、出身地にもとづく差別の構造があった。たとえば洪成和《ホンソンファ》の研究によれば、一八世紀の蘇州で綿布のつや出し加工にあたっていた踹匠《すいしょう》は、江寧府などの移民で占められていた。踹匠は力の要る単純労働に従事し、当初は無頼との関わりも深く治安管理の対象とされていた。これに対し、蘇州近隣の出身で相当の技術をもった職人は、絹織物の織工など比較的良い職種に就いていたし、徒弟をとる場合も自分の郷里から呼び寄せた。このように、出身地によって、就ける職種に大きな格差があって、ともすればそれが固定化される傾向があったことが知られる(27)。

一九世紀以降でも同様の現象はみられる。エミリ・ホニグの研究は、近代上海の「蘇北人」の地位に焦点をあて、差別の構造を説明している。江蘇省の北部地域から上海に来た「蘇北人」は、労働者のなかでもあまり良い職種に就くことはできず、貧しくて居住環境も劣悪だったため、上海において差別の対象となっていた。このような差別の存在そのものが、「蘇北人」の就業に影響を及ぼし、経済的地位を高めていくことも難しかったのである。ホニグは、この過程を、都市への移民を通じたエスニシティの形成と理解していた(28)。

よく知られているように、会館・公所というような同郷のきずなを維持するための施設も、出身地についての意識を再生産させる役割を果たした。上海で比較的成功を収めた寧波の人々は四明公所を設けていた。四明公所は同郷人の相互扶助に努め、とくに死者の遺体を郷里に回送する任務を果たしていたが、これは単に旧弊な慣行の持続ではなく、汽船を用いた新式の実践も含まれていた(29)。何より、同郷のきずなは移民にとって大きな誘因となる就職のつてとして機能していたのである。

ただし、何をもって同郷とするかは、当時の現状に照らして相当に流動的だった。会館にしても、ある省の出身者が多い場合には、より下の区分を設けるときもあり、また北方では福建と広東とを包含する閩粤《びんえつ》会館が設置された事例がみられた。また、何かの事情で、会館が合併したり分裂したりすることもあった。同郷性といっても、いくつかの水準の違いがあり（同じ省、同じ府、同じ県など）、現実的必要に迫られてどれかが選択的に強調されるのが普通であった。しかも都市にあっては、商売や通婚、学校の同窓などを通じて様々な人間関係が生じるから、同郷が最重要の意味を持つとは限らない。

とはいえ、出身地は言語や生活習慣にもとづく相違と重なるから、ホニグのようにエスニシティとしてみていくのには、相当の有効性があるともいえるだろう。

# 四　農村社会

## 1　農村と調査

中国の大多数の人口は農業に従事してきた。農業は、おのずから各地の生態環境と深く関係している。むろん、自然環境によって人間のなりわいが規定されるというだけでなく、開発を通じて人間が自然を作り替えてきた歴史過程があった。これは調和的な関係だけではない。人間の活動が山を丸はげにし土地を砂漠化してしまったこともあり、また旱魃・洪水・伝染病などによって人間が甚大な被害を受けたこともあった。

農業は、土壌・降水量・日射量といった自然条件のもとで行われることから、地域的な相違が大きい。かつて日本の中国史研究者は土地生産性の高い地域を「先進地域」とみなすことがあったが、たとえば華北平原の天水農耕地域が技術進歩によって豊かな水田地帯になることは今後も考えにくい。発展程度ではなく農業生態の相違というべきだろう。むろん北方でもたとえば銀川（寧夏《ねいか》回族自治区）の近くには水田が広がり村々にモスクが屹立する風景をみることができるので、水利の役割は重要である。しかし、そのような人工の措置そのものも、巨視的にみれ

號數：　　　　第　　頁

拜訪者姓名：　　拜訪時期：　　年　　月　　日　　陪教者：

第　　區，　　村，　　街，第　　閭，第　　鄰，門牌第　　號，家主

若要知道用甚麼好方法爲農民謀幸福，

| 稱別／事別 | 家主 | 親屬稱謂（若有傭工或同居關係者即列於親屬後中間畫一直豎線隔開） | | | | | | | | |
|---|---|---|---|---|---|---|---|---|---|---|
| 性別 | | | | | | | | | | |
| 歲數（照鄉民習慣） | | | | | | | | | | |
| 屬象（或生年） | | | | | | | | | | |
| 出生月日（舊曆） | | | | | | | | | | |
| 推得真年齡年月日數 | | | | | | | | | | |
| 已未婚嫁 | | | | | | | | | | |
| 正業（十四歲及以上） | | | | | | | | | | |
| 副業（十四歲及以上） | | | | | | | | | | |
| 入學年數 | | | | | | | | | | |
| 現入學否 | | | | | | | | | | |
| 在何種學校畢業修業或肄業 | | | | | | | | | | |
| 宗教 | | | | | | | | | | |

本家自有地畝數　　，自有房屋間數　　，離家在外作事者

上年全年內所生小孩數（舊曆）男　　女　　共　　，上年全年內死亡人口數男　　女　　共

全家人口數：親屬男　　女　　共　　，傭工男　　女　　共　　，同居男　　女　　共　　，總數

必須清清楚楚的明白他們家裏的狀況。

調査結果を読む場合，その調査がどのように行われたのかを可能なかぎり意識することが前提となる．用いられた調査票もその重要な一つである．李景漢は，河北省定県のある地区における個別訪問（戸口調査）に使った調査票を示している．これは調査員が各戸で聞き取りをしながら記入するための書式である．李景漢によれば「戸口調査表」と題すべきところ，あえて「拝訪郷村人家談話表」とした．村人からの好感を勝ち得るためだという．ここでは略省したが，欄の下段には「注意」を記し，きちんと実状を把握するための心得を述べている．

［出典］李景漢「中国農村人口調査研究之経験与心得」．

ば生態環境の巧みな利用の域を出ないともいえる。

そうだとしても、歴史研究者にとっては、技術の変遷や商業的農業の展開とともに生産性の向上が見られたかどうかは大きな関心の対象である。かつて足立啓二が行った秀逸な研究は、清代の江南および華北での農業生産性の向上を指摘するものであった[30]。しかし、その成果は必ずしも近年の研究者から意識されず、農業生産の実態を歴史的にきちんと確認していく作業はあまり継承されていない。

各地における土地と人口の比率、地主制の展開程度、農業以外の収入の有無といった点は、村落社会を大枠で規定していた。また、市場への接近という点も留意すべきである。中国農業は自給のための生産という性格を根強くもつとともに、他方で販売をめざした商業的農業を展開するなど市場の条件にめざとく適応する側面

姓名＿＿＿＿＿學號＿＿＿＿＿號數＿＿＿＿＿

（你若不願　寫姓名，可以僅填學號，若連學號亦不願填，那麼，就請記着右上角的暗號。）

心　理　問　答　—1—

心　理　問　答

（第　一　種）

心理學系教授們很想盡其所能，幫助你，替你解決各種個人心理問題。他們想知道你的性格，智力，與學業的概況。這個心理問答的目的，就是要調查你情感與性格方面的狀態。從你答案，可以看出你的情感生活健全或是不健全，或者還可以發現連你自己都不完全了解的膽怯，害羞，煩惱等現象。設若你的答案，表示你在情感方面，沒有圓滿的適應，你可以有個機會找人指導，在這方面謀健全的發展。設若你的答案，表示你的情感生活，已經很健全，這個事實別人也是樂意知道的。

這個問答不是一種考試，更不是一種測驗，因爲這些問題沒有什麼對和錯的答案。你在學校裏的地位與學識的高下，絲毫不能受這些問答的影響。

對於各種問題，你所寫的答案，完全守秘密。只有研究這個問答的幾個人知道你的答案，他們把你的答案歸納分析起來，於必要時呈報學校當局，設法指導。心理學家調查出來，就是最聰敏的學生，也有在情感與性格方面發生困難的；這些困難設若知道了，就不難指導補救。所以你若想知道你自己，不防老老實實的回答這些問題。

在每個問題之前有："是"，"否"，"？"三個答案。

每一個問題，在這三個答案裏，任選一個，在上頭畫一個圈。凡能回答"是"或"否"的，盡力回答"是"或"否"。設若你不能回答"是"或"否"那麼就在"？"上畫一個圈。

（周先庚附識：這個"心理問答"自美國社會心理學雜誌 1930，卷1，頁4—12）

1 是否？ 你小的時候，喜歡一個人玩麼？
2 是否？ 你平常抑制你的脾氣麼？
3 是否？ 你上台害怕暈場麼？
4 是否？ 你和你母親的關係總是很好的麼？
5 是否？ 你常有便秘的毛病麼？
6 是否？ 你覺得人生是一個重擔麼？
7 是否？ 你有口吃的習慣麼？
8 是否？ 你和你的兄弟姊妹都很好麼？
9 是否？ 你有時耳鬧心跳，不能安眠麼？
10 是否？ 一個聚會之中，你肯負責介紹人麼？
11 是否？ 你以爲大多數人，都是自私自利，不懷好心麼？
12 是否？ 你覺得很難對付竭力拉攏買賣的人麼？
13 是否？ 你與人談話，不容易開口麼？
14 是否？ 危急的時候，你容易神經錯亂麼？
15 是否？ 你容易笑麼？
16 是否？ 你受人侮辱，常常煩惱不忘麼？
17 是否？ 你說話小心，不願傷人感情麼？
18 是否？ 你有時在社交中是領袖麼？
19 是否？ 你白晝作夢，夢些不可實現的事實麼？
20 是否？ 到了新地方，你常常失掉方向麼？
21 是否？ 就是跟別人在一起，你還是常常感覺寂寞麼？

（心理問答共 223 條，此係前 21 條選本）

都市の教育程度の高い者を対象とした調査では，調査票を各自で記入してもらう場合もあった．これは，学生の悩みについて調査を行う「心理問答」（一部分）である．「是」「否」「？」のどれかに丸をつける方式となっている．アメリカの雑誌論文から翻訳して作成された（L. L. Thurstone and Thelma Guinn Thurstone, "A Neurotic Inventory," pp. 4–5）．これはアメリカでの調査結果と比較するためである．冒頭で，回答については秘密とするが，分析結果は必要に応じて大学当局に伝えて指導に利用すると述べている．調査目的を伝えて正確な回答を求めるための説明だが，これも実は元の英語版からほぼそのまま翻訳した文章である．
［出典］周先庚「学生「煩悩」与「心理衛生」」．

もあった。

このような村落の実態については、民国時代には様々な関心・観点から調査がなされた。しかし、調査は、むろん何かの関心・意図をもって行われるものであるから、今日、我々がその調査記録を読む場合には、その調査の背景まで十分に視野に入れておくことが必須といえるだろう。多数の社会学者や経済学者などによってなされた調査は、しばしば同時代のアメリカなどの社会科学の潮流の影響を受けており、それを読む側にも一定の学説史の理解が求められている(31)。

そして、政治的・社会的実践と結びついた調査記録は、その実践の意味を考察する際の重要史料といえる。たとえば、農村社会の改良を求める郷村建設運動と関係して、調査が進められた。代表的なのは、中華平民教育促進会の李景漢らによる河北定県の調査などである。[32]

また中国共産党は、しばしば農村調査を行っている。特に、江西南部山地を根拠地とした一九三〇年前後には、農村社会を掌握することが急務となった。それゆえ、毛沢東は「興国調査」などいくつかの調査を行い、共産党の根拠地支配のありかたも示唆する興味深い史料を残している。[33]

調査を受けいれる農民が、調査者の意図をどこまで正確に理解しているかはわからない。また、外から来た調査者を信用して事実を述べるかどうかも一定ではなかろう。インフォーマントを嘘つきだと指摘している調査記録は、私はまだ見たことはない。調査者が「このデータは信用できない」と考えた場合には公刊しないからだろう。他方で、調査者がインフォーマントによって巧みにだまされた場合を想定する必要があるのかということを、まず考えておくことが必要だろう。

やや極端な例ではあるが、問題の所在を考えるために、戦時中の日本人の農村調査を取り上げたい。社会学者の林恵海（東京帝国大学助教授）は、文部省の海外研究発令のもと、一九三九年から一九四三年まで、蘇州城外の楓《ふう》橋《きょう》鎮《ちん》に属する集落の調査を行った。まずなるべく伝統的な習俗を残している集落といった基準から調査地を選び、調査票を作って中国人協力者に託し戸別訪問調査を進めた。「事変においていささかながらも戦塵を蒙った本調査地で、私等が最初から臆面もなく農戸を訪れることはこれを避けた」[34]。とはいえ、その進展とともに当該集落に自ら赴き、農家に対し個別的な質問法による各種の調査を開始した。

爾来、実態調査の終了まで、本調査地の王子華、朱竜生の両保長、青年張君情氏等の案内斡旋は懇切を極め、あたかも多年の知己の如く遇して貰った。ために私等の調査団は彼等を通じて郷民とも友人となり、各種の契約書や文書の提示は勿論の事、いささか機微に触れすぎた質問等も何等の支障もなく求めることができた。私も郷民と親近するために、あらゆる工夫と努力をつくした。保甲長等や青年と共に楓橋大街の食堂にて非衛生的な料理をもつつき合い、又調査地の不潔な茶館で共に閑談したりして、漸次に郷民の生活の中に融け込んで行った。かようにして、私は彼等に何等の隔意も悪意も生ぜしめることなく、あたかも隣人に対するが如き純情と親愛の裡に私は調査を進行せしめることができた[35]。

そして、次回の調査においては、みずから戸別に農家をもれなく訪問して調査した。「前回において全く郷民と老朋友となった私はこの度も彼等の深い信愛を得ることができた」。その親交ぶりは次の挿話によっても強調されている。

ある時、保甲長、青年達と共に、民国〔汪精衛政権をさす―引用者注〕の県武装警察隊約二〇名の護衛の下に、ハイキングを兼ねて、何山廟の調査も行うた。その帰路に西津橋に廻りしところ、匪賊の襲撃をうけた時、警察隊はいち早く遁走したが、同伴の郷民達の保護によって危く難をのがれ得たこともあった。本調査地に危険が襲うと感知した際には郷民達は直ちに報告をもたらして、それがために幾度も私等の危難を救うてくれた。私の実態調査の結果がその私の無力のために十分の成果を挙げ得なかったとしても、ここまで彼等郷民と友人となることができたことを私は誇りとしている[36]。

林恵海の調査は、当時日本で行われていた農村調査の手法を念頭におきながら、他方で見知らぬ外国の調査ということで可能なかぎり文献調査（とくに中国人学者による調査記録）から学んだことを生かすという形で、相当に周到になされているといえる。

他方で、調査地の選定にあたっても、新四軍などの抗日勢力の活動に制約されるというだけでなく、当初は興亜院や日本の特務機関に相談をしているなど、戦時であるということと深い関係を見て取れる。日本軍が汪精衛政権を軍事的に支えるという状態のなかでこそ、可能となった調査であった。このような実情を林は強く意識しており、だからこそ慎重に、そして心をこめて農民と接することに心がけたのだった。林は、右に引用したように、調査対象である農民による歓待ぶりを強調しているのだが、それは実は調査結果が信頼に足ることを訴えているともいってよい。

今日の目からみれば、以前に一度調査されただけの相手を農民が本心から「老朋友」とみなすことは考えにくいところであり、林が思うほど農民は親近感をもっていなかったかもしれないと疑うことはできる。

しかし、そもそも調査を行う者と調査される者との意図がぴったり一致することは通常はありえない。あらゆる調査は同床異夢の中でなされる。日本の学者が日本のどこかの農村調査を行ったとしても、そこの農民はどれだけ率直に学者に回答するかはわからない。

このことを林はよく理解していて、だからこそ、信頼を得ようとして農民との交流に努め、そのことを調査記録で強調しているということもできるだろう。林の叙述は、農民の真意についての認識の甘さが表れているというよりも、むしろ調査者が事実を知ることの難しさを前提としたうえで全力を尽くしたという主張として読むべきだろう。

## 2　農村における共同関係

日本の中国史研究において、多年、論争の対象となってきたのは、近代中国の農村をいかに理解するかという問題である。その焦点となるのが、農村の共同性というまさに社会認識に関わる問いである。

日本の学者の中国農村認識に対し非常に大きな影響を与えてきたのが、満鉄による華北農村調査であった。これは、一九四〇～一九四四年、日本人が華北村落を対象として行った調査である。東亜研究所の発案により、満鉄調査部と東大法学部との協力によって事業が進められ、戦後、その成果が、中国農村慣行調査刊行会編『中国農村慣行調査』全六巻として公刊された。

ただし、調査主体の複雑さと、調査目的・調査方法など様々に議論すべき点があり、利用が難しい史料であることは、間違いない。この調査は、確かに強い学問的な意欲をもって遂行されたとはいえ、あくまで日本軍の占領下という戦時状況でなされたものである。それゆえ、戦後の日本人研究者が、『中国農村慣行調査』の帝国主義的な出自を警戒したのは、当然のことである。

この『中国農村慣行調査』にもとづいて、戦時中に中国農村の性格をめぐる論争が起こっていた。平野義太郎は、中国農村を「共同体」ととらえ、自然村落にみられる自治的協同機能の存在を強調した。これに対して、戒能通孝は、中国の村落を著しくばらばらな個人の集まりに過ぎないとみて、平野の「共同体」説を批判したのである。この論争を分析した旗田巍によれば、平野の背後には「大アジア主義」の考え、つまり自由競争にもとづく西洋社会に対して、それを超克する共同体をアジアに見いだそうとする発想があり、日本と中国の共通性を重視した。他方で、戒能はその近代主義的な立場から、日本はヨーロッパと類似した発展過程にあって中国とは異なるという「脱亜主義」の観点をもちつつ、大アジア主義や大東亜共栄圏といった流行語に反対したのである(37)。

戦後、この問題について改めて追究した旗田は、「村の土地」とはどこまでか、「村の人」とはどのような資格なのか、などについて詳しく検討していった。その過程では、作物の見張りなど村の共同事業の実態も、相当に明らかになったが、旗田の基本的な主張は「共同体」説を批判するものだった。つまり、村落の協同事業とは、村民が合理的打算によって、ある具体的な必要に応じて協力したものだと理解した。

このような旗田の分析は、戒能に比較的近い結論にたどりついているが、旗田は明らかに戒能の議論の思想的背景には懐疑的であって、「脱亜主義」という（批判的な）言葉でそれを表現していたのであった。

旗田に先立って、社会学者福武直は、華北の村落に一定の集団意識を認めつつも「公共的な全体性を強烈に意識したものではない[38]」と指摘した。近年も、これら村落の共同性については、その概念規定の妥当性も含めて議論がなされている[39]。その中には、たとえば抗日戦争時期など特殊な時期の経験が、村落に重大な変化をもたらしたのではないかなど、留意すべき指摘が含まれている。

ただ、いずれにしても、中国村落の性質を分析するために、日本の村落や理念化された西欧と比較する方法自体が、ゆきづまりの原因であるのかもしれない。近代中国の村落の性質が、同時代の日本とは相当に異なるという点は、現在ではほぼ誰もが認めている。また、戦前の中国村落である程度の共同事業が遂行されていたことも、共通認識といえるだろう。それを近世・近代日本の村落と常に対比させる必要はない。だとすれば、たとえば韓国の村落や相当多様な東南アジア村落と対照することで、新しい論点を切り開くことも可能ではないだろうか。日本の研究者にとっては、日本を比較の基準にするとき、「アジア主義」と「脱アジア主義」の迷路に迷い込む恐れがあるからである。

デュアラが指摘したように、中国農村慣行調査において対象となった村落のなかには、宗族のつながりが村政を大きく規定しているところと、むしろ廟の祭りなどの活動を主導することで指導力を発揮できるところなどの差異がある[40]。おなじく北方の村落といっても、景甦・羅崙『清代山東経営地主底社会性質』で詳しく叙述された経営地主がいる地域とでは、およそ様相を異にする。村落のまとまりについての研究は、まだまだ緒についたばかりとすらいえよう。

関連してもうひとつ社会史研究の観点からみて興味深いのは、農民の共同行動をどのように説明するのかという点である。農業経済学者原洋之介は中国農村慣行調査にみえる看青《かんせい》（作物泥棒の見張り）の慣行について、方法的個人主義の仮定から公共経済学の理論にもとづいて説明を行おうとした。結論としては、農民は自己の利益を最大にするような行動をとるという前提によって、看青という共同行動が理解できるとした[41]。

しかし、個々人が自己の利益を最大にしようとするという前提だけで、様々な農村の共同行動を十分に説明できるとは限らないと、私は思う。これは、社会科学理論でいう社会的ジレンマ（social dilemma）の存在から明らかにみえる。要は、個々人が自分にとって都合の良いことばかりしていると、全体として巨大な不都合が生じてかえって個々人に不利になるという筋道である。しかし、お互いに猜疑心をもっている限りでは、その好ましい社会状態を作り出せない[42]。たとえば、互いの議論と合意、または合理的な政治権力によってそれを作り出すという途もある。それが難しい場合、そのような膠着状態を一時的にでも乗り越えるために至極有用なのが、自己利益を越えた価値観に訴えることであろう。

むろん、そのように疑心暗鬼を乗り越える飛躍の結果として、常にうまい共同関係が構築できるとは限らない。また、村人全員がそれに加わるとも限らない。でも、その協力に参与する個々人の多数にとって有利な状況を作り出すならば、比較的安定した秩序がつくられるかもしれない。まさにこのような協力の試行錯誤を可能にする価値観こそが、平野義太郎が村落のなかに見いだそうとした共同意識にほかならない。ただし、平野の考えが及ばなかったのは、極めて自己利益に敏感な村民を暫定的にでも結集させるためにこそ、廟の祭りや一族の秩序などを通じた共同意識が必要とされていたということなのである[43]。

## 五　おわりに

中国近代社会史研究は、一定の研究蓄積はあるにしても、まだまだ幼弱な研究分野である。しかも、その研究対象は広汎であるがゆえに茫漠としている感がある。史料や方法論も多様であり、つかみにくい。

それにもかかわらず、人々の社会関係の動態をきちんと説明していこうとする努力は、安易な国民性談義が「中国人はこういうものだ」と決めつけるのに抵抗して、深い理解と厚い記述を行っていくために不可欠である。そして比較という手法をうまく生かせるならば、私が中国人ではないからこそ、有意義な指摘を行っていける可能性があるとすらいえるかもしれない。

また政治史・経済史・思想史といった分野からみれば社会史は周縁的な位置を占めているという見方もできる。しかし、歴史学は人類の歩みを全体として把握することをめざしていると考えるとき、社会史こそがそのような総体性に迫る志を最も明確にもってきた接近法だといってもよい。二宮宏之のいう「全体を見る眼」である。本章で取り上げることのできた観点や研究分野は、あくまでも例示する意図から選んだ九牛の一毛に過ぎない。

人と人とがどのような関係を取り結ぶのかを説明しようとするとき、ある種の概念的な手法によらないと難しい。それゆえ、社会史研究には、社会科学的な素養がどうしても求められ、しかも既存の社会科学のモデルを打破していくところに真の面白さと意義がある。また、人間と自然環境の関係について注視していくことも、社会が成り立つことの条件を解明するうえで不可欠の課題といえるだろう。

（1）柳父章『翻訳とはなにか』三～二二頁。
（2）黄克武『惟適之安』一四四～一四五頁。中国語における「社会」という言葉の用例については、金観濤・劉青峰『観念史研究』一七五～二一九頁を参照。
（3）中国の研究者の立場からの整理としては、常建華『社会生活的歴史学』参照。また初歩的な研究史概観として、吉澤誠一郎「中華民国史における「社会」と「文化」の探究」がある。
（4）二宮宏之『全体を見る眼と歴史家たち』三四九頁。
（5）同前、四頁、三四九頁。
（6）盛山和夫『社会学とは何か』一～二五頁は、社会学が対象とするのは意味世界であると規定する。
（7）斯波義信『宋代江南経済史の研究』三〇頁。
（8）中国社会の特殊性を大した根拠もなく強調する議論は、ときに中国ナショナリズムと結びつく。もう一つの論理的陥穽として、中国社会を等質のまとまりとみてしまう恐れがある。また、社会学の立場からは、園田茂人「フィールドとしてのアジア」が、社会学の「普遍性」幻想とアジア研究の「特殊性」幻想をともに打破する意義を説いている。
（9）ブローデル『日常性の構造1』一八～四六頁。
（10）速水融『歴史人口学の世界』七三～八七頁。
（11）この馬寅初の「新人口論」の一件は、百家斉放から反右派闘争という流れのなかで理解することができよう。なお、労働力に対する資本の不足を問題視する馬寅初の観点はすでに一九二〇年代に確立していた。森時彦「人口論の展開からみた一九二〇年代の中国」。
（12）James Z. Lee and Cameron D. Campbell, *Fate and Fortune in Rural China.*
（13）中国社会学社編『中国人口問題』二六頁。
（14）Philip C. C. Huang, *The Peasant Economy and Social Change in North China.* 黄の研究の特徴は、ロシアの農学者チャヤノフ（A. B. Чаянов）の小農経済モデルを念頭において、近代経済学的な利益追求モデルとは異なる農民の行動を説明しようとしたことにもある。

(15)　小野和子『五四時期家族論の背景』。藤井省三「恋する胡適」。清水賢一郎「革命と恋愛のユートピア」。平田昌司「恋する陳寅恪」。坂元ひろ子『中国民族主義の神話』八七〜一四七頁。
(16)　岩間一弘『上海近代のホワイトカラー』。高嶋航「近代中国求婚広告史」。
(17)　小浜正子「生殖コントロールとジェンダー」二〇二頁。
(18)　家制度への指弾で一世を風靡した呉虞の経験については、王汎森『中国近代思想与学術的系譜』二五五〜二六八頁参照。
(19)　たとえば、近年の満族の動向については、劉正愛『民族生成の歴史人類学』参照。
(20)　シンジルト『民族の語りの文法』。
(21)　楊海英『モンゴルとイスラーム的中国』二六頁。
(22)　瀬川昌久『客家』七二頁。
(23)　同前、一一六〜一一七頁。
(24)　同前、一五〇頁。
(25)　片山剛「清代中期の広府人社会と客家人の移住」。林淑美「清代台湾移住社会と童試受験問題」。なお客家の入植は国家の勧奨にもとづく場合もあったこと、また辺境ゆえの科挙受験熱がみられたことについて、菊池秀明『広西移民社会と太平天国』二九七〜三四五頁参照。
(26)　程美宝『地域文化与国家認同』六六〜九六頁。
(27)　洪成和「清朝前中期蘇州地区踹匠的存在形態」。
(28)　Emily Honig, *Creating Chinese Ethnicity*.
(29)　帆刈浩之「清末上海四明公所の「運棺ネットワーク」の形成」。
(30)　足立啓二『明清中国の経済構造』一七七〜二四八頁。なお江南地域の農業生産については、李伯重『発展与制約』を参照。
(31)　中国の社会学については、韓明謨『中国社会学史』、姚純安『社会学在近代中国的進程』参照。社会調査については、黄興濤・夏明方主編『清末民国社会調査与現代社会科学興起』が概観している。また、社会史研究と現地調査についての最近の見方は、行竜『走向田野与社会』参照。社会調査の方法論を一般的に説明した概説としては、福武直『社会調査』補訂版を挙げておきたい。

(32) 最もよく知られた調査記録は、李景漢編著『定県社会概況調査』であろう。定県の郷村建設については、山本真「一九三〇年代前半、河北省定県における県行政制度改革と民衆組織化の試み」、三品英憲「一九三〇年代前半の中国農村における経済建設」参照。

(33) これら調査は『毛沢東農村調査文集』にまとめられている。

(34) 林恵海『中支江南農村社会制度研究』上巻、九頁。

(35) 同前、一〇頁。

(36) 同前、一一頁。

(37) 旗田巍『中国村落と共同体理論』三五～四九頁。この論点についての平野と戒能の代表的論文は、たとえば東亜研究所『支那農村慣行調査報告書』一輯に収められている。

(38) 福武直『中国農村社会の構造』五〇六頁。

(39) 内山雅生『現代中国農村と「共同体」』。奥村哲「民国期中国の農村社会の変容」。三品英憲「近現代華北農村社会史研究についての覚書」。内山雅生「近現代中国華北農村社会研究再考」。張思『近代華北村落共同体的変遷』。なお、この満鉄の調査村のうち、ある一つの村落においては土地改革以後の現地史料が大量に発見された。これによって可能となった長期的な変遷の分析としては、張思等『侯家営』参照。

(40) Prasenjit Duara, *Culture, Power, and the State.* また、これより先に、華北の農村における市場圏と宗教圏について考察し、ムスリム集落についても留意した中村哲夫『近代中国社会史研究序説』五七～八五頁も独自の分析として注目される。

(41) 原洋之介「村落構造の経済理論」。なお、岸本美緒は「モラル・エコノミー論と中国社会研究」において、これと重なり合う問題群を明快に整理している。

(42) 社会的ジレンマについては、盛山和夫・海野道郎編『秩序問題と社会的ジレンマ』、山岸俊男『社会的ジレンマ』参照。

(43) 周知の通り、人間の道徳感情と功利主義との関係は、アダム・スミス以来の経済理論の重要テーマである。本章は、「観察事実をぎりぎりまで経済理論によって説明してみようとする態度」（原洋之介「村落構造の経済理論」六三頁）に大いに共感する立場に立つが、用いる理論を、個人の利益追求モデルに限定する必要はないと考えている。

# 第二章 法制史

西 英昭

# 一　はじめに

本章において扱う「法制史」を研究しようとするならば、対象の性質上少なくとも法学と歴史学の双方に十分な意識を向けなければならない。のみならず、それらを支える隣接分野にも同等乃至それ以上の注意を払わなければならない。しかしながら、考えてみるまでもなく当たり前のこのことが昨今ひょっとするとあまり意識されていないのではないか。筆者においてその危機感は日増しに大きなものとなっている。

昨今の歴史研究の中で、法にまつわる素材を好んで取り上げる向きは多い。しかしながら同時にそれらに対して筆者は、時折相当な苛立ち・呆れ・怒りを禁じ得ないことがある。特に留学生によるもの、他分野のものに多いように見受けられるが、ただ「法にまつわるエトセトラ（乃至はトリビアルな事項）」を扱うもの、ただ制度のみを延々と叙述するものなど、惨状は目を覆わんばかりである。敢えていうまでもなく、法を単なる素材＝ネタとして扱うものは法制史ではない。直接・間接に「法とは何か」という問いに繋がらないものは法制史ではない。「法制史」と「似非《えせ》法制史」には厳然たる区別がある。いや、あって然るべきである。ただ俎上にあるものが「法」に関連すると思しきものであればそれを法制史と呼ぶ、そのような浅薄な認識は大いに反省され改められるべきである。

我々は改めて、いや、常に「法」というものについて考えてみなければならないのであろう。まして「法」は無条件、無前提にそこにあるものではない。ただ六法全書さえあれば、ただ「何々法」という法律さえあればそこにあるというものではない。「法」というものについて、我々は以下のように考えてみたことがあるだろうか。

われわれが自らの社会のために法を持つことを選択するか否かはむろん常に開かれた問題である。しかし、選

> 択するにしても放棄するにしても、選択が何を意味するのかということを十分に理解しなければ選択も放棄もしたことにはならない。その理解の中には、〈もし選択することにする場合には同時に他の何を選択しなければならないか〉を理解する事が当然に含まれる。法を選択したつもりでいても、法を成り立たせている他の諸々のことを同時に選択しなければ、選択されたはずの法はたちまちのうちに崩壊してしまうであろう。そればかりか、それと深刻に矛盾するものを無意識に混在させていれば却って思わぬ破局に立ち至らないとも限らない。ではその「法を成り立たせている他の諸々のこと」をわれわれはどのようにして意識しうるであろうか？ もちろん、われわれの問題設定は決して新しいものではない。あることを真剣に選択しようとする者が社会の中で無残にもそれが壊滅する様を見てその基礎を問わないはずがない。にもかかわらず、法とその基礎との関係は今日既に明晰な認識のもとに置かれている、とは決して言えないように思われる。（木庭顕「政治的・法的観念体系成立の諸前提」二三〇頁）

「法」をただ表層的に捉えるのではなく、その背後にあって「法」を支えるもの全てに大きく回りこみ、そこから取って返す、その回りこみが大きければ大きいほど、返す刀の切れ味はますます鋭くなる。徹底的に批判するということはどういうことか、についての思考を我々に迫るテクストといえる。木庭顕『政治の成立』、同『デモクラシーの古典的基礎』、同『法存立の歴史的基盤』と連綿と展開される思考は全く以て容易ではないが、難解さと明晰さは互いを排斥し合うものではなく、本来両立し得るものである。読者もまた相当の覚悟を持って幾度もこの著作と向き合うことが求められる。確かに困難を極める作業だが、繰り返し読むに耐えうるテクストにめぐり会うことは一つの幸運であるといえる。

この山脈への数ある登山口の一つとして、A. Momigliano, *Studies in Historiography* 及び *The Classical Foun-*

*dations of Modern Historiography* を挙げておきたい。ここに説かれる知的態度こそ、現在我々にとって最も反省が必要なもののように筆者には思われる。いうまでもないがこれは、ただ先行研究の揚げ足取りをする、乃至はそれらを高所から取り澄ましてただ俯瞰するという態度とは全く無縁のものである。木庭顕「ローマのポーコック」ではかの J. G. A. Pocock の近作 *Barbarism and Religion* においても Momigliano が強烈に意識されていることが紹介されている。さらにはカルロ・ギンズブルグ『歴史・レトリック・立証』の献呈先として Italo Calvino と Momigliano の名が挙げられていることの意味を批判的に考えてみるのも面白いかもしれない。

いま一つ、ともすると我々が忘れがちであるのは、「法」が西洋から継受されたという事実である。勿論、日本において展開した〈法〉はあるにせよ、まずは西洋において展開した「法」について知る必要がある。これに関する重要な議論として村上淳一『近代法の形成』を挙げておきたい。些か取り組みづらいと感じた向きには平易な語り口（だからといって内容は平易ではない）の同『「権利のための闘争」を読む』、また日本法への示唆を豊富に含む同『〈法〉の歴史』などから入ってゆくのも一策かと思われる。木庭・村上の議論の応酬を含む村上淳一編『法律家の歴史的素養』を読むならば、ある種脈々と人文主義の伝統を汲んだ歴史学を細々ながらも継承しているのは実は法制史学ではないか、という気にすらなるほどである。

以上の如き学問的良心が示されるテクストを有しながら、何故に眼前の惨状は繰り返されるのか。「ああなって、こうなって、そうなった」式の「因果らしきもの」の羅列に終始するもの、ただ情報量ばかりが増えてそれがひたすら平板に広がるのみで一向に議論が立ち上がらないもの、などなど、一体何が足りないのか。様々な理由が考えられるが、一つには、歴史学というものが一定のパターン化された作業として漠然と捉えられている、すなわち、このように手を動かしておけば何となく歴史学をやっていることになる気がする、という漠然とした了解が漂っており、そしてそのパターンが一体何であるかも検証されないまま、次の新たな手の動かし方のパターンがユニットとしてはめ込まれる、この繰り返しの中で一体歴史学とは何かということについて真剣な反省が一向に行われない、このことが大きな問題として横たわっているように筆者には感じられる。

歴史学もただ漠然と無前提に存在するものではない。歴史学を支える諸前提というものについて、先の木庭の言明のように考えてみなければならない。我々が現在漠然と歴史学だと思っている手の動かし方が実は多くの選択肢の中の一つに過ぎないということ、さらにはその選択肢が何時如何なる形で自覚的／無自覚的に選択されたのかということについて反省すること、自分が知らず知らずの内に乗っかってしまっている土俵が如何なる磁場を有しているのかについて知っておくこと、このことが常に考慮されなければならない。

以上に関連して、史料というものも昨今相当等閑《なおざり》にされている嫌いがありはしまいか、筆者は心配でならない。目の前のものがアプリオリに史料であるということを信じて疑わない、乃至はそのことを気にも留めない、としたらその態度には相当な問題があろう。とはいっても勿論、旧来それが史料とされてきたことを全て否定しようというのではない。それが史料とされてきた経緯、すなわち「史料である」の前に「史料とする」過程があったはずであり、何故それが史料となると思われてきたのか、まさにその過程について深く考え直す必要があるのではなかろうか。歴史学について考え直すことと密接不可分の作業であるが、我々はこれを十全に行っている、乃至は行い続けているだろうか。

以上の反省を常に反芻しつつ、またさらなる反省を行うために、ありとあらゆる先行研究、史料、史料のそのまた史料、と膨大な情報が蒐集されなければならない。手垢の付いたものから真新しいものまで、一点の遺漏も許さないまでに史料や先行研究を掻き集め整理することは、重複研究のコストをなくす上で重要な作業であることはいうまでもない。しかし宝石からガラクタまで何でも無闇矢鱈《やたら》と掻き集めればいいというものでもない。昨今ただ前人の扱わない主題を扱ったから、ただ先人の使っていない史料を使ったからといって新しさを主張するものがあるが、新しさとはそういうことではない。

そこで集められた先行研究、乃至そこでの史料の扱われ方を精緻に分析し、その返す刀で今の自分の手の動かし方を反省しつつ、またさらなる情報収集へと漕ぎ出さなければならない。真に新しい議論というものは、既存のもの全てについて深い理解を持たなければ到底出来ることではない。本章はそのためのごくごく初歩的な・技術的な手ほどきにすぎないのである。

## 二　清　代

### 1　滋賀秀三という「前提」

清代法制史にとって、もとより中国法制史学全体にとって、滋賀秀三『中国家族法の原理』、同『清代中国の法と裁判』、同『中国法制史論集　法典と刑罰』、同遺著『続・清代中国の法と裁判』が議論の前提として屹立していることを否定する向きはあるまい。中国法制史学を志すものはいずれも、まずはこの巍々《ぎぎ》たる業績と向き合うことを求められるといってよいであろう。

『中国家族法の原理』については、先行する同『中国家族法論』がまずあり、それに対する仁井田陞の批判、さらにそれに対する滋賀の反論「中国家族法補考」が行われた上に成ったテクストであることに注意が必要である。師弟の間において論文を以て所論を争うという最も美しい作法が展開した瞬間であるが、「論争」として聊《いささ》か嚙み合わない面もあることはすでに当事者が言明しているところでもある。

しかしながらこの「論争」を経て、『原理』では旧稿からのテクストの流用がほとんど見受けられないまでに史料・見解とも最大限の改訂増補が行われている。「補考」には、通底する問題関心のあり方・方法論について相当端的な発言が諸所に盛り込まれている。『原理』についてはこれら先行テクストをあわせ読むことが必要であるし、また『原理』自体、刷・版を改める毎に微小な、さりながら大変重要な改訂が加えられていることをも注意深く見抜く必要がある。滋賀の諸論考はただ教科書として表面的に読まれるべきではない。むしろ粘り強い思考とはこういうものかという鮮烈な感動とともに読まれるべきものであろう。

『清代中国の法と裁判』も東洋法制史学の必読書たる地位を失わない作品であるが、昨今同書の末尾において滋賀が野田良之の論考を引き、「アゴン的訴訟」との対比で伝統中国の訴訟の特徴について述べるくだりのみを引用して比較文化論的な議論に繋げる記述をしばしば目にする。これは滋賀の論考に対する公正な取扱とはいえないように個人的には思われる。野田との対比はこの頁に先行する膨大な論証の上で「敢えていうならば」という形で行われたものであり、この部分のみを取り上げるというのは聊か滋賀の意向に反するのではなかろうか。

『中国法制史論集　法典と刑罰』は中国法制史の数少ない通史である。他方昨今の研究者の相対的な増加と専門分化に伴って、中国史全体を通観する広い視野に立つ研究が少なくなってきていることは一つの問題かもしれない。その他滋賀秀三「研究結果報告」は、本来であれば公的な論考として扱うべきものではないかもしれないが、東洋法制史の何たるかについての思考がこれほど簡明に述べられた例は珍しい。なお滋賀の著書に収録されていない論文も数多く存在する。これらについては遺著巻末に著書目録があるので参照されたい。

## 2　史料論

法制史料のうち、律例については滋賀秀三「清朝の法制」が基本的な参照価値を完全に失ってはいない。その後滋賀秀三編『中国法制史　基本資料の研究』が刊行され、清律（谷井俊仁）、清朝の蒙古例（萩原守）、清代の省例（寺田浩明）、清代の刑案（中村茂夫）、清代の判語（森田成満）、明清契約文書（岸本美緒）、民商事習慣調査報告録（滋賀秀三）の各章において基本資料の解説が行われ、関連知識が十全に提供されることとなった。これら論考は部分的には岸本美緒「明清契約文書研究の動向」など著者またはその他の研究者によって補充されている場合がある。また同書には収録されていないが、谷井陽子「戸部と戸部則例」や同「清代則例省例考」も必読といってよいであろう。滋賀が『清代中国の法と裁判』において多く依拠した判牘《はんとく》については、同書巻末にも一覧が付されていたが、さらに詳細な三木・山本・高橋編『伝統中国判牘資料目録』が刊行され、その所在とともに一目瞭然となった。

法制史関連の史料を含むコレクションとして、東京大学東洋文化研究所図書館に所蔵される大木（幹一）文庫・仁井田（陞）文庫・我妻（榮）文庫は当然把握されていなければならない。滋賀（秀三）文庫については九州大学法学部図書館がこれを受け入れ、整理作業が進行中である。

主要な史料については影印本が数多く出版されている。『大清律例彙輯便覧』、『大清律例会通新纂』、『大清律例通考校注』など、必要に応じて利用することができる。洋装の影印本は取り扱いが便利であるが、ただその版本が最良であるがゆえに影印本になっているという訳ではない。版本の質、使い勝手等今後も研究が重ねられて然るべきである。刑案については『刑案匯覧』、『刑案匯覧続編』、『刑案匯覧三編』などの影印本が利用に便利である。律例を扱うにあたって必須の文献である薛允升『読例存疑』も現在ではデータベース化される（後述寺田浩明の中国法制史研究ホームページ参照）など、史料をめぐる環境は日に日に利便性を増している。即座に手にとることのできる史料が増えた反面、個々の史料について深く考える機会が失われてはいないか、我々は常に警戒する必要があるといえる。

そこにある史料を使う、というのは当然の行為のようでいて当然のものではない。史料が目の前にあるということと、それを使ってよいかどうかということは別の問題である。即ち史料を「使ってよい」状態にする、その史料の氏素性《うじすじょう》を確かめておくということは必須の作業である。滋賀が多く依拠した史料である司法行政部編『民商事習慣調査報告録』について、滋賀自身がその解題を書いているのは至極当然の手続きである。同解題の中で滋賀を煙に巻いた「狐」は西英昭「『民商事習慣調査報告録』成立過程の再考察」において退治され、さらに同「清末各省調査局について」によって概ね『民商事習慣調査報告録』を安心して使用できる環境が整えられたといえる。一体それがどういう史料であるのかを明らかにしておくこと、これは史料を使用する際の最低限の必要条件である。

またそうした史料をどう読むか、についても問題が存在する。例えば同様に滋賀が多く依拠した『中国農村慣行調査』を取扱うにあたって、福島正夫『中国農村慣行調査と法社会学』、さらに大きく背後から問題を捉える上で六本佳平・吉田勇編『末弘厳太郎と日本の法社会学』が必読文献となることについては争いがなかろう。また野間清「中国慣行調査、その主観的意図と客観的現実」に代表される調査当事者による反省も当然視野に入れられるべきである。しかし、これらを踏まえてさらなる史料批判を重ねる努力が払われて然るべき情況にありながら、その努力は依然不十分であるという気がしてならない。同調査が立ち入った村落を再度調査する三谷孝編『中国農村変革と家族・村落・国家』等の試みも行われたが、同書に対し宮坂宏の書評が投げかけた相当控えめな、しかし痛烈な批判について我々は再考する必要があろう。

## 3　史料と先行研究のあいだ

近代史研究に固有の問題というわけではないけれども、例えば戦前に行われた研究のように、先行研究でもあり同時に史料でもある（史料にもなる）、というテクストに突き当たることがままある。これについて意識を向けることは、特に近代史研究において必要不可欠な態度といえる。

ある先行研究に接した時に、ただ漫然とその結論のみを受け取ってはいけない。その結論を生むに到った過程に眼を向けることが重要である。当然のことながら先行研究はテクスト成立時の様々な事情によって否応無くバイアスを内包しているわけである。逆にいえば、先行研究のテクストそれ自体が、その研究が如何に行われ、その結果成立したテクストが如何なるバイアスを背負い込むことになったのかを検証する上での史料でもあるという性格を有するのである。

西英昭『『臺灣私法』の成立過程』は臨時台湾旧慣調査会編『台湾私法』のテクストをただ漫然と受け取るのではなく、テクストの成立過程を一層一層丁寧に剝がして検討し（stratigraphy）、最終テクストになだれ込む様々なバイアスを計測したものである。さらには同時にテクストに関わった人物の prosopography を導入してさらにバイアス計測のためのテクストを導入し、かつその経路自体が導く緊張関係、それが織り成す構造を検討したものである。「テクストを読む」ということについて思いをめぐらせる端緒として利用することができよう。

また、分野・時代とも異なるが、以下の文章は以て座右とするに足る。

グラーティアーヌスの思考を明らかにするためには、作業の仕方としていかに「素朴な」ものであるとしても、個々のユニット（Distinctio, Quaestio）の中であるテクストがどのように用いられているのか、グラーティアーヌスはそのテクストをどこから採ったのか、グラーティアーヌス以前にそのテクストはどのように用いられ

> ていたのか、グラーティアーヌスがそのテクストを選択したことにどのような意味があるのか、すなわち、グラーティアーヌスがあるテクストを再録し、1つのユニットを形成していく過程を忠実にたどることから始めなくてはならないと考える。（源河達史「グラーティアーヌス教令集における帰責の問題について」(1)三〇一頁）

テクストの成立過程について、ただ作者がそう書いた、というのではなく、なぜそう書いたのか、に思いを致す必要がある。「そうなった」ではなく「そうした」と捉え、そしてそれは何故「そうした」のか、その際にどのような選択肢が（自覚・無自覚的に）存在したのか、その選択肢相互にどのような差異があって、そこからその最終的に採られた選択に如何なる意味が生じたのか、と展開し、「あのときああした」ことの意味を幾重にも複層的に考える、こうした立体的な議論のあり方が意識されない限り、一向眼前の惨状は解消されないのではないか、と思われる。差異の無いところに意味は生まれない、このことを再び深く考える必要がある。

よく練られたテクストであればあるほど、作者がその作業の前提となる先行研究と抜き差しならぬ対決を迫られ、そのもとで一文を草するのにどれほどの心血を注いだか、その痕跡が鮮やかに感じられる。いや、我々はそれを感じながら読まなければならない。よく説かれるように、ブラームスがベートーベン交響曲第九番と如何に格闘し、自身の交響曲第一番のフィナーレに辿り着くのか、漠然と聞き流したのでは全くそれを理解できないまま、聴衆としての醍醐味を逃してしまうのと同じである。

以上に鑑みるならば、東洋法制史学は東洋法制史をどのように記述してきたのか、そのことの歴史、即ち記史学史（history of historiography）が必要不可欠となる。これは単なる平板な史学史ではない。何が史料になると思ってきたのか（なぜそれが史料足りえると認識されたのか）、具体的にどのように手を動かしてきたのか、それをもとにどのように書いてきたか。拙著もまたこの問題に取組もうと試みたものであるが、こうした検討は『台湾私法』のみならず以後全ての研究について行われることが望ましいことはいうまでもない。

また、東洋法制史のみならず中国史全般において、『台湾私法』や『清国行政法』がいうなれば「辞書代わり」として用いられることがあるが、その危険性がこれまで十全に認識されてきたとは到底思えない。『清国行政法』は今日でも基本書の一つだが、その記述を盲目的に信じ込むのは先述の通り問題である。取扱説明書として最低限織田萬・加藤繁『清国行政法編述に関する講話』はあわせ読まれるべきであろう。

## 4　最近の諸研究について

仁井田‐滋賀の師弟間同様、滋賀と寺田浩明の間にも論文を以て互いの主張を争うという最も美しい学問的作法が展開された。寺田の諸研究は「寺田浩明の中国法制史研究ホームページ」（http://www.terada.law.kyoto-u.ac.jp/）にまとめられており、ＰＤＦにより即座に入手できる。本人による簡単な解説も付されているのでそれらを参照しつつ、その全てと格闘されることを勧める。

また寺田により西洋の学者との交流も度々提起されており、その一つの成果として鎌倉会議があげられる。その記録の一部は「小特集　後期帝政中国における法・社会・文化」にある。総じて米国側の見解が説得力を欠き、日本側研究者の容れるところとならなかったが、その後米国側参加者の論考も続々発表されており[1]、書評等も発表されるなど一定の反応は示されている。近年でもジェローム・ブルゴン「アンシビルな対話」が寺田により翻訳され、西洋との交流が続いている。いずれにせよ、西洋の学説を鵜呑みにすることは微塵も無く、むしろ徹底的に批判するという姿勢が貫かれているのは非常に好ましいことである。

寺田に先駆けて土地法の問題を扱ってきたのは森田成満である。彼の土地法研究は『清代中国土地法研究』にまとめられている。また森田は『星薬科大学一般教育論集』にほぼ毎号律例各条を扱う論考を発表している（二八号に略歴・主な業績が掲載されている）。継続は力なりというが、並大抵のことではない。若干入手しづらい雑誌かもしれないが、清朝法制を扱う以上は全てに目を通す必要がある。刑律をめぐっては中村正人の諸論考も枢要な議論を提起している。中村正人「清代刑法における処罰構造」以下の律をめぐる氏の論考からは、一つの問題について丁寧に粘り強く考え抜く姿勢を学ぶことができる。粘り強さでいうならば喜多三佳「『天台治略』訳注稿」は十五年に及ぶ連載であり、その着実な訳注は信頼するに足る。寺田浩明「清代中期の典規制にみえる期限の意味について」は条例の成立・変遷過程の実態を見るについても興味深い。小口彦太「清代中国の刑事裁判における成案の法源性」も参照されたい。

法学・歴史学・人類学のいずれにも万全な足場を設定しつつ宗族の問題に取組む松原健太郎「「宗族」と「族産」をめぐる伝統中国社会」が未完となっていることは大変に残念である。しかしながら研究成果は同「契約・法・慣習」、また同 *Land Registration and Local Society in Qing China* 等の英語論文として続々と発表されている。近日その全貌が明らかにされることを希望したい。また国内における宗族研究については、同「「宗族」研究と中国法制史学」が素晴らしい展望を与える。松原の研究と深い関係に立つ Faure, *Emperor and Ancestor* も一読を勧めたい。

若手研究者の関心は不思議と刑事関連に集中しているようである。鈴木秀光「杖斃考」以下の論考に現れる半ば非正規な手続きから見る刑事司法研究、また秋審をめぐっての赤城美恵子「可矜と可疑」以下の諸論考及び高遠拓児「清代秋審制度と秋審条款」以下の諸論考など続々と重要な研究が発表されている。

また人文社会系でも「法」や「秩序」といったテーマに近接する研究が発表されている。中でも岸本美緒『明清交代と江南社会』、山本英史『清代中国の地域支配』は必読の文献である。社会史の視点からの夫馬進編『中国訴訟社会史の研究』、また訟師《しょうし》を扱う夫馬進「訟師秘本の世界」、Macaulay, *Social Power & Legal Culture* も著名である。訴状の問題を突いた唐澤靖彦「清代における訴状とその作成者」はN・Z・デーヴィス『古文書の中のフィクション』も想起させる。また太田出「明清時代「歇家」考」、加藤雄三「清代の胥吏缺取引について」も社会史的視点からの重要な論考である。

『淡新檔案』をはじめとした地方檔案史料も多くの研究で用いられている。夫馬進『中国明清地方檔案の研究』などを参照されたい。また徽州文書を用いた徽学研究、臼井佐知子『徽州商人の研究』、熊遠報『清代徽州地域社会史研究』、阿風『明清時代婦女的地位与権利』などにおいて多く法制史と密接な関連を有する研究が発表されている。

中国での研究では古くは張晋藩主編『清朝法制史』、張晋藩『清代民法綜論』のような概説書、また若くして亡くなられた鄭秦『清代司法審判制度研究』、同『清代法律制度研究』をまずは挙げておこう。主要な研究としては蘇亦工『明清律典与条例』を始め枚挙に遑《いとま》がないが、紙幅の関係上省略することとしたい。台湾では古くは陶希聖『清代州県衙門刑事審判制度及程序』、また那思陸『清代州県衙門審判制度』、同『清代中央司法審判制度』が知られている。さらには最近の台湾における気鋭の研究者である邱澎生『当法律遇上経済』が注目すべき成果として挙げられよう。欧米では近年 Liang, *Delivering Justice in Qing China*; Hegel and Carlitz, eds., *Writing and Law in Late Imperial China*; Furth, Zeitlin, and Hsiung, eds., *Thinking with Cases*; Zelin, Ocko, and Gardella, eds., *Contract and Property in Early Modern China* などが発表されている。

## 三　清朝末期

清朝末期については、島田正郎『清末における近代的法典の編纂』が基本的な出発点となる。基本史料を丹念に捜索し整理したその姿勢に読者は時に砂を噛むような印象を持つかもしれないが、当然のことを着実に行った研究として評価されるべきである。史料状況は当時と比べ物にならないほど改善されつつあるが、他方で現状に見合う形でこの当たり前のことを十分に行っていない研究が増加しているように思われる。まず何よりも史料を丹念に捜索し整理することから手がつけられなければならない。

なお台湾での「中国近代法史の研究プロジェクト」はその後陳光宇等編『清末民初中国法制現代化之研究』としてまとめられたようだが、広く流布するには到らなかったようである。ただ同プロジェクトの副産物である台湾大学法学院中国近代法制研究会編『中国近代法制研究資料索引』は法令や関連論文の検索に便である。

清末の基本史料としては、官報たる『政治官報』・『内閣官報』、また『諭摺彙存』、実録として『大清徳宗景皇帝実録』・『大清宣統政紀実録』、さらに『十二朝東華録』を手元に備えることになる。こうした官報等がどのような氏素性の史料なのかについて戈公振『中国報学史』、林遠琪『邸報之研究』も一読すべきであろう。

法令集として商務印書館編訳所編纂『大清光緒新法令』及び『大清宣統新法令』（『大清新法令』の書名で扱われる場合もある。『点校本　大清新法令』もある）、『大清法規大全』があるが、テクストについては原史料と突き合わせて確認すべきである。故宮博物院明清檔案部編『清末籌備立憲檔案史料』は便利ではあるが史料によっては省略箇所がある。修訂法律館編輯『法律草案彙編』についても、そこに収録される各草案のテクスト批判はこれからの課題であり、無批判に用いてはならない。さらにこれらに加えて中国第一歴史檔案館所蔵の会議政務処檔案、憲政編査館檔案、修訂法律館檔案、台湾故宮博物院所蔵軍機処檔案などの一次史料も参照されなければならない。

さて、もう一つの研究の出発点として読まれるべき研究に小野和子『五四時期家族論の背景』がある。早期に各段階での刑法草案の異同を整理し、大清刑律草案をめぐる簽注《せんちゅう》、また資政院会議速記録の史料的価値を十全に生かした研究として現在でも価値を有する。近年大陸でも高漢成『簽注視野下的大清刑律草案研究』が簽注を扱い、また李啓成点校『資政院議場会議速記録』が出版されるなどしている。さらに国内でも田邉章秀「『大清刑律』から『暫行新刑律』へ」などを始めとして研究が継続している。特に曽田三郎『立憲国家中国への始動』は詳細であり、今後是に続く研究が重ねられてゆくことが求められる。

近代法制史をめぐる人物研究はまだ多くはなく、今後とも発展が期待される部分である。ただし人物研究には往々にして対象人物に対する研究者の好悪が反映されてしまっているものも少なくない。分野は異なるが野田良之が江藤新平をめぐる研究を評して、

> いずれもまず自分で江藤のイメエジを作っておいて、これに史料をあてはめているような感じが強い。……自分の仮説に都合のよい史料ばかりにたより、自分の仮説自身には一向懐疑の目をむけないというのは、歴史学者の態度ではなく、一定の史観の信徒にすぎない（野田良之「明治初年におけるフランス法の研究」三一頁）

と記す部分は研究の前に幾度も読み返し銘記すべきものである。

当時の中国からは実に多くの留学生が来日して法政知識の中国への導入に大きな役割を果したが、これらはさねとう・けいしゅう『増補　中国人　日本留学史』、熊達雲『近代中国官民の日本視察』を始めとして古くから手がけられてきた主題である。最近では程燎原『清末法政人的世界』などがこれを継続して扱っている。また当時中

国法制に関わった日本人に関する人物研究の端緒として西英昭「清末民国時期法制関係日本人顧問に関する基礎情報」、同「岡田朝太郎について」を挙げておく。

こうした人材交流の中で伝播する知識の在り様を「思想連鎖」という概念で捉える山室信一『思想課題としてのアジア』は法制史関連の情報を膨大に含む。山室には近代日本を扱った『法制官僚の時代』があるが、そこに展開する圧倒的な情報量とそれを精確に整理し追いかける情熱は研究者が見習うべき態度の一つの好例である。国際法の中国への影響については何よりもまず佐藤慎一『近代中国の知識人と文明』が参照されなければならない。他には田濤『国際法輸入与晩清中国』、林学忠『従万国公法到公法外交』、Svarverud, *International Law as World Order in Late Imperial China* に詳しい。

## 四　民国時期

### 1　史料について

法令の検索に関しては基本的に『政府公報』『国民政府公報』によってテクストを確認すべきである。これらの検索に関しては眞鍋藤治編『中華民国法令索引』が便利である。北洋政府期の印鋳局編『法令全書』、国民政府法制局編『国民政府現行法規』、国民政府文官処編『国民政府法規彙編』、立法院編訳処編『中華民国法規彙編』、司法部参事庁編『司法例規』及びその後継たる司法院編『国民政府司法例規』（なおこれら『司法例規』は全国図書館文献縮微複製中心『国民政府司法例規全編』として影印再刊行されている）などで確認することも可能であるが、国内の所蔵情況もまちまちで、何より当時からその刊行期間の不揃い・編集の疎漏などによる使い勝手の悪さが囁かれていた。商務印書館編『中華民国法規大全』や郭衛・周定枚編『中華民国六法理由判解彙編』などを手元において当座参照するのが便利であるが、調べようとする年月日と法令集の刊行年月日の対応には注意が必要である。

判決例・解釈例の調査に最も手近なものとして郭衛編『大理院判決例全書』、同『大理院解釈例全文』がある。ただしここに収録される判決例は要旨のみである。民国初期の判決例そのものは大理院書記庁編『大理院判決録』として刊行されていたが一九一四年半ばで途絶、その後は要旨が刊行されるのみとなっていたようである。判決例原本は中国第二歴史檔案館に所蔵されるが、同館所蔵の司法関連檔案とともにそのほとんどが現在事実上非公開となっている。これらのうち重要判決例と目されるものを黄源盛が『大理院刑事判例全文彙編』（一七冊）、『大理院刑事判決匯覧』（三〇冊）、『大理院民事判例全文彙編』（二七冊）、『大理院民事判決匯覧』（二五冊）として整理している。ただ以上の史料は市販されているものではない。一部は黄源盛纂輯『景印大理院民事判例百選』として出版され、また黄源盛総編『大理院民事判例輯存　総則編』（以下刑事も含め各編続刊予定）の刊行が開始されている。いずれも必携の重要史料集であるが、必要となる判決例がそこに含まれるかどうかは分からない。

法令にせよ判決例にせよ注意しなければならないのは、それだけを集めて分析してみてもある意味どうにもならない、ということである。法文を集めて解釈を施してみても、それ以上のものは出てこない。第一その法令は民国全体に行きわたっていたのか、現実との間の距離はどれほどであったのか。大理院判決例を集めてその法理を推測してみても、それは民国のごくごく一部の世界に展開したものを再現したにすぎない。下級審ではどうだったのか、法院が機能し得た場面は民国全体からみればどれほどのものであったのか。次々と疑問が湧き出るのを止めることはできないであろう。

まずは法文を見、判決例を集め、学説を分析する、そのこと自体が無意味であるとはいわないが、それだけで事終わり、というのでは無味乾燥の誹《そし》りを免れがたい。他方でただそれだけのこととはいっても、近代史の常、情報量は膨れ上がる。一体自分は何を論じたかったのか、そのことを見失った瞬間、膨大な情報の大海で溺れる運命にある。自分は何を論じたいのか、そのためには何が史料となるのか、常に神経をとがらせなければならないのが近代史の怖さである。

各法分野の史料集について、司法行政部民法修正委員会主編『中華民国民法制定史料彙編』は便利な史料集であるが、原史料にあたってテクストを再確認したほうが良い。司法行政部『中華民国法制資料彙編』は立法原則等をまとめて参照するのに便利である。刑法分野では黄源盛纂輯『晩清民国刑法史料輯注』において関連史料の大半が網羅されるに到った。行政法関連では黄源盛纂輯『平政院裁決録存』、全国図書館文献縮微複製中心『国民政府行政法令大全』も刊行されている。中華民国法を引き継いだはずの現代台湾において実務・立法担当者によって法制史に対する関心が示されることはほとんどなかった（このこと自体大変興味深い現象である）が、これらの刊行によって状況が一変することを期待したい。

民国期に刊行された法律関連の書籍については、現在のところ『民国時期総書目　法律』が最も有用な目録の一つであろう。ただ同目録は北京図書館・上海図書館・重慶市図書館のみの情報で、しかも後二者については一九五〇～六〇年代の情報に基づいており、所蔵不明となっているものもある。一九一二～四五年に刊行された中国語での法律関連書籍のデータベースとして西英昭「日本現存近代中国法制関連書目データベース」があるので参照されたい。

また当時の法律関係論文については、民国期を代表する法学雑誌として『法律評論』『法学雑誌』『中華法学雑誌』の三種（いずれもマイクロフィルムが発売されている）の参照が必要不可欠である。さらに英・仏・独語等で書かれた当時の論文データベースとして西英昭「近代中国法制関連欧語論文データベース」、戦前の日本語による中華民国法制関連の論文データベースとして西英昭・国吉亮太「近代東アジア法制関連日本語論文データベース」があるので適宜参照されたい。以上紹介した西によるデータベースは全て前述の寺田浩明の中国法制史研究ホームページから参照可能である。なお戦前の日本語文献については雑誌記事索引集成データベース（http://zassaku-plus.com/）も便利である。

これら文献史料については昨今特に中国大陸において、民国期の様々な版本がウェブ上で公開されるに到っており、遠からず日本に居ながらにしてこれら近代文献を直接画像で見られる日が来るのかもしれないが、だからといって史料を足で探す努力を怠ってはならない。まして自分の足元に転がっている宝に目もくれずともかくも海外へ、という軽率な態度は嘲笑の的でしかない。

書籍や史料についても、ただ知識として知っているのでは役に立たない。実際に手にとって見て、いざという時にすぐにアクセスできる状況においておかねば何の意味も無い。如何に有用なデータベースでも、その存在を知らなければ全く無意味である。データベースのデータベース、この構築及び改訂は「足で稼ぐ」中から少しずつ行われるものである。

また昨今ではアナログ（アナクロ?）といわれかねないが、古本屋や蚤の市での史料収集も歴史研究の楽しみの一つである。古本屋の本棚で、蚤の市の店頭で、ふと目にした史料が論文の中核になることもある。何より本物の史料に数多く触れること、その原史料の持つ独特の息遣いに数多く触れることは、史料批判のために重要であるのみならず、大きな楽しみでなくして何であろうか。

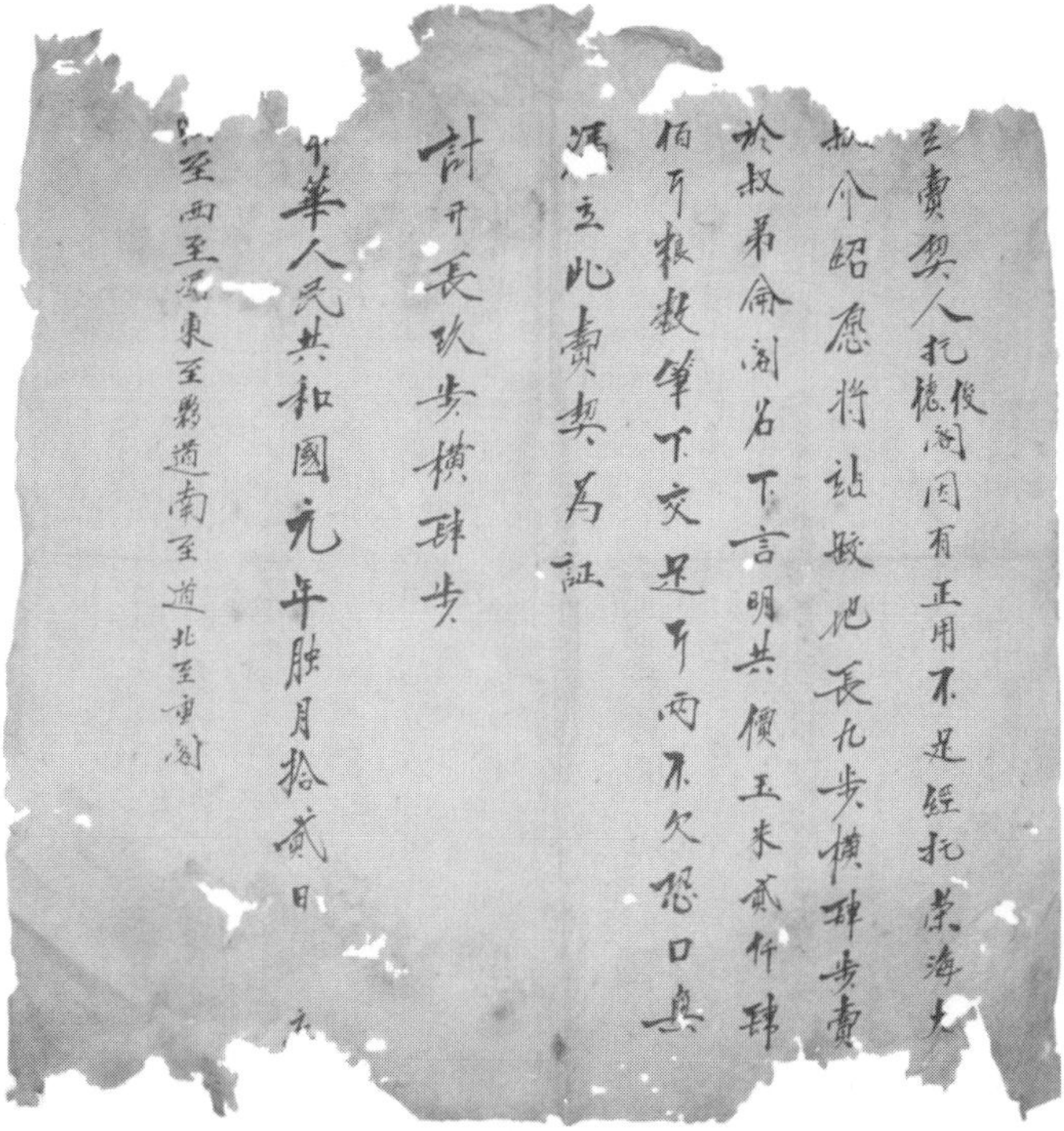

中華人民共和国元年と記された契約文書．現在このような年号は使われていない．さて，本物かニセモノか？　文体から墨色まで，鑑定経験が必要となるところである．〔筆者蔵〕

## 2　先行研究について

民国期の立法史に関しその概略をつかむためには、同時代史として書かれた謝振民『中華民国立法史』、楊幼炯『近代中国立法史』、汪楫寶『民国司法志』、楊幼炯『中国近代法制史』が参考になる。また展恒挙『中国近代法制史』、羅志淵『近代中国法制演変研究』、国史館編『中華民国史法律志（初稿）』などもあり、中国における草創期の民国法制研究としては張国福『中華民国法制簡史』、同『民国憲法史』がある。邱遠猷・張希坡『中華民国開国法制史』は辛亥革命期を扱う。民法では台湾の潘維和『中国近代民法史』、同『中国民事法史』、同『中国歴次民律草案校釈』が古典的な研究となる。

最近の研究では黄源盛『民初法律変遷与裁判』、同『法律継受与近代中国法』、同

『民初大理院与裁判』が避けて通ることのできない最重要成果となる。既に紹介した判決例の整理や様々な史料集の刊行という万全の研究基盤整備の上に展開される氏の研究は、現在最も信頼できる業績としてまずは手に取られるべきものであろう。

日本語で読める中国近代法通史に高見澤磨・鈴木賢『中国にとって法とは何か』がある。参考文献も指示されており便利だが、校正ミスが多い。引用条文等は再度自分で確認したほうがよい。近年の個別研究は高見澤「調停から見る中国近世・近代法史」、加藤雄三「「中華民国」における訴訟知識の伝播」、田邉章秀「北京政府時期の覆判制度」、久保茉莉子「中華民国刑法改正過程における保安処分論議」など総じて緒に就いたばかりである。

日本では例えば民法に関して立法過程での当事者の議論を一字一句詳細に窺うことのできる史料が（幸か不幸か）残っているのに対し、中華民国におけるそれは現在のところ確認されていない。西英昭「中華民国民法親属継承編起草作業と慣習調査」はそのような史料状況の中で立法過程での議論に肉薄する一つの試みとして中華民国法律顧問の任に当たったフランス人、G. Padoux及びJ. Escarra、特に後者によって書き残された見解を分析の端緒としている。中華民国法制を扱うには少なくとも中・日・英・仏語には通じておく必要がありそうである。またこれ以外にも参画した顧問、また各国によって設定された租界を扱うに際しては、それぞれの国の言語が必要となる。

外国語に関して渡辺浩『東アジアの王権と思想』には丸山眞男から、

ドイツ語しか知らない者はドイツ語を知らないという言葉がある。同様に、日本語しか知らない者は日本語を知らず、日本しか知らない者は日本を知らない。したがって、日本を研究しようと思うなら、まず外国語を学ぶことが必要である。さしあたり、英語・ドイツ語・フランス語・中国語・朝鮮語を。そして、できれば、蘭学を研究するためにオランダ語を、キリシタンを研究するためにポルトガル語を。（vi頁）

と注意されたという逸話が紹介されているが、どうやらこの注意は中国近代史研究にも当てはまりそうである。場合によってはさらにロシア語・イタリア語・満洲語・モンゴル語と広がってゆくであろう。いずれにせよ、解読可能な言語で書かれているものは何語であろうと全て読まなければならない。渡航可能な国であればどこの国であろうと足を運んで先行研究・史料を入手しなければならないのである。

西英昭「中華民国法制研究会について」は戦前東京帝国大学において行われていた中華民国法研究、及びその活動によって生まれた逐条解釈書につき、その史料批判のために必要となる同会の情報についてまとめたものである。日本人であるがゆえに日本のことを扱わなければならないということはもとよりないが、言語的に圧倒的な優位にある母国語の史料について情報を発信しておくことも国際的な協力が求められる民国研究においては一定の意義を持つであろうし、その責任を我々は負っているとすることもできる。さらに進んで、中華民国を対象とするにあたって日本からアプローチをかけるということの持つ意味について熟慮することは、我々にとってやはり常に必要なことであるといえよう。

さて、これまで間接的にせよ民国期の「法」に関連する問題を扱ってきたのは経済史分野かもしれない。中でも本野英一『伝統中国商業秩序の崩壊』では、民事・商事方面での「法」を考えるに際して必ず考慮すべき構造の一端について考えることができる。今後法制史からの応答を行ってゆくべきものと位置付けられる。また租界という場を中心に、加藤雄三「租界社会と取引」、同「租界に住む権利」と着実に研究が重ねられてきている。集大成が発表されるのを心待ちにしたい。

現代の側から民国期へといわば遡ろうとする研究も発表されている。中村元哉『戦後中国の憲政実施と言論の自由 1945-49』、石塚・中村・山本『憲政と近現代中国』はいずれも中華民国憲法を軸に議論を展開する。また三橋陽介「日中戦争期の戦区検察官」以下の研究において着々とその成果が積み重ねられてきている。総じて比較的史料のある時代・主題から順次着手されているようである。

中国で古くから民国法制史研究を手がけてきた学者として李貴連・何勤華の二人が挙げられる。李貴連主編『二十世紀的中国法学』、李貴連『近代中国法制与法学』、また何勤華・李秀清『外国法与中国法』、何勤華『中国法学史』はいずれも踏まえておくべき文献である。その流れを受け継いで兪江『近代中国的法律与学術』など多くの論考が発表されている。

なかでも民法をめぐっては比較的多くの研究が発表されている感を受ける。王新宇『民国時期婚姻法近代化研究』、孟祥沛『中日民法近代化比較研究』、張生『中国近代民法法典化研究』、張生主編『中国法律近代化論集』など、日本での在外研究経験をも有する作者たちによって、今後も研究が続けられることであろう。その他会社法、訴訟法、著作権法等まさに枚挙に遑がない。多く現在の中華人民共和国の立法ラッシュとも呼応しながら関心が近代へと向けられているようである。

ただ中国の研究は注意して読まなければならない。史料の渉猟が中途半端なもの、原史料に当たろうにも注釈の指示が不明確なもの等、学術上の作法が十分に踏まえられているとはいえない文献も多い。自分が通ったあとには史料の一枚たりとも残されていない、という境地を目指して欲しいものだが、往々にして「随便」に刈り散らかされたあとを再び丁寧に刈らねばならない二度手間に辟易することがある。どう考えても研究資源の無駄遣いであり、研究者が如何に多くともこの重複の無駄が排されなければ中国学界の発展は緩慢なものたらざるを得ないのではと他人事ながら危惧せざるを得ない。

勿論こうした状況に対し自浄能力を発揮しようとするものもある。李力「危機・挑戦・出路」は昨今隆盛を呈する中国大陸での法制史研究につきその特徴を「六多」即ち「専著・論文多」「雷同的作品多」「粗糙的作品多」「「法理化」的作品多」「教材多」「合著（編）的作品多」とし、「三少」即ち「称得上「精品」的著作少」「有個性的作品少」「開展学術批評的作品少」が問題であるとして中国大陸における惨状を鋭く告発している。我々もまたこのような弊害に陥ってはいないか、常時自省しなければならない。

他に非常に興味深い研究として馬敏『商人精神的嬗変』がある。商事法史という分野はいずれの国でも非常に研究が少ないが、経済史との連携の下に推進されるべき未開拓分野である。法律をめぐる知識の流通という側面からは王健『溝通両個世界的法律意義』、同『中国近代的法律教育』がある。弁護士をめぐっては徐家力『中華民国律師制度史』がある。陳同『近代社会変遷中的上海律師』は上海における外国人弁護士をも扱う。

蘇亦工『中法西用』は香港における慣習の問題を扱う。史料・脚注ともにしっかりしており、安心して読める。韓延龍・蘇亦工等編『中国近代警察史』はやや法制史から離れるかもしれないが、史料集としても高水準の文献である。欧米では古くは上海公共会審公廨を扱った Stephens, *Order and Discipline in China*, 最近では英国の威海衛統治を扱う Tan, *British Rule in China*, 民国期司法制度に切り込む Xu, *Trial of Modernity* が発表されている。

## 五　おわりに

紹介すべき重要な研究は他にもたくさんあるが、昨今の検索ツールの飛躍的向上に委ねて割愛する。他方でインターネット上の情報しか顧みないという病理も特に若い世代を中心に蔓延している。アナログであろうとデジタルであろうと、持てる方法は全て使って網羅的に情報を収集する、そして史料一枚のために地の果てまで旅をする、その執念こそ研究者に必要不可欠な条件といえよう。

ある研究者の研究が目に留まったら、是非その作者名で検索してその作者の全ての論考に目を通して欲しい。そのような読み方を通じて、ある学者の関心の変遷を辿るのも非常に有用な勉強方法といえる。そして可能であれば、強く惹きつけられた作品の著者に実際に会いに行くことを勧めたい。筆者は学生のころ恩師から「著者の実際の声を知ってその著書を読むのとそうでないのとでは、読んでいてもやはり何かが違う。修士の頃の恥はかき捨てだから、ともかくも人に会いに行きなさい」といわれ、身の程も弁《わきま》えず様々な先生に会いに行ったものである。勿論それは単なる営業活動・売名行為であってはならないし、厳しい議論を覚悟して行く必要があるけれども、こうした経験はやはり大きな財産となるように思われる。

また書庫で一冊の書籍を手に取ったら、その周囲の書籍にも目を配って欲しい。図書館の書架を端から端まで眺めることで学べるものは意外に多いのである。たまたま隣にあった本、雑誌の同じ号に載っていた別の論文の方が後で役に立った、ということも我々がしばしば経験することである。そのためにも、専門の司書と同等乃至はそれを凌駕する図書館学の知識は、研究者が嗜《たしな》みとして身につけておくべきものである。学び方を学び、探し方を探す努力が常に払われることが肝要である。本章が必要条件であって十分条件ではないことはくどいまでに繰り返しておかなければならない(2)。

とはいえ、研究案内というものがそもそも殆ど存在しない法制史という分野であることから、ある程度は本章も一般的な研究案内たらざるを得なかった。これには賛否あろう。このような案内があるからこそ、それで必要十分であるという誤解を与え、研究自体が縮小再生産の悪循環に陥る可能性がある。すなわち一定の枠を示すことで、本来自由であるべき研究をその枠にはめ込んでしまうという危険があるのである。本来的に斯様な研究案内がないことによって保たれる水準というものがあるのかもしれないし、事実保たれてきたといえよう。

このことに関し、法制史学会(3)、特に雑誌『法制史研究』が果たしてきた役割について再度沈思すべきである。同誌は書評が全体の大半を占めるという類例を見ない特殊な構成を採り続ける雑誌である。ある学者はこの書評につき「不是一般的評論、是真正的〝評〟」と形容した。書評は、通り一遍の書式に従うようなものではなく、相手方を徹底的に批判し尽くすというものでなくては意味がない。辛辣な書評をされる側は辛いものだが、評する側はもっと辛い。しかしそれでもなお歯に衣着せぬ批評を行うことが学界にとって最終的に有意義である。その確信を有する学者たちが『法制史研究』という議論のアリーナを共有する形で連帯するという、学会としての一つの理想形が（現在もそれが果たされているかという厳しい検証は別途必要となるとして）採り続けられてきたことの意味は、再度十分に踏まえられなければならないだろう。

このアリーナは、決して新たなトリビアを開陳し観賞する場ではない。二、三のトリビアを持参したとて意味はない。「法」とは何か、「歴史」とは何か、またそれらの問題について我々はどう考えてきたのか、その反省、それをめぐる議論を行う場である。このアリーナに些少なりとも新たな要素を提示できるのか、論文の価値はそれがどれだけこの「議論を巻き起こす力」を有しているか、この点において判断されるべきものであろう。優れた論文は法制史という狭い垣根を軽々と越え、多分野の人間に広く深い思考を促す。逆にいえば、自らの研究のヒントは一見自らの領域と最も遠いところに潜んでいるのかもしれない。このような論文を一生涯に何本書けるか、歎息しつつも努力を重ねることしか、先へ進む道はない。自戒を込めつつ、擱筆することとしたい。

（1）鎌倉会議での基調報告となったHuang, *Civil Justice in China* 以降、*Code, Custom, and Legal Practice in China; Chinese Civil Justice* が発表されている。参加者による研究書としてBernhardt and Huang, eds., *Civil Law in Qing and Republican China*; Bernhardt, *Women and Property in China*; Sommer, *Sex, Law, and Society in Late Imperial China*; Reed, *Talons and Teeth* がある。

（2）近代中国法制そのものではないが、これと関連する台湾植民地法制については西英昭「台北における図書館・文献検索情報」にまとめてあるので参照されたい。また後藤武秀の近業に関する西英昭・加藤雄三による書評も参照されたい。他方、同様に関連性を有する満洲国法制については、小口彦太「満洲国民法典の編纂と我妻栄」が所収論集の中国語版に掲載されなかったという事実が結果的に持った意味について長く記憶されるべきであろう。

（3）法制史学会（http://www.jalha.org/）は年一度の学術総会を行うとともに、東京・中部・近畿の三部会がそれぞれ年数回研究会を行っている。『法制史研究』は年刊であり巻末には文献リストも掲載している。関連情報については随時ホームページで公開しており、『法制史文献目録』についてもその電子版を公開している。法制史全体の研究会としてはさらに法史学研究会（http://www.kisc.meiji.ac.jp/~tkomuro/legalhistory.htm）がある。定期的な研究会の開催とともに、雑誌『法史学研究会会報』（年刊）を刊行している。

以上とも関連を有しつつ東洋法制史独自の研究会として東洋法制史研究会がある。年一回の研究会を通して最も密な活動が継続している。会誌『東洋法制史研究会通信』（不定期）については、一部を選編としてウェブ上で公開している（http://www.terada.law.kyoto-u.ac.jp/tohoken/index_a.htm）。さらには雑誌『法律時報』の毎年一二月に特集される学界回顧には「東洋法制史」の項目があり、各年の担当者がそれぞれの視点で研究状況を整理・紹介している。また『国家学会雑誌』にも時折東洋法制史に関する学界展望記事が掲載される（近年では一一五―一／二、一二一―七／八など）。学界回顧は一方でその意味や利便性につき一定程度肯定されるものであろうが、他方でこの慣行自体非常に奇妙なものであるということも意識されなければならない。回顧の内容は回顧子の興味関心・実力等に大きく左右される。あくまで目安として用いられるべきものである。

台湾における法制史関連の学会として中国法制史学会がある。雑誌『法制史研究』（年二回）が発行されており、関連情報は中央研究院歴史語言研究所法律史研究室（http://proj1.sinica.edu.tw/~leghist/）においても発信されている。なお同研究所所属の邱澎生教授のホームページ、「阿牛説的歴史故事」(http://idv.sinica.edu.tw/pengshan/) も非常に参照価値が高い。最近では高明士主編により中国法制史叢書シリーズが刊行されている。また台湾法律史学会も活動を継続している。詳細は台湾法学会ホームページ (http://www.taiwanlawsociety.org.tw/) を参照されたい。

中国においては中国法律文化網 (中国法律史学会・http://www.law-culture.com/) が年一回の総会を中心に活動を展開している。雑誌『法史学刊』(継続前誌は『法律史論集』(第一～六巻)、『法律史論叢』(第一～三巻)) が中心的な雑誌であるが、これ以外にも各年の年会の論文集が刊行される (『法律史論叢』の名が継続して用いられている場合がある)。中国では多くの大学に法制史の専攻や研究所が設置されている。北京大学では「法史論叢」としてモノグラフシリーズが刊行されており、また他に活発な情報発信を行うホームページとして法律史学網 (中国政法大学法律史学研究院・http://www.legalhistory.com.cn/)、中華法律文化網 (中国人民大学法律文化研究中心・http://www.ruclcc.com/)、法律史学術網 (中南財経政法大学法律文化研究院・http://flwh.znufe.edu.cn/) がある。華東政法大学法律史研究中心では雑誌『法律史研究』(中国方正出版社)、『法律文化史研究』(商務印書館) が刊行されており、また「華東政法学院珍蔵民国法律名著叢書」として当時出版されていた法律関連の書籍が翻刻・刊行されている。さらに「法史網」(http://fashi.ecupl.edu.cn/) において関連情報が発信されている。

# 第三章 —— 経済史

村上 衛

# 一　はじめに――なぜ経済史か

中国研究のなかで、なぜ中国経済を研究するのか、という問いに対しては、次のような答えが予想される。つまり、近年の中国の経済発展による世界経済における中国の地位の向上と日中経済関係の深化にともない、中国経済に対するより深い理解は今後の日本のみならず、世界においても極めて重要となっているからである、と。

むろん、この回答は極めて妥当である。しかし、やはり第一の理由として挙げたいのは、時代を問わず、多くの中国人にとっての最大の関心事が、家計のやりくりや商品の価格とその売買、不動産の購入、さらには合股《ごうこ》ないし株への投資といった経済に関連する事柄であったことである。研究対象の地域の人々の最大の関心事を研究するのは、外国研究・地域研究の基本である。したがって、中国史研究者はいかなる分野であろうとも、経済的側面を完全に無視してはいけないし、中国経済史研究者はそうした中国史研究者一般の「期待」に応え、中国経済についてわかりやすく語っていかなければならない。

それならば、なぜ今、近代経済史研究が必要なのか。その理由としては、まず、現在が、世界的な経済の大転換期にあるということがある。一九世紀以来欧米に偏っていった経済の重心は、第二次世界大戦後、次第に東アジアを中心とするアジアに移行しつつあったが、その動きは二〇〇八年の世界金融危機以降に一気に加速した。世界経済の重心がアジアにあった一八世紀以前を見通しつつ、過去二百年間の欧米とアジアの「分岐」、あるいは過去百年間の日本と中国の「分岐」の原因と、その「分岐」が近い将来に収束に向かうのかどうか、そしてそれが何をもたらすのかを長期的に考えていく必要は増している。

また、ソ連・東欧の社会主義体制崩壊以降のグローバリゼーションの進展は、一九世紀後半から第一次世界大戦までの世界的な交流拡大という第一次グローバリゼーションの時期の再来ともいえる。それゆえ、当該期における世界経済の変化の中での中国経済のあり方を考えることは、現在においても示唆的であろう。

中国に問題を限定すれば、現在課題となっている経済成長にともなう競争激化と環境破壊、沿海部・内陸部、都市・農村、さらには都市内における貧富の格差拡大は、少なくとも明末清初以来、何度も繰り返されており、近代も例外ではない。そして近年の中国経済の拡大の結果、こうした中国の課題は中国国内にとどまらずグローバルな課題となっている。

そして日中間の経済関係の深化の結果、経済的にも日中間の様々なレベルで摩擦が生じているが、中国（人）・外国（人）間の同様の摩擦は近代においても進行してきたことであった。日中の経済規模は逆転したとはいえ、技術面で先行する日本・欧米諸国を中国が追撃するという経済関係のあり方は変わらない部分も多い。

以上に鑑みれば、中国近代経済史研究は現在および未来の中国経済を考察するうえで重要なだけでなく、今後の日本を含む世界が如何に中国に対応していくかを考えるための示唆を与えることができる。

こうした経済史研究の意義については、当然のことと思われるかもしれない。しかし、日本の近代中国経済史研究が、経済史研究、あるいは中国史研究のなかで現在注目を集めているとは言い難い。これはやはり、長期的かつ広い視野をもちつつ、研究の意義を意識しながら研究が行われていないからである。

それでは、経済史はどのように研究すればよいのだろうか。基本的には歴史学の方法論をとることは近代史の他の分野と何ら変わることはない。むろん、経済史研究を志すとしても、社会科学系と人文社会系では、受ける教育体系が異なっている。少人数のゼミなどによる文献史料の精読を中心として教育が組み立てられている人文系に対し、社会科学系のより体系だったカリキュラムでは、経済学の理論や手法の修得により時間を割く。とはいえ、西洋で生み出されてきた社会科学の理論を歴史的経緯も史料状況も異なる中国にそのままあてはめることは困難である。そのうえ、計量的な分析に使用できるデータが少ないこともあり、中国経済史研究では、日本・西洋経済史とは異なったアプローチが必要となる。したがって、以下に述べることは、筆者の限られた経験ゆえに人文社会系の歴史学のアプローチに基づく記述が多いが、社会科学系からのアプローチにとっても重要である。

前作で本章に対応するのは田中正俊による「社会経済史」の部分であるが、そこでは論文の書き方について極めて具体的に論じている(1)。したがって本章ではそこではあまりふれられていなかった側面、とりわけ地域経済史の分析に必要な事柄や外国語史料の利用について重点的に取り上げる。したがって、田中の文章を未読の方は、是非一読されたい。成果主義が蔓延する現在、論文を執筆することに対していかに真摯であるべきかをあらためて実感するであろう。

なお、中国経済史研究は、後述のように、それ自体を他の分野と切り離して進めていくことはできない。近代の経済史はとりわけ政治史・外交史と切り離せないし、中国の社会や法制度への理解抜きでは経済に関わる様々な事象に対する深い分析はできない。経済は人々が選択した行動によって動いていくが、そうした人間の行動を具体的にうかがうためには、文学作品が最も適当であることも多い(2)。したがって、経済史研究者といえども、中国近代史、あるいは中国の他の幅広い研究領域に関心をもってしかるべきである。もっとも、各分野の史料を操作する際には、それぞれの分野の作法を学ぶ必要があるから、それは本書の他の章を参照されたい。

## 二　研究史

### 1　古典

研究史の前提として、序章にもあるように社会科学の古典にふれておくことは、経済史研究にとってはいうまでもなく重要であり、あえてここで繰り返さない。しかし、これだけ学問が進化し、吸収すべき「古典」が増大しただけでなく、扱うべき史料の量が増加すると、特定の社会科学の古典を熟読し、限られた史料を精読することが求められていた前作の時代とは状況が異なっている。したがって、できる限り幅広い古典に目を通しつつ、研究者個々人の関心に合わせた「それぞれの古典」を選択し、熟読していくことになる。

また、優れた先行研究も、研究方法から文体に至るまで学ぶことの多い有益な古典たり得る。とりわけ西洋経済史や日本経済史は、中国経済史よりも研究蓄積は厚く、史料状況にも恵まれて研究も精緻であり、経済理論を積極的に吸収した研究も少なくない。こうした中国史以外の経済史研究における優れた作品も、中国経済史研究者にとってはそれぞれの古典となっていくであろう。もちろん、「日本経済史研究者」が中心となってきた植民地経済史研究は「満洲国」研究をはじめ、(3)他地域の研究者であっても研究の参考となるものも多い。

なお、経済史研究であれば、人文系の出身であっても経済学の現状に全く無関心というわけにはいかない。ミクロ・マクロ経済学の基礎的な部分を押さえ、「近代経済学」がいかなる前提に基づいて物事を考え、そのどこに問題があるのかを理解すれば、中国経済のおもしろさも、よりはっきりしてくるだろう。さらにはゲーム理論や制度派経済学・行動経済学などといった分野も取り上げるテーマによっては参考になる。

## 2　潮流

もちろん、以上の日々の努力が必要な作業と同時に、研究史の整理、すなわち一つのテーマを絞り、それを研究するための先行研究のリスト作成、収集、読解、整理が、歴史研究の基本となる。卒業論文を書く場合には、自らのテーマに近い範囲の先行研究を理解するだけでもいいかもしれない。しかしながら、修士・博士課程において自分の研究をより発展させていく中では、個々の研究を中国経済史研究全体の流れの中にいかに位置づけていくかが重要になる。とはいえ、経済史のどの分野を研究対象として選択したとしても、現在においても最低把握しておくべき潮流はある。以下にそれを示す。

日本における近代経済史研究は、戦前においては、まさに同時代研究でもあった。そうした戦前の調査や中国滞在経験をもとにした報告や研究成果は、その関心が、当時の学問的潮流の影響を受け、例えば農村(4)や、「ギルド(5)」などに偏っていたかもしれないが、中国の社会・経済のある特徴を把握した重要な研究であるだけでなく、現在においては貴重な史料となっている。

英語圏の場合においても、経済史研究は戦前の中国における経験から始まっている。日本の場合とは異なり、欧米人研究者の多くがアマチュアであった。しかし、例えば中国海関職員であったモースの著したイギリス東インド会社研究(6)は依然として清代貿易史研究の基本書であり、さらに彼の研究は経済・外交史に大きな影響を残している(7)。モースに代表されるような在中経験をもとにした当該期の研究を軽視すべきではない。

戦後の日本では、戦前の調査・研究を消化し、中国の長期的な「制度」を探究した研究も生まれた。その代表が中国の長期的な社会・経済の態制を検討した村松祐次、取引の不確定性を第三者に請け負わせて確定化する「包《ほう》」に注目した柏祐賢などの研究である(8)。しかし、その後、中国の「停滞的」な側面を否定してきた戦後歴史学の中ではそれらは十分継承されなかった。しかしながら、一九八〇年代以降の明清史研究によって村松・柏らの研究は再び注目され、現在、長期的に存在する歴史的な仕組み、慣習、常識といった、いわば「制度」といったものへの関心が高まる中で、一層重要視されてきている。

一方、戦後の近代経済史研究においては「西洋の衝撃」が重視され、結果として中国と欧米「資本主義」が本格的に接触する開港前後に関心が集まった。アメリカの近代史研究の祖であるフェアバンクが五港開港期の貿易と外交を取り上げ[9]、日本では明清社会経済史、東アジア国際関係論の研究・教育の中心となった田中正俊、衛藤瀋吉らが開港前後の貿易に着目した[10]のは偶然ではない。しかし、かかる貿易史研究は、開港前後の史料収集が進まなかったことや、「近代化」論や発展段階論といったその研究枠組みの影響もあり、その後の進展は少なかった。

経済史研究においてより注目を集めていったのは、「近代化」、具体的には工業化の側面である。その傾向を理解するには、工業史研究の中核たる綿業史研究をみるのがよい。綿業史研究においては、当初は洋務運動期以降を中心とする清末が注目されていたが[11]、当該期の史料の制約もあって実証研究の進展には限界があった。しかし、日本経済史の側から戦間期の在華紡を中心とする綿業史研究が行われたことも刺激となり[12]、一九八〇年代以降は戦前において最も綿業が発展し、かつ史料も豊富な戦間期への注目が高まった。その結果、より実証的な綿業史研究が進展し、中国綿業の独自の発展のあり方が明らかにされてきた[13]。

もっとも一九八〇年代における日本の中国経済史研究における最大の変化は、それぞれ日本、中国、南・東南アジア経済史を専門とする川勝平太、濱下武志、杉原薫らによって主導されたアジア交易圏論であることはいうまでもない[14]。この潮流は日本経済史や西洋経済史のように、資本主義化、工業化を発展の指標とし、近代アジア経済を軽視してきた動向を一変させ、近代アジア経済史への関心は一気に高まった。近代中国経済史研究においても、後述する海関史料を用いつつ、清末期における開港場貿易を中心とする研究が進展し、また華人の経済活動も注目されるようになった。

英語圏においては、世界的な関連性と比較を特徴とするグローバル・ヒストリー研究といわれる潮流が、主として一九九〇年代以降に発展した。その潮流のなかで、中国を中心とする前近代のアジア経済の再評価が進められた。この、いわゆるカリフォルニア学派と総称される研究者たちによる前近代の中国経済、とりわけ一八〇〇年以前における清朝経済への高い評価[15]は、欧米経済史研究者に衝撃を与え、これに刺激を受けて世界的な比較経済史の研究が進展しつつある。中国近代史研究者も、こうした動向を無視する訳にはいかない。

## 3　課　題

もっとも、こうした一九八〇年代から九〇年代に端を発する研究の潮流に乗っていればいいという時代はすでに終わっている。

まず、対象とする時期の経済現象を、「発展」を基準として評価する歴史研究、例えば、「当該期は〇〇工業が発展し、〇〇の時期に停滞したが、現在の〇〇工業の基礎になった」というような事実発見型の研究は基礎研究としては重要である。だが、停滞期の意味を考える必要があるし、さらに、「発展」を評価するならば、現状分析から過去に遡及した方がずっと有効かもしれない。しかも貿易の拡大や工業の発展は現在の方が規模もスピードも桁違いであるから、あえて過去を研究する意義を見いだす必要がある。さらにいえば、歴史学研究において、一方向的な「発展」を評価するだけでよいのかという問いを立てることも必要であろう。「発展」しなければ評価しない、研究しないという経済史のものの見方を変えていくことが重要である。

また、従来、一方的な視点から否定的に評価されてきた清末民初期に対する再評価も、欧米や日本のみならず、中国でも行われるようになってきている。とりわけ、民国史研究の進展にともない、中華民国期の経済発展や、南京国民政府の経済面での役割の再評価は周知されるようになって久しい[16]。したがって、今後の研究は、従来否定的にとらえられてきた政府の経済政策などを再評価するだけではあまり意味がない。とりわけ、中国語圏・英語圏とは異なる観点を出す必要がある日本の研究にとってはそうである。そうでなければ日本は外国語圏の実証面での下請けをすることになってしまう。むしろ、なぜそうした政府や政治家の努力にもかかわらず、中国経済は困難に直面したり、社会主義の道を歩んでいったりしたのかを探究することの重要性が増している。

さらに日本の場合は、アジア交易圏論は商業を中心として清末史研究、他方、工業史は民国史研究を中心に展開したため、前者は明清史研究ないし前近代史研究、後者は現代史研究と近づく傾向にある。そのため、本来通時的に理解すべき両者が断絶しており、その解消が課題となっている。

グローバル・ヒストリー研究のアジア研究では、前近代における中国の経済的な重要性が強調されており、英語圏に根強い欧米中心主義を是正するという意味でも、そのこと自体は妥当である。しかし、その内実を様々な経済指標から検討するためには、データの豊富な近代史の側から接近するのが有効であるし、前近代の中国経済に関する数値の粗雑な扱いや史料・先行研究の恣意的な利用には警鐘を鳴らすべきである。例えば世界的な標準となってしまったマディソンの国内総生産（ＧＤＰ）推計も、中国に関しては二〇世紀中葉以前については極めて杜撰な推計を行っており[17]、安易に用いるべきではない。

以上の課題を踏まえれば、長期的な視野のもと、比較を意識して研究を進めていく必要が生じているといえよう。その際に、数量的なデータが不足している中国経済史研究においては、長期的な経済の仕組み、「制度」に関する考察も有効である。その中では、グライフをはじめとする新しい制度派経済学の知見[18]は参考になるが、こうした研究は結果が分かっている事柄の理由を制度面から追究・証明することになりがちである。しかし、史料に基づきながら制度のあり方を浮かび上がらせていくのが、歴史学の醍醐味であろう。

むろん、研究史の課題は、それぞれ自分で見つけ出すものである。以上に述べた課題はすでに課題でなくなっているかもしれないし、個々の研究の課題はより具体的でなければならない。それぞれが研究史を自分で整理する中で、課題を見つけ出し、それを克服する方法を考えていく、それが研究の基本である。近年はプロジェクト型の共同研究に参加することが多くなっているが、あくまで自分の問題意識を大切にすべきである。もっとも、各人の問題意識の尊重については、プロジェクト主催者がより自覚・配慮すべきであろう。

## 三　経済史研究を行うにあたり——地域経済史研究を例に

### 1　地域設定

研究史を踏まえたうえで、実際に経済史研究に取り組んでいく場合、ある特定の分野について、時期を限定しつつ、中国全体を視野に入れた研究を行うことも可能である。しかし、多くの分野では、中国全体について論じることは、概括的な研究になり、中国の多様性を捨象してしまうことが多いし、概括的研究は、中国においてすでに行われていることが多い。しかも、そもそも当該期の中国に国民経済は存在しないから、中国という枠組みそのものが有効でない課題も多い。そこで例えば、ある省、またはある省の一部といった特定の地域に焦点をあてて経済史研究を行うことがある。以下、地域経済史の研究を題材として、経済史で踏まえるべきことを挙げていこう。

もちろん、例えばある地域に滞在して惹きつけられたからといった個人的な興味関心から、その地域の経済史研究を始めるのは構わない。しかし、卒業論文はともかく、博士論文を書き上げるまでには、中国あるいは東アジアといった広域的空間の中でその地域を選択した理由・意義を他の研究者にも分かるように説明できるようにしていく必要がある。例えば、この地域はある産業が中国で最も盛んであるといったことは、最もわかりやすい説明になるかもしれないが、それはその地域が中国の中で特殊、あるいは例外であることを示しているともいえるのだから、その地域の中国、あるいは東アジアなど、より大きな枠組みにおける経済史的な位置づけを示すことが求められる。

地域経済史研究の場合、自分が選択した地域の範囲を明確にしなくてはならない。その際、自分の目指すテーマに最も有効な区分が最優先される。地域区分が省や府といった当時の行政区分に基づくのか、例えば河川や山地といった地形によるのか、開港場都市の後背地なのか、「閩南語」などといった方言の話される範囲によるのかといったことを決める必要がある。もっとも、近代には多くの都市が急速に膨張するし、後背地なども定義や鉄道・汽船航路などのインフラ整備・課税・開港場開港などの条件によって可変的となることも考慮しておくべきだろう。

## 2 背景

地域設定のためにも、まず、当該地域に関する地理的な知識は欠かせない。清末までの場合、地図としては譚其驤主編の『中国歴史地図集』が基本とはなるが、省レベル以下の地域を研究する場合には不十分である。清末から民国期にかけては、一九世紀であっても沿海部であれば海関や欧米諸国によって開港場やその周辺について作成された地図が参考になる。一九世紀末以降については、内陸部も含め日本陸軍参謀本部の陸地測量部や、中華民国期の陸軍の参謀本部や陸地測量局などが作成した地図が利用できるようになる(19)。むろん、地形の変化を考慮すれば、民国期以降に出版されている地図集も活用できる。なお、論文や著書で地域経済を扱う場合には、できる限り地図を入れるよう努力すべきであるが、縮尺がない欠陥品の地図とならないように注意したい。

こうした地図を参照しつつ、自然環境の把握を進めたい。地域の地形は耕地面積、ひいては土地の生産力に決定的に影響する。稲作・畑作などの作付けの種類や回数およびその生産量といった土地の生産力は、気候とりわけ気温や水資源、地形に左右される。[20] 水資源については降水量が決定的ではあるが、その資源を有効に使用できるかどうかは、地形や土壌なども影響する。さらに水資源や地形、気候は森林資源や植生を決定づける。

地域の主要河川の流量とその変動は、水資源だけでなく、水運の可能性を決める。同時に海岸線の湾曲と地形は海運のあり方を大きく左右するし、近代には水深などの港湾の地形が大型汽船の寄港の可否によって港湾都市の命運を分けていく。

以上のように自然環境に注目するのは、環境史の重要性もあるが、それよりも自然環境に左右される農業こそが、前近代のみならず近代においても大半の地域で最重要の産業であったからである。主たる輸出品である茶や生糸は農業・農民と深く関連していたし、工業でも、綿業をはじめとして、原料の多くを農業に依存し、労働者の多くも農村出身であった。また、人口の大多数を占めた農民は、生産だけでなく消費の側面でも圧倒的な存在であった。

こうした自然環境の情報については、漢籍も利用できる。しかし、地方志などは信頼できる数値データや時期が特定できる記述が少ないため、変化の激しい近代経済の把握には不向きであり、主たる史料とすべきではない。むしろ、地方志は近代以前の状況を全体的に把握するのに重要かもしれない。もっとも二〇世紀初頭以降、特に民国期にはより信頼できる地方志が刊行される。さらに、近代においては同時代の海関報告、東亜同文会編の『支那省別全誌』などにみられる外国の調査の集成、民国期の中央・地方政府の調査が参考になる。また、現在の中国における地方志をはじめとする出版物も有用であるが、近年は特に気候や地形が当時と比較して変化していることが多いので注意を要する。

自然だけでなく、人間の営みも経済に直結する。例えば経済史研究にとって人口は基本であり、前近代においては、人口数がそのまま経済規模を示すこともある。特に清代中期からの移民を含めた人口動態[21]と、それにともなう一人あたり耕地面積の変動は重要となる[22]。近代は一九世紀中葉の反乱による人口変動が大きいのも特徴である。そして人口動態は食糧の需給をはじめとする物流全体と深く関係する。一方で、ある都市の人口に関する記述があった場合、その数値の指す範囲には注意が必要となる。また政府の統治能力の低下は統計の信頼性の低下に直結するから、たとえ政府側の統計が一桁に至る細かい数値を挙げていたとしても信頼できるとは限らない。

人口の変動は、飢饉・疫病・戦乱などが主たる要因となるが、それに加えて移民も重要である。人口の移動は土地に農民が束縛されない中国では珍しいことではないが、近代では移民は一層活発化し、流出・流入地域の双方に大きな影響を与えていく。山東から東北、華南から台湾・東南アジアへといった清代中期以来の移民は近代に拡大したし、一九世紀中葉以降には、内乱後の移住や、開港場都市への大規模な人口流入もあった[23]。さらに、地域間の季節的な出稼ぎは多いし、工業労働者の移動も考慮する必要がある。こうした人口の移動は移民による送金の影響もあり、流入・流出地域の市場規模をも変えていく。

対象地域については、長期的な視野をもつ必要がある。例えば一九世紀中葉以降の中国人―外国人間の紛争において当事者となった会館・公所などの商業団体は、主として明末清初以降の政治・社会・経済的な仕組みに由来するものである。ゆえに、一七世紀以降の歴史の流れの把握は欠かせない。もっとも、会館・公所の淵源は宋代にまでさかのぼるから、明代中期以前についても無視していいわけではない。

かかる歴史的な背景のもとで形成されてきた社会についても、個別の地域についての理解が必要である。血縁組織や村のあり方は地域によって異なる。例えば華南であれば父系（擬似）血縁集団である宗族は、相続の際の財産分配だけでなく、貿易や移民にも関わり、地域経済に大きく関係する。この分野については、社会学や人類学の成果も利用したい。

むろん、自分が対象とする時期については、地域にとらわれず中国史、特に政治史を理解し、その経済への影響を意識しておくことも重要である。一九世紀半ばまでは政府の経済に対する干渉は少なく、経済の自由度は高かったかもしれないが、一九世紀半ば以降においては、中央・地方を問わず政府にとって財源確保が喫緊の課題となったことから、[24]経済が政治と無関係なことはあり得ない。実際、商人や企業家の多くは政府と関係をもたないで経済活動を安定的に継続することはできなかった。中国近代経済史研究が政治経済史となりがちなのは、それが原因である。中国経済のこの特色により、中央財政・地方財政の関係の変化を押さえたうえで、具体的には各地における釐金《りきん》や捐税《えんぜい》など様々な形式の諸税と、その徴収、そして使途をみていくことが必要となる。

さらに視野を広げれば、近代は世界の一体化が進んだ時代であるから、対象とする時期のグローバルな歴史展開を意識していくといい。例えば、二〇世紀になると、世界恐慌のようにグローバルな事象が農村を含めた中国全土の景気を左右するようになる。

### 3　地域経済

当該期におけるグローバル化の結果、地域の特産物を扱う場合も、対外・内国貿易双方への目配りが必要である。

まず、中国全土における生産を把握しておきたい。前史として清代の各地域の生産・流通をみておくといいだろう し、[25]アヘンや茶といった近代中国経済における主要産品についての概括的研究[26]は参考となる。

そして商品によっては世界の他地域との競争が重要となる。インド・日本の工業化は中国綿業に大きな影響を与えたし、経営規模の拡大、生産方式の近代化にともない植民地の産品は競争力を高め、インド・セイロン・日本茶、東南アジア砂糖は中国産品を世界市場から駆逐していく。一方、国内市場では、中国製糸業は競争力を維持したし、中国産アヘンはインド産を駆逐するなど多様な動きをみせる。こうした競争を左右した技術的背景の検討は必要である。[27]

物流を担っていた人々に関してみれば、地縁・血縁に基づく商人ネットワーク、商人集団が注目されてきたが、近年はそうした人々によって形成されていた取引制度、市場の秩序への関心が高まっていることには注意したほうがいい。[28]

物流の拡大については、鉄道・電信・汽船航路といった近代的なインフラが重要となるが、外国・外国政府、海関、清朝側などの多様なアクターによるインフラ整備について、[29]統合的に理解することが必要である。

商業、工業、さらには農業を支えていた金融について扱う場合、まず中国独特の市場のあり方や貨幣制度についての理解が求められる。銀の流れから市場構造のモデルを提供する岸本美緒『清代中国の物価と経済変動』や貨幣制度から清朝経済のあり方を考察する黒田明伸『中華帝国の構造と世界経済』が参考になる。そのうえで、各地域における貨幣の状況への理解が必要となる。貨幣の出流入やレートの変動といった問題については、貿易決済だけではなく、華僑送金、さらには国際的な銀市場とその相場を視野にいれる必要が出てくる。金融機関としては旧来の銭荘《せんそう》だけでなく、外国系の植民地銀行や中国系銀行の役割が重要になる。特に民国期になると、銀行券発行といった新たな業務も視野に入れなければならない[30]。そしてむろん、都市と農村では貨幣の動きも異なるから、地域内の格差も理解する必要があるだろう。

以上のような目配りは、非常に多岐にわたりすぎると思われるかもしれないし、選択した地域やテーマによっては必要のない部分もあるだろう。しかし、ある地域の経済を研究するならば、ブローデルの『地中海』にあるような地域の全体史を理想としてもいいのではないだろうか。もちろん、知り得た各分野の情報をすべて論文等で記す必要はないが、地域の様々な条件を背景として理解しておくのは基礎的作業であり、それがなければ地域を全体の中で位置づけることもできない。さらに、地域的な研究に限らず、近代中国経済史研究においては、信頼できる数値データがないため、多様な周辺情報が数値を利用する際に決定的に重要となってくる。もっとも、いかなる分野であろうとも研究を深く推し進めていけば、自然と理解すべきことも増え、視野も広がっていくものであり、単なる「蛸壺《たこつぼ》化」にはならないはずである。

そして、現在のような状況であれば、地域経済史を研究するならば、その地域に足を踏み入れ、できれば暮らし、人々の経済的営為を、身をもって体験することが望ましい。もっとも、そこまで進んだ場合、その地域から抜け出せないことも多い。逆に言えば、それだけ最初の地域選択は慎重でなければならないし、史料状況に応じて対象とする時期・地域なども柔軟に変えることが望ましい。そして、中国において各地域における地域史研究が活性化している中で、中国の研究にはない独自の視点をいかに養っていくかが重要になり、そのためには研究史の吟味が基本となる。

# 四　史料を用いる

当然のことながら、経済史においても史料がなければ研究はできない。したがって、研究史を押さえ、テーマを設定して取り組む際には、常に史料の読み込みとテーマの修正が繰り返される。経済史の場合、一つのまとまったテキストが根本史料となることは稀であり、テーマは史料に応じて臨機応変に変えていく必要がある。

## 1　公刊史料

そこで史料収集であるが、作業を進める前に、中国・台湾などで編纂された関連する史料集をざっと見ておくとよい。ただし、史料集は何らかの目的をもって編纂されており、その目的は個々の研究者の目的とは異なるから、その使用には注意が必要である。

史料収集では、まず公刊史料の収集が必要となる。公刊史料のうち、漢文史料とその利用については、前作『近代中国研究入門』で田中正俊が詳述しているので、それを参照してほしい[31]。ただし、田中も記しているように、漢文史料には観念的な数値が記されることがあるほか、度量衡も地域的に不統一であるから[32]、書かれている数字にとびついて安易に計量的分析に用いてはならない。

もっとも、一九世紀中葉以前と異なり、当該期の幸運は漢文以外の公刊史料の多様性と数量データの豊富さにある。まず、カントン（広州・マカオ）、香港で始まった定期刊行物の刊行は、上海をはじめとする多くの開港場へと広がった。そうした定期刊行物は経済情報を重視していたから、貿易統計や価格関連データを多く含み、その他の記事も有用なことが多い。例えば一九世紀半ばから二〇世紀半ばに至るまで上海で刊行され続けた*North-China Herald*（以下*NCH*と略称）などは、そうした数量的なデータだけではなく、上海最高法廷の裁判記録が掲載されているために商事紛争史料としても利用できる。

一九世紀後半になると、漢語の定期刊行物の刊行も始まり、経済史でも利用可能である。例えば一八七二年から一九四九年まで、最も長期にわたって刊行された新聞である『申報』は、上海はもちろん、他地域の経済情報も豊富に掲載し、その広告記事なども有用である。ただし、官報を含め、漢語定期刊行物に記載された数値については信頼性が劣る場合があり、可能な限り海関統計などの対応する史料で確認した方がいい。

外国政府の刊行物も重要である。なかでもイギリスの議会（庶民院）の刊行文書（House of Commons Parliamentary Papers）は貿易報告を含み、真っ先に利用すべきものである。近年、一八世紀から二〇世紀にかけてはデータベース化されて全文検索の利用が可能になっており、世界的な視野で問題をたてることも可能になった。ただし、中国関係をまとめたＩＵＰ版[33]も、中国に関連する史料全体を把握するのには依然として有用である。日本語としては、『通商彙纂』をはじめとする領事報告を編纂した史料[34]、その他の政府機関の調査、民間企業の調査など、多種多様な史料が刊行されている。

## 2　統　計

近代経済史で最も重要な公刊史料が海関報告・海関統計であることはいうまでもなく[35]、貿易を扱うならばまず真っ先に手に取るべきである。二〇世紀初頭までは中国において鉄道が未発達であったために、海関統計による貿易の捕捉率は高く、各港別の統計が整っていることから国内流通の把握においても有効である。ただし、海関統計のカヴァーする範囲は開港場の増大にともなって増えてきた点も注意を要するし、外国船貿易、汽船貿易のみが統計に含まれ、中国の在来帆船貿易が含まれないという問題がある。したがって、近距離貿易の把握は困難である。さらに、一九〇四年以前の統計は市場価格を用いていたため、陸揚価格（cif 価額）・離岸価格（fob 価額）に変換する必要がある。[36] 輸出入額をみる場合も、例えば中継港の香港を経由する場合は本当の輸出入地が分からなくなる場合もあり、国内でも上海をはじめとする中継港からの再輸出の扱いも気をつけなくてはならない。

海関史料を用いる場合、特定の地域を研究するのであれば、『十年報告（*Decennial Reports*）』に加えて年次報告を利用することになる。また、アヘン、生糸、茶などといった特定のテーマについては、Special Series を利用すればよい。海関史料全体の手引きとしては濱下武志の優れた案内[37]がある。

海関報告・統計は、経済史研究を始めるのに最も適当な史料であり、また影印本が出版されて閲覧しやすくなったので、[38] 貿易を研究しないとしても、経済史研究を志すならばまず一度はふれておくといい。こうした海関統計と *NCH* の計量データを有効に使用した例としては上海ネットワークの研究[39]が参考になる。

海関統計に限らず、どの史料であれ数値の代表性をまず考慮すべきであるし、統計の信頼性・数値の意味についても細心の注意が必要になる。特に、多様な通貨のレートや度量衡は各地で異なるから注意を要するし、異なるタイプの統計の接続については慎重に行う必要がある。[40] 近代において経済は戦争・植民地化・ボイコットをはじめとする政治的事件の影響を受けやすいから、長期的変動と短期的変動の違いにも留意しなくてはならない。そうした数値の限界を知ることが、中国経済史研究の第一歩でもある。

## 3　未公刊史料

近代史においては、未公刊史料の量が増える。経済史では商人や企業が残した文書が重要となる。一九世紀前半からの史料群としては、外国商社になるが、スコットランド系イギリス商社であるジャーディン・マセソン商会のものが最も重要である。この史料は中国史研究でも使用されてきたが[41]、現地の史料と併用した利用法としては、日本語史料と見事に組み合わせた日本経済史の石井寛治の研究[42]が手本となる。

一方、中国語の未公刊史料となると、華人商人については、むしろ海外華人の史料が注目され、長崎華僑泰益号をはじめとする日本華人の史料は最も研究が進んでおり[43]、研究方法の参考となる。さらに、華人の団体・機関が残した史料も重要であり、可児弘明『近代中国の苦力と「豬花」』は香港の保良局文書を利用して、広東における人身売買の具体像を明らかにした優れた実例である。

また、中国では、明清史研究で注目されてきた徽州文書などの文書は、その多くが近代時期のものであり、今後の利用が期待される。近年は、現地調査をもとにした碑刻集の出版も進んできた。この中には同郷・同業団体である会館・公所に残された碑文も多く、注目すべき史料である。

清末までの時期において系統立って残存している史料群としては清朝中央の檔案があるが、こちらはおおむね督撫レベル以上が関与していることについては利用できる。民国期の檔案も、中央に偏重している状況は変わらない。ただし、順天府・淡新・巴県などの地方檔案もこの時期の史料が多い。また、地方の行政檔案が多く残存する一九三〇年代以降になると、檔案を利用してより地域に即した研究が可能になる。

民国期の企業経営についても檔案の利用は可能になっている。ただし、一部の成功例の史料は残りやすく、何故その企業だけ成功したのかという代表性を考慮する必要があり、多様な事例を考慮して検討すべきであろう。

近代史、特に民国期以降は檔案の量が多くなるから、やはり中国・台湾などで編纂された史料集などをざっと見ておいて、現地での史料収集の前にあたりをつけておくのは基本である。なお、史料は本来原本を見るべきであるが、史料のアクセスが制限されている場合、刊行された史料集に依存することもやむを得ない。

行政文書でいえば、なかでも中国と関係が深かったイギリス、アメリカ、日本の外交史料は利用価値が高い。特に英米の外交史料は系統的に保存・公開されているために、利用しやすい。

### 4　イギリス外交文書

では、具体的に、どのように未公刊史料を用いたらよいのか。ここではイギリス外交文書を例に挙げてみよう。第一次世界大戦前まで、中国にとって最も重要な経済関係をもち、多くの情報を集積していたのはイギリスである。したがって、一九世紀末以降に日本語史料が増大するまでは、イギリス外交文書は最も有効な外国語の未公刊史料となる。

イギリス外交文書のうち、中国史で主に使用するのはジェネラル・コレスポンデンス（FO17, FO371）と領事報告（FO228）であるが、これらは清末期を中心として、日本でも閲覧可能な部分は多い。これら以外に、各領事館が所蔵していた文書などもあり[44]、こちらの史料についてはイギリスの国立文書館（The National Archives）で閲覧するか、「コピー」を取り寄せる必要がある。

こうした史料を読み始める前に、イギリス外政機構のあり方、文書の往復や移送・保存のされ方を理解していなくてはならないし[45]、在華イギリス領事のあり方についても領事報告を読み尽くしたコーツの研究で理解を深めた方がいい[46]。

外交文書のあり方をみると、例えばFO228は領事館別、年度別にファイルに整理されている。報告の後に、同封文書（inclosure）が添付されている。同封文書の原文である漢文文書をまとめたファイルもあり、英語に翻訳された文書の原文を確認できるので有用である。ただし、これは領事の判断で一部だけが筆写されて送付されたにすぎず、交渉の全過程を明らかにするものではないから、これだけを使用して研究をしてはならない。

ファイルは日付順に整理されているが、内容についての目録が作成されている年度は少ない。そのため、一定期間、記事を全部ざっと見て、自分で目録を作成する必要がある。貿易報告などが議会文書にはいっている一方で、議会文書に含まれない諜報報告（Intelligence Report）などといった報告書類は政治・経済面を中心に内容が多岐にわたるので、ひととおり目を通しておくとよい。なお、在華イギリス公館の場合、一九世紀末まではほとんどの文書が手書きとなっているが、これはある程度慣れれば、それほど苦労なく読むことができるようになる。ただし、サインは判読が困難であるから、職員録などを利用する必要がある。[47] さらに、送付した文書の写しなども判読が困難な場合も多いが、その際には、外交文書が文書の往復から成ることを利用し、対応する文書を手がかりにすればよい。なお、重要箇所を入力しておくと、史料の見直しに便利である。

こうした作業は、効率はあまりよくない。したがって、外交文書を見る前に、先述のデータベース化されているイギリス議会文書を検索すれば、テーマによってはある程度見当をつけることもできる。場合によっては領事報告にはなくて議会文書にある史料もあるから、これは欠かせない作業である。あるいは議会文書よりも多くの史料を含むFO405（Confidential Print China）ないしFO881（Confidential Print: Numerical Series）も活字となっており便利である。ただし、テーマ次第で、これらがほとんど参考にならないこともある。

史料を読んでいく際にはイギリス領事の常識で事態を把握していることに注意が必要である。当時のイギリス領事が往々にして現在の我々と近い常識をもっていることで、かえって中国側の官僚や中国人商人の意図を理解できず、事態を正確にとらえられない可能性もある。もっとも、常識の違いは、経済的な制度の違いを浮き彫りにするケースも多いから、デメリットばかりではない。また、翻訳を介したことによる誤解なども考慮し、漢文の原文があれば対照させなければならない。

内容別に整理されている場合も、イギリス側の関心に基づく整理であり、研究者の問題関心とはずれた整理である可能性がある。例えば当時のイギリス政府やイギリス人の関心はそれなりに偏っているから、中国において重要な経済問題でも、見逃しているものもあるかもしれない。議会文書だけに頼ることができないのはそれが原因である。

史料には、イギリス人の関係した経済上の細かい紛争が記事として残るから、細かい記事や事例を一つ取り出して結論づけるのは危険である。仮説をたてつつ、一定の期間に生じたいくつかの案件を整理して検討していくという。イギリス外交官、中国側官僚、外国人商人、中国人商人といった各アクターの行動様式がわかればしめたものである。

写真は駐鎮江イギリス領事が、鎮江における通過貿易（Transit Trade）が形骸化していたことを北京の駐華イギリス公使に伝えるものであり、条約が締結されたとしても、中国内地にその条文をそのまま適用することが極めて困難であったことがすぐにうかがえるだろう。この史料は通過貿易を抑制するための鎮江章程の制定[48]といった前後の様々な事件とつなげることによって、よりその意味を深く考えることができる。

当然ではあるが、イギリス外交文書と他の史料との対照も重要である。イギリス史料だけでも他の行政機関との突き合わせができる。例えば香港、威海衛をはじめとするイギリス植民地関係は植民地省文書（CO）と対照させ

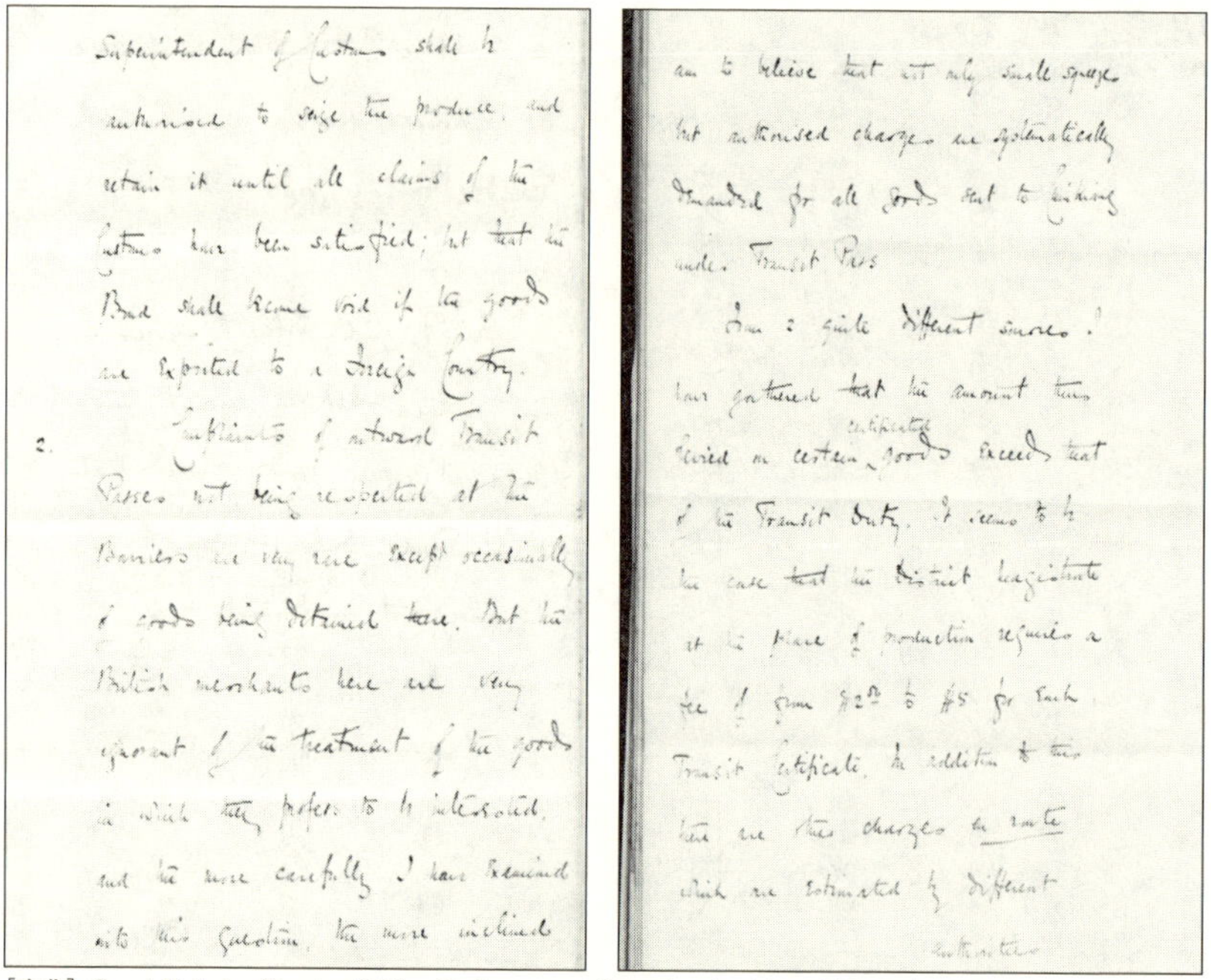
Superintendent of Customs shall be
authorised to seize the produce, and
retain it until all claims of the
Customs have been satisfied; but that the
Bond shall become void if the goods
are exported to a Foreign Country.
2. Complaints of outward Transit
Passes not being respected at the
Barriers are very rare except occasionally
of goods being detained there. But the
British merchants here are very
ignorant of the treatment of the goods
in which they profess to be interested,
and the more carefully I have examined
into this question, the more inclined

am I to believe that not only small squeezes
but authorised charges are systematically
demanded for all goods sent to [illegible]
under Transit Pass
From 2 quite different sources I
have gathered that the amount thus
levied on certain certificated goods exceeds that
of the Transit Duty. It seems to be
the case that the District Magistrate
at the place of production requires a
fee of from $2.00 to $5 for each
Transit Certificate. In addition to this
there are other charges en route
which are estimated by different
[illegible]

［出典］Great Britain, Foreign Office, Embassy and Consular Archives, FO 228/1117, Incl. No. 1 in Carles to O'Conor, No. 3, Feb. 4, 1893.

る必要がある。史料を読み進めていけば、各省庁や本省・出先の利害は必ずしも一致しないから、単一の「イギリス」を措定することが如何に危険であるかが、すぐにわかるであろう。さらに、外務省以外では海関報告、*NCH* などの別の公刊史料の併用も有効だろう。

中国側・清朝側の史料との突き合わせも重要である。とりわけ『申報』などの漢語新聞記事は、例えば、華人商店の頻繁な倒産、めまぐるしく変わる諸税徴収機構といった外国領事の視線では把握しきれない事柄をとらえており、有効である。このほか、中国以外の諸国が関係すれば、そうした国の外交史料との対照も必要となってくる。

以上のような史料の読解、対照という作業を通じて、仮説を検証し、妥当と思われる推論を行っていく。こうした作業を通じて、経済史でも、漢文史料だけではとらえることのできなかった中国の経済的な制度が明らかにされつつある。(49) 経済史であっても、かかる史料が利用可能な分野であれば、利用してみるとよい。

以上、公刊史料、未公刊史料を含め、近代の史料の多様性はあるが、卒論、修論、博論と書き上げていく中で、自分にとっての基本となる史料を見つけた方がいいだろう。各地の文書館に通い、多様な史料を利用するマルチ・アーカイヴァルな研究は望ましいことではあるが、つまみ食いになっては、史料の理解不足・消化不良をもたらしかねないし、そうした実例は経済史に限らず多く見受けられる。例えば外交文書といった史料を外交史ではなく、経済史という形でいわば「目的外使用」する際には経済史だけではなく、外交史の作法への配慮が必要となる。そして、それらを深く読み込み、問題関心にそって再構成していく必要がある。史料をそのまま事実として整理・要約していくのは、研究ではない。

## 五　おわりに

研究史を踏まえ、史料を読むことは論文を書くことが目的であるからこれが最も重要な作業になる。しかし、実際に論文を書く作業については、特に経済史だけの作法があるわけではない。そこで個別の論文をまとめていくにあたり、最終的にどのようなことを目標とすればよいかを最後に述べておこう。

まず、経済学（社会科学）に対して、経済史研究の意義を訴えていく必要があろう。一つ一つの個別論文を書いていく中では厳しいであろうが、最終的にまとめていく段階では、欧米で発達した近代経済学のモデルの相対化を目指すような方向性を意識すべきである。この点、黒田明伸の貨幣史(50)は参考になる。研究をまとめていくなかで、モデルの提示は重要になってくる。単純化や一人歩きの危険性はあるので慎重であるべきであるが、他人に理解させ、また他地域・他時代と比較を行っていくためにはわかりやすさが重要となる。たたき台としてのモデルを提示し、それが議論を呼んでいくことが期待される。

モデルを提示し、他と比較することによってはじめて中国あるいは研究対象地域の特殊性と類似性がわかる。経済史研究が進展している日本、インド、西欧をはじめとする他地域との比較も望ましい(51)。

比較史のために、モデルなどを提示しつつ、中国経済史についてわかりやすく説明する能力の向上は、ますます求められてきている。人文系・社会科学系に分かれて教育をうける経済史の場合、分野の違う人たちに聞いてもらう学会報告などの他流試合は、如何に基礎的なことをきちんと理解しているかを試すいい経験になるから、自らの研究のペースを乱さない程度には参加するといいだろう。ただし、学会などに参加して終わりではなく、それを糧にして、自らの論文執筆に生かしていく貪欲さが重要である。

モデルを提示し、それをもとに比較史的な検討を行うとしても、絶えず史料に戻って考え直す必要性がある。二次文献に依存していると、英語圏の中国経済史研究にみられるように、一次史料を読むという基礎体力が低下してしまう恐れがあるから、気をつけなくてはならない。基本的に、史料に基づく歴史学の手法は変わらないのであって、その表現方法を鍛えていくことが新たな課題であるといえよう。

最後に、常に、中国の現状、グローバルな経済問題への関心をもつことの重要性を挙げておきたい。もっとも、これは過去と類似したものを中国の現状と単純に結びつけて中国の変化がないことを強調するのではない。それでは、かつて批判されたような中国停滞論になってしまう。それよりも、なぜ類似した現象が百年、あるいは数世紀を経ても繰り返し発生するのか、その背景を考察していくことが重要であろう。

（1）田中正俊「社会経済史」。

（2）例えば清末の地方財政と腐敗の問題を考える際に、『官場現形記』などの清末の小説のようにリアルな描写をする史料はないだろう。李宝嘉『官場現形記』。具体的な小説使用例としては足立啓二「阿寄と西門慶」参照。

（3）「満洲国」研究は蓄積が多いが、ここでは「満洲国」経済の全体像を示す山本有造『「満洲国」経済史研究』、第二次世界大戦後を視野に入れた松本俊郎『「満洲国」から新中国へ』を挙げておきたい。

（4）中国農村慣行調査刊行会編『中国農村慣行調査』。

（5）根岸佶『支那ギルドの研究』、同『上海のギルド』、仁井田陞『中国の社会とギルド』、今堀誠二『中国封建社会の機構』、同『中国封建社会の構成』。

（6）Morse, *The Chronicle of the East India Company Trading to China 1635–1842.*

（7）外交史の基礎的文献たる以下の文献は経済史としても重要。Morse, *The International Relations of the Chinese Empire.* モースの影響については岡本隆司「「朝貢」と「互市」と海関」に明記されている。

（8）柏祐賢『柏祐賢著作集四』、村松祐次『中国経済の社会態制（復刊）』。

（9）Fairbank, *Trade and Diplomacy on the China Coast.*

（10）衛藤瀋吉『近代中国政治史研究』、田中正俊『中国近代経済史研究序説』。

（11）波多野善大『中国近代工業史の研究』、小山正明「清末中国における外国製綿製品の流入」。鈴木智夫『洋務運動の研究』。

（12）高村直助『近代日本綿業と中国』。

（13）その代表的成果は、森時彦『中国近代綿業史の研究』、久保亨『戦間期中国の綿業と企業経営』、中井英基『張謇と中国近代企業』である。最新の研究史整理としては、綿業の富澤芳亜「紡織業史」、在来綿業の瀬戸林政孝「在来綿業史」がある。綿業に次いで重要な製糸業については、曽田三郎『中国近代製糸業史の研究』を参照。

（14）その代表的な研究は以下のとおり。川勝平太「日本の工業化をめぐる外圧とアジア間競争」、濱下武志『近代中国の国際的契機』、杉原薫『アジア間貿易の形成と構造』。

（15）中国経済再評価の流れを生んだのは以下の研究である。Wong, *China Transformed;* Pomeranz, *The Great Divergence.*

(16) 民国期工業発展の計量的研究としては久保亨『二〇世紀中国経済史の研究』七五〜九九頁参照。南京国民政府の経済政策の再評価としては久保亨『戦間期中国〈自立への模索〉』を参照。
(17) Maddison, *Chinese Economic Performance in the Long Run.*
(18) グライフ『比較歴史制度分析』。
(19) このうち、日本が作成したいわゆる「外邦図」については小林茂編『近代日本の地図作成とアジア太平洋地域』を参照。
(20) 無論、自然環境とあわせて、農学的知識が重要となる。農学の歴史学への応用については渡部忠世・桜井由躬雄編『中国江南の稲作文化』参照。
(21) 人口史については葛剣雄主編『中国人口史』が概括的。
(22) この点での基本書籍は梁方仲編著『中国歴代戸口・田地・田賦統計』になるが、その数値を利用する場合には慎重を期すべきである。何炳棣『中国歴代土地数字考実』。
(23) 曹樹基『中国移民史六　清・民国時期』。
(24) 清末の財政については、岩井茂樹『中国近世財政史の研究』一二五〜一五〇頁参照。
(25) 清代の国内市場と流通については、山本進『清代の市場構造と経済政策』が参考となる。
(26) 陳慈玉『近代中国茶業的発展与世界市場』、林満紅「清末社会流行吸食鴉片研究」。
(27) 技術史については、糖業に関する下記の書が手本となる。Daniels and Menzies, *Science and Civilization in China by Joseph Needham, Vol. 6, Biology and Biological Technology, Part 3 Agro-Industries and Forestry.*
(28) 古田和子「市場秩序と広域の経済秩序」。
(29) 清末の清朝による国内交通・通信整備については千葉正史『近代交通体系と清帝国の変貌』が基本となる。
(30) 工業化と金融機関の関連は城山智子『大恐慌下の中国』が簡潔にまとめている。
(31) 田中前掲論文、一三九〜一五四頁。
(32) 田中前掲論文、一二七〜一三〇頁。
(33) Irish University Press, Area Studies Series, *British Parliamentary Papers*, China.

(34) 日本の領事報告を中心とする史料群については角山榮編著『日本領事報告の研究』を参照。
(35) 海関統計を含めた統計史料の扱い方については小瀬一「歴史統計を読んでみる」、統計の制度的・史料的側面については木越義則『近代中国と広域市場圏』二二三〜二四五頁を参照。
(36) 鄭友揆「中国海関貿易統計編制方法及其内容之沿革」。Hsiao, *China's Foreign Trade Statistics, 1864–1949*, p. 266.
(37) 濱下武志『中国近代経済史研究』六四三〜六七七頁。
(38) 『中国旧海関史料』編輯委員会編『中国旧海関史料』。
(39) 古田和子『上海ネットワークと近代東アジア』。
(40) 東アジアの統計の接合については、堀和生『東アジア資本主義史論Ⅰ』が参考になる。
(41) Greenberg, *British Trade and the Opening of China 1800–42*. 石井摩耶子『近代中国とイギリス資本』。
(42) 石井寛治『近代日本とイギリス資本』。
(43) 泰益号文書を利用した研究としては、下記を参照。山岡由佳『長崎華商経営の史的研究』、朱徳蘭『長崎華商貿易の史的研究』、廖赤陽『長崎華商と東アジア交易網の形成』、和田久徳・翁其銀『上海鼎記号と長崎泰益号』。
(44) 中国関係のイギリス外務省文書については下記を参照。佐藤元英編著『日本・中国関係イギリス外務省文書目録』。
(45) イギリスの外政機構と文書については坂野正高「政治外交史」一七四〜一八七頁が簡潔であり、より網羅的なものについては文書館の刊行した以下を参照。Roper, *The Records of the Foreign Office 1782–1968*.
(46) Coates, *The China Consuls*.
(47) 職員録としては毎年 FO List が公刊されていたが、在華領事館職員に関しては以下を参照。Lo and Bryant, *British Diplomatic and Consular Establishments in China*.
(48) 鎮江章程の制定については以下を参照。Motono, *Conflict and Cooperation in Sino-British Business, 1860–1911*, pp. 41-48.
(49) 岡本隆司『近代中国と海関』、本野英一『伝統中国商業秩序の崩壊』。
(50) 黒田明伸『貨幣システムの世界史』。
(51) 日中の比較としては岡本隆司『中国「反日」の源流』参照。

# 第四章 外交史

岡本隆司

## 一　〈外交史〉という概念

本章を外交史と銘打つことは、実をいえば羊頭狗肉である。「外交史とは何ぞやということが、そもそも、はっきりとしない」とはいえ、また「隣接諸分野との境は必ずしもはっきりしていない」[1]とはいえ、たんに外交史といえば、その研究や議論は西洋起源の通則を想定するので、なお一定共通の前提がある。近代中国では、まずもって、その前提があてはまらない。西洋で始まり、発達をとげ、現代の世界全体を覆っている、対等の主権国家が構成する国際関係を前提とした国家間の交際活動を外交（diplomatie）と定義するのであれば、本書が対象とする近代中国に、真の外交というものは、ほぼなかったからである。強いて存在したというなら、それは最末期のごく短い時期にしか該当しない。

しかし西洋列強など、真の外交をやっている（つもりの）側が相手にしたモノ、その外交に代替、相当する営み、行為は、中国の側にもたしかに存在したのであり、それがしだいに「外交」として成形化し、やがては現代中国の外交の起源になってゆく。そうした過程を〈外交史〉というのであれば、それを通例の外交史と重ねて論じるのも不可能ではない。ここでは、こうした事情を大前提としておさえておく必要がある。

だから本章は、たとえば日本外交史や他国の外交史の研究にも、一律にあてはまることが書いてあるわけではない。むしろ著しく違和感を抱かれる向きのほうが多いと思う。しかし西洋（史）でも日本（史）でも、中国が関わってくる外交、関係をあつかうのであれば、絶対に無視できない事情でもある。この点は、狭い狭い歴史学という範囲のなか、あるいは隣接関連する学問分野においてでさえ、どうも十分には理解されていないようなので、声を大にして言っておかねばならない。

このように定義して、ひとまず〈外交史〉と呼んでよいならば、さらに注意すべきことがある。われわれがとりくむのは、あくまで〈外交史〉であって、歴史が優先される、歴史学の一部にほかならない、ということである。換言すれば、ここでいう〈外交史〉の研究とは、必ずしも外交研究、つまり世上普通に認識されているような、政治学や国際関係論の一部門ではない。だからそうした研究で一般に多用される理論や概念をそのまま使わない配慮が必要である。それを勉強し、知っておくのは当然としても、その安易な適用には、むしろ懐疑的にならねばならない。

この点、同じ「外交」ということばを使うだけに、ほかの社会科学から誤解を招きかねない。近代中国の〈外交史〉を論じると、時にそのディシプリンから、概念や方法、題材にかかわって、批判が浴びせられる。筆者のごく貧しい経験でも、それは決して少なくなかった。傾聴に値する場合もあるけれども、著しく不当だったことのほうが多い。

社会科学で多用される理論、枠組といったものは、一定の前提があってはじめて成り立つ。その前提を共有すれば、理解にめざましい効果を発揮するけれども、前提が異なれば何の役にも立たない。その典型が史上の中国であって、たとえば統計的数値を思い浮かべるだけで、その間の事情は納得できよう。西洋という特殊な一地域の経験から抽象された前提で、それ以上に特殊な中国で起こった歴史事実をすくいきれるはずがないのである。

中国ばかりにかぎらない。歴史学はその前提じたいを疑い、あらいなおすところから出発する。その事情は〈外交史〉でも、まったくかわらない。だから別のディシプリンから批判が来ても、恐れ入るばかりでは不可である。それに正面から反駁できるだけの武装を、自覚的にしておかなくてはならない。つねに説得できる、納得してもらえるとは限らないし、むしろそれが不可能な場合が多いだろう。こちらの〈外交史〉の研究水準が、通例の外交史のそれに隔絶して及ばない、という現状はあるし、その克服にはつとめなくてはならない。しかしもっとも忌むべきは、安易な迎合である。

以上はすでに述べたことだが(2)、外交史と称すると、たがいに誤解をしてしまうおそれがあるので、念を押しておきたい。いわゆる〈外交史〉のまっとうな研究成果が蓄積されたあかつきには、既成の外交（史）研究や社会科学を相対化できるかもしれないのである。

## 二　研究のありよう

### 1　〈外交史〉の位置

本書の構成が示すように、社会史、経済史、政治史など、近代中国の他領域の研究が存在するから、〈外交史〉という分野も存在しうる。逆にいえば、〈外交史〉をやっているのだという意識、さらにいえば、その存在意義《レゾン・デートル》は、たえずほかの研究、その範囲、内容、意義を理解することによってしか、成立しえない。

それなら、そうした外からみた〈外交史〉研究の位置づけは、どのようなものであろうか。それは要するに、無味乾燥な外交交渉の経過追跡、少なからず表面的で、事象の本質をつきつめて見ない研究、というにひとしかった。たとえば、以下のような述懐である。

外交史をやる人は、現象のみにかかずらってズブスタンツをみない大馬鹿か、外交文書いじりが面白くてやめられない人のどちらか……

ものごとの上っ面だけをひっかいている外交史……[3]

こういう評価が出てきたのには、ひとつは時代的、環境的な要因がある。引用はいずれも一九七〇年代以前の文章で、当時は盛行していたマルクス史学の影響を受け、「下部構造」の社会経済こそ、歴史上の人間事象の本質を物語るものであって、そこに切り込むのでなければ歴史学、科学ではない、という信仰にも似た観念が瀰漫《びまん》していた。「ズブスタンツ（Substanz）」「上っ面」という言いまわしが、何よりその間の事情をよく物語る。

いまひとつはそれとも関連して、外交史研究じしんの問題がある。それまでは、なかばアプリオリに設定された枠組に、外交交渉過程の追跡解明をはめこんで、その枠組を具体化し、立証する、という手続きが主要な研究方法であった。これはむしろ、社会経済史を偏重するマルクス史学に反撥しつつも、既成理論を前提にするその方法を、意識的無意識的に模倣していた、というほうが正しいのかもしれない。

近代中国の対外関係も国際関係の一部だから、国際政治史、国際関係史、さらには国際政治学、国際関係論、国際体系論を前提にしなくてはならない。そして、近代中国は「ながく不平等条約体制に苦しめられた[4]」のだから、国際法や条約を前提の枠組としたうえで、その外交交渉をみるべきだ。このような研究方法となる。国際法学による法律的分析を用いた植田捷雄、入江啓四郎の研究、あるいはフェアバンクがとなえた「条約体制（Treaty System）」など[5]がその典型であって、ながくそうした考え方、手続きが支配的だった。

外交という営為は、対外的な政策を立案、決定する過程と、その政策を実施するための交渉の過程に区別できる[6]。一般に外交史の研究は両者を対象とするけれども、近代中国の場合には、一貫して後者に重点があった。そこで研究が進展するにつれ、当然のなりゆきとして、政策の立案、決定の過程をも研究対象にする動きが出てくる。これは外交が「内政と密接に関連しあう」側面に留意し、政治史を視野のなかに収めなければできないものであるから、

「政治学の一部門」としての外交史研究をつきつめたものともいえよう。

こうして、もっぱら交渉の経過、結果に集中していたのが、政策決定過程のみならず、その背後にある諸要因、とりわけ制度の復原、変容をも、対象にふくむ研究となった。それを実践するためには、当時の中国の制度にも通じなければならない。たんなる模倣的な外交史の研究を脱して、個性的な〈外交史〉を自覚できる段階に達したわけである。M. Banno, *China and West* がその代表であり、坂野正高みずから、こうした潮流の変化を「外交史の学問としての発展を意味」する、(7)とまとめている。このような整理のしかたもまた、時代の産物であり、控えめながら、新たな〈外交史〉研究の出発宣言だったといえようか。

## 2　近年の段階

だが一九七四年に坂野の宣言が出てから、九〇年代に入るまで、個別的な成果はそれなりにあっても、全体の動向として大きな変化はなかった。したがって、九〇年代までの特徴を知るには、坂野正高「政治外交史」でひとまず足りる。またいっそう細かな動向、あるいは二次文献の紹介や解題なら、かなりそろっているし、筆者じしんも書いたことがあるので、(8)あらためて述べる必要はあるまい。

一九八〇年代以降、中国近代史の研究は、全体として大きな変化をとげた。大づかみに分類すれば、それはパラダイムの転換と一次史料の飛躍的増加に帰せられる。ところがそのなかにあって、〈外交史〉の研究はいずれの動向にも、ほとんど関わりをもっていない。世界的に外交史プロパーの研究は衰退していたし、この時期に特筆すべき新たな一次史料の公開などはなかった。のちに「絶学」とも呼ばれたゆえんである。

それに対し、他分野の研究は長足の進展をみせ、やがて〈外交史〉の文脈まで視野に収めてくる。経済史家の濱下武志『朝貢システムと近代アジア』は、その典型であり、いまなお影響力を失っていない。[9]また国内外での史料公開は、一九九〇年代以降、加速度的に顕著な趨勢となり、史料と研究は分野を問わず激増し、題目は細分化していった。こうした動きは、さしも「絶学」にみまがう〈外交史〉研究にも、否応なくその対処を迫る。

そこで起こったのは、坂野がかつて整理した動向の、いわば逆転にほかならない。七〇年代までの研究で、ひとまず離脱したはずの外交交渉に対する、あらためての注視である。それは史料のありようが変わったためばかりではない。それを活用する研究者の姿勢も、従来とは違ってきたからである。前世紀の旧套《きゅうとう》をくりかえすだけに終わらせないためにも、そうした推移を自覚しておいたほうがよい。

二〇世紀の初めから戦前にかけてが、中国外交史研究の草創期であり、それはとりもなおさず、外国か中国、いずれか一方の史料のみに依存した時期だった。戦後フェアバンクが草分けとなって、中国側と外国側双方の史料を利用する研究が普及した。それが「条約体制」など、枠組を強く意識したのは、マルクス史学の影響を別にすれば、にわかに増大し、多元化した史料をいかに整序してゆくか、その必要に迫られたものとみなすこともできよう。上にふれた坂野の研究も、以上の集大成として位置づけることが可能である。

ただしいずれの時期においても、こうした主流とはやや異なる潮流が存在した。たとえば、史料的にいずれか一方のみに依存しがちだった草創期の矢野仁一[10]、双方を利用できるようになった時期の佐々木正哉、あるいは佐々木揚[11]などの、中国側の史料と外国側の史料をつきあわせて、事実そのものを確定してゆこうとする研究である。

これはそもそも、たとえば中国人の人名が横文字で書いてある、あるいは逆に欧米の事物が漢字で表記してある場合に、誰か何かわからないので、それを確かめる、という初歩的な調査動機から出たものだろうが、それが実に歴史研究の本質をついている、というのは、その種の考証にとりくんだことのある研究者なら、誰しもうべなえるところであろう。

ところがそうした考証は、概して中国人も欧米人もあまり重視しない。かてて加えて、枠組先行の風潮もあり、この種の研究は少なくとも九〇年代までは、あまり尊重されてこなかった。その考証じたいも、史料の翻訳と読解という基礎的な範囲の外に出ることは少なく、史実解釈や方法論にまで高められなかった。

しかし近年の史料情況の変化は、新たな局面をもたらした。そこで何より課題となったのは、新たに使えるようになった外交文書を消化することである。そうした作業は、外交交渉を描いた新出史料を誤りなく位置づけるために、中国と外国双方の対照作業を要請し、ひいては両者を綿密につきあわせた考証が不可避となる。それがすすむにつれて、これまで分析につかってきた、主として西洋起源の枠組や概念にも、疑念が呈されはじめた。逆戻りにみえる外交交渉への注目は、新出史料の増加、それにともなう史料の対照と事実の考証、ひいては、その成果にもとづく解釈や枠組の再考、という方法上の展開から、必然的に導きだされた新たな〈外交史〉研究のありかたともいえよう。

## 三　新たな研究と外交文書

### 1　外交文書というもの

外交文書（diplomatic documents）とは狭義には、外政機構のなかを流れて文字化された情報、とりわけ本国と出先とでやりとりされた公文書、およびその控えを指す。ただしここでは、近代中国の〈外交史〉をもカヴァーできるようにするため、それにかぎらず、ひろく対外交渉の当事者、あるいは関係者の公私の通信も含めることにする。

そうした外交文書が史料となって、われわれ研究者が閲覧できるようになるまでには、じつに多くのプロセスを経る。[12] その内容は研究水準の向上によって、もはや常識になりつつある。本書の読者であれば、常識としてわきまえてもらっていないと困る。

そうはいっても、外交文書の公開、史料化のプロセスすべてが、必ずしも学問の範疇ではない。たとえば近年さわがれた日米「密約」問題のように、国家の政治や機密に関われば、単なる研究者の資格、研究の営為ではどうにもならない部分も存在する。本章はあくまで入門であるから、そこには立ち入らず、公開された外交文書とその内容が、研究の課題や方法といかに関連するか、どのように利用できるか、そのあたりを考えてみたい。

素材に即して端的にいうと、外交文書を使った研究が、すべて外交史研究であるとは限らないけれども、外交文書を用いない外交史の研究はありえない。だとすれば、〈外交史〉の研究がようやく再生しはじめた最近の傾向は、あらためて外交文書による歴史研究の必要性が認められてきた動向による、といっても、あながち誤りではないであろう。「外交文書いじりが面白くてやめられない」人が増えてきたのかもしれない。

もしそうであるのなら、「面白く」思って手がけた人は、徹底的に「いじ」るべきであり、しかも真の課題が見つかるまで、「やめ」てはならない。くれぐれもある系列の文書だけ、その「上っ面だけ」を「ひっか」く程度で終わってはならない。

あえてこんなことをいうのは、たくさん文書を集め、細かい出来事を拾いだして、その推移を跡づけられさえすれば、能事《のうじ》畢《おわ》れり、とする自称外交史研究が、あまりにも多いように見うけられるからである。それはどうも自国史、すなわち日本の日本外交史、あるいは中国の中国外交史の通弊であるかにみえる。[13] 自国史研究の影響をたえず受ける外国史研究も、無自覚のまま同じ轍をふみかねない。

「上っ面だけ」というのは、すでに述べたようなマルクス史学との対比を別にすれば、関連する背景や大局面から切り離した個別事例のみをテーマとして、史料をあつかう謂である。しかしほんとうに外交文書に密着した研究をすれば、そこにとどまるはずはない。

そもそも外交文書を読むには、書かれた内容はもとより、文書の形式、体例をも理解していなければならない。そのためには、当時の制度、社会を知らなくては不可である。それには、その時代全体を把握しなくてはならない。だから論理的にいえば、外交文書を読めばその時代がわかるはずだし、〈外交史〉研究はそれを総体として表現できるはずである。一定以上の広さがなくては、有効な深さには達しえない。

外交文書の内容も、ある種の偏りはあるにせよ、当時の交渉の場で問題となった森羅万象を反映している。だから外交文書を読みこなし、その記述を深く考えれば、当時の政治はもとより、貿易、金融、法制、社会など、あらゆる事象を明らかにできる、ともいえる。

たとえば、経済である。ごく基本的なものとして、イギリスのブルーブック（*Parliamentary Papers*, 中国語では藍皮書）でも、『李文忠公全集』訳署函稿でも繙いてみるがよい。いかに多くの経済案件が交渉の係争点になっているか、一目でわかる。だから当時の経済事情、とりわけ貿易金融に明るくなければ、〈外交史〉のひととおりの経過すらわからない。逆にいえば、〈外交史〉が研究できるなら、経済史もあわせて理解していることになる。(14) そうでない〈外交史〉研究は、底が浅いと断言してよい。

そうはいっても、研究する側の能力は有限である。問題となりうる事実は、それに比して無限にあり、外交案件も数えきれないほど存在する。だからつい手近な論点や題目に没入しかねない。細かなものをテーマに拾い上げれば、いくらでも論文は書けるだろう。しかし外国人たるわれわれの研究が、果たしてそれでよいのか、という疑問は残る。

研究題目に関連していえば、目前に議論の俎上にのぼっている話題《トピック》をとりあげる向きも多いけれども、それは必ずしもうまくいかない。研究で議論になりうることと、史上に重要だったこととは、もともと次元のちがうもので、符節を合するとはかぎらないからである。外在的なテーマ設定は、史料と史実の無理な解釈を導き、過去の枠組先行の研究に逆戻りさせかねない危険をはらむ。それよりは、自分の眼でとらえた史料と史実にもとづいて着想した課題のほうが、たとえ地味でも、はるかに確実で信頼できる。

したがって、千差万別の外交案件から〈外交史〉の主軸をなす事象を厳選しなくてはならないし、あくまで史料たる外交文書のなかから、その厳選ができるようにならねばならない。言うは易く、行うは難いが、めざすところは、必ずそこであるべきだろう。

## 2　外交文書を読みこなす

だとすれば、〈外交史〉の研究に志す者は、まず外交文書を読みこなせなければならない。そのためには、外交文書の内容構成や形式、体例に習熟する必要がある。そのあたりは坂野「政治外交史」に委曲をつくした説明があり、頭の中で理解するだけなら、つけくわえることは、ほぼ皆無にひとしい。ただそれを実感して動けるようになるためには、公刊未公刊の外交文書を自らの素材として、手ずからあつかい、習熟しなくてはならない。

外交文書の内容には偏向、修飾が多い。必ずしもあるがままの事実を書いていない、という謂である。「外交辞令」なることばもあるくらいであって、なればこそ「上っ面」という評言も出てくるわけである。とりわけ中国史料には、虚偽しかない場合さえありうる。けれども、書かれたことの意味は厳存するから、まったく実体と関わりのない、あるいは実体、目的の存在しない修飾、虚偽はありえないわけで、修飾をとりはらって、あるいは虚偽の構造をつきつめて、実体に迫らなくてはならない。

そうした文章を読むにあたり注意すべき点として、第一に、近代中国の公文書全般に対する、重要きわまる所論をそのまま引用したい。その趣旨は中国にかぎらず、ほかの国の場合でも通用するであろう。

ある程度の数を読みこなしてしまえば、型が決っているのだから、それほどむずかしくはない。そもそもが、すぐれた読書力を持つ人でなくても読めるように書かれた文章なのである。時には官庁用語独特のあいまいな表現、日本流に言えば「よきにはからえ」とか「前向きに対処する」といった調子の部分があって、その裏にふくまれた意味まで読みとらなければ、ほんとうに読めたとは言えない場合もあろうが、これはもう、読者の洞察力の問題になる。ただ、公文書の中には経済・外交・軍事などに関する特殊な術語が出て来るので、むずかしいのはむしろ、単語の意味を正しくつかむところにあろう[15]。

いまひとつ、夏目漱石の英文学講義である。いよいよ〈外交史〉からはかけ離れるものの、外国の文章を読む心得を端的に教えてくれる。

何しろ英国で出来た者を英国人が評するとなると本家本元の製造品を本家本元で批評するのだから確かに相違ないと云ふ感が日本人の胸の中にある。日本の文学を評するなら兎も角も英国の文学を評するのは英国人の云ふ方が間違はないと云ふ考になる。……従つて自分より判然と分る人、明確に見得る人の説を真実《まこと》と受けたくなる。判然と分る人、明確に見得る人が必ず判然に感じ得る人、明確に感じ得る人であると云ふ結論が出る筈はないのであるが、大抵の人は此誤まつた結論を暗々裏に下して仕舞ふ[16]。

る字面の意味はただどれて当然、むしろその「単語の意味を正しくつか」み、「裏にふくまれた意味まで読みと」る「洞察力」こそが、研究者の技量なのである。これは必ずしも、いわゆる「語学ができる」のと同義ではない。同義なら、「洞察力」はどこまでいっても、いわゆるネイティヴにはかなわない、ということになってしまうが、「判然と分る」ことと「感じ得る」こととは、やはり別次元なのである。実証の水準では自国史、つまり日本人の日本史、中国人の中国史、西洋人の西洋史の研究にかなわない、とみる向きもあるけれども、それは実証のはきちがえである。くれぐれも、あきらめてはならない。

そうした技量を身につけるには、要するに経験、年季がいる。あるフレーズ、センテンスがいかなる現実を伝えているか、を感知し、何がどこまで、潤色修飾なのか、そうでないか、を弁別するセンスの問題であって、そこを心得ていさえすれば、筆者のようにまったく「語学ができ」なくとも、技量はそれなりに上がってくるはずである。だから字面の翻訳という時点で、語句や文法の誤りを犯しても恥じない、というのは、プロの研究者にはあるまじき、言語道断な態度である。しかし現在のいつわらざる実情として、そうしたことに無頓着な論著は少なくない。

以上を前提にした外交文書の精読につとめれば、自ずから外交交渉の事実経過を追跡する作業のみでは完結しなくなる。まず関係する複数の情報とその伝達の流れを、克明正確に跡づけなければならない。そうしてはじめて、具体的な案文の起草や修正が視野に入ってくる。これが史料批判のみならず、政策決定過程の分析にも向かう契機になるのであって、さもなくば、交渉のプロセスもポイントも、把握することはできない。

通信手段もまた看過できない。当局どうしの交わす報告書 despatch、訓令 instruction のほか、電信 telegram や書翰 private letters などがある。通常の報告書や訓令は、概して書式が一定しているから、慣れさえすれば読みやすい。ただ長文が多く、汚い文字や下手な文章を読まされると、しばしばうんざりする。電信は短文だが、その割に情報量の多い場合もあって、含蓄するところを読みとるのが難しい。私信はいっそう然りだろう。伝達の性格と速度、相手にちがいがあるから、同一の案件を伝えるにさいし、それぞれをどのように使い分けているかも重要である。そこまでつきとめないと、史料的な価値もつかめない。

だとすれば、〈外交史〉の史料の扱い方は、おのずと社会経済史のそれとは異なっていることがわかる。「一九世紀末までの中国社会経済史料は」「その史料の筆者自身の意図するところとは別にありながら、研究者の眼から客観的に見ると、筆者が当時の社会経済状況について言及している点もあって役に立つといったものが、断片的な形で散在している」[17]。それに対し、〈外交史〉の場合は、まず史料の書き手とその「意図するところ」をつかまねばならない。その意味では、思想史研究のほうがはるかに近いといえよう。

しかし最近の研究方法は、むしろ社会経済史と類似する側面も有してきている。確定しうる書き手の意図とはひとまず別のところにあって、書き手を規制する同時代的な観念を考察の対象にする、ということである。外交文書あるいはその関連史料で用いられている術語概念の意味を問いなおし、その用法はもとより、その由って来たるところまでをも読みとる。それをふたたび書き手に還元して、その政策や態度を復原し、そこから当時の制度や体制をわりだし、さらにそれを政策決定や外交交渉の性格づけにむすびつけてゆく。

こうなると、従来の一般的な方法にも、新たな要素がくわわってくる。マルチ・アーカイヴァル・アプローチというのは外交史の研究に従事する以上、あたりまえの手続きである。しかしそれはもはや、たんに相手側、第三者からも裏づけをとる、ということだけを意味しなくなっている。それでは、「徒らに史料の数を誇り、単にこれを羅列することをもって「実証的」と考えるような」「非科学的な態度」[18]にほかならず、依然としてなお、「ものごとの上っ面だけをひっかいている外交史」にとどまるからである。

異なる国の外交文書の間では、同一の事実を同じように記し伝えようとしていても、言語体系や思考様式のちがいから、必ず観念、概念、論理の異同、ズレがつきまとう。ましてや同じように記していないのなら、いっそう視角、利害、態度、体制のちがいをあらわすものであって、交渉経過の復原のみにはとどまらない考察が必要となる。相互につきあわせることで、たがいの特徴がさらにはっきり理解できるのであり、マルチ・アーカイヴァル・アプローチは最新の〈外交史〉研究に、本質的に不可欠な手続きなのである。

西洋世界だけの外交史、対外関係史ならば、同種の言語、観念を共有するために、こうした方法は、あまり必要ないのかもしれない。しかしながら、とりわけ外交に関わる観念において、西洋と、あるいは近隣のアジア諸国同士とでも、大きな隔たりのある近代中国では、有効な方法となりうる。[19] これは〈外交史〉のみに限ったことではなく、経済制度、商習慣が異なるから、経済史でも同様のことがいえよう。実際そうした方法で、中国の歴史的な経済秩序の一面を明らかにした大きな研究も出ている。[20]

# 四　史料をめぐって

## 1　公刊史料の位置

上述の趣旨に即して、まず手にとって読むべき史料は何か、と問われたなら、ためらわず中国、外国の公刊の外交文書集だと答えたい。しかも両者を併せ読むことが重要である。

議会制国家の外交文書集については、坂野「政治外交史」が上述のブルーブックを例に、懇切に説明してくれている。編纂方法が異なり、そのために注意すべき点はあっても、アメリカの *Senate* [*House of Representatives*]

*Executive Documents* や *Papers relating to the Foreign Relations of the United States*（いわゆる *FRUS*）、フランスの *Documents diplomatiques*（いわゆる *Livre jaune*, 黄皮書）も、さほど大きな隔たりはない。これらを用いるにあたっては、外交に関わる政策も多かれ少なかれ研究対象に含まれる以上、イギリスのハンサード（*Hansard's Parliamentary Debates*）、フランスの *Journal officiel*, アメリカの *Congressional Record* など、議会議事録をもあわせみることが必要である。

その他の編纂史料集としては、ドイツの *Die Grosse Politik* とそれに対応するイギリスの *British Documents on the Origin of the War*, フランスの *Documents diplomatiques français*（いわゆる *DDF*）があり、政体や国情のかなり異なるロシアでも、*Красный архив*[21] や *Международные отношения в эпоху империализма*,[22] あるいは対中関係にしぼった *Русско-китайские отношения* など、やはりすぐれた外交文書集が出ている。日本の『日本外交文書』（明治より前は『大日本古文書』）はいうまでもあるまい。

議会提出用、執務用、政治的宣伝、暴露目的、研究など、それぞれに編集の動機や方針、体例が異なるけれども、そうした特徴もふくめ、各々の内容をどれだけ広く、深く知っているかによって、研究の深さ、広がり、成果が左右される、といって過言ではない。折にふれ、くりかえしながめておき、必要あればすぐ活用できるような姿勢が求められる。

通例、近代国家の「外政の運営をつかさどる機構は、本国の外務省と大使・公使の駐在する出先の在外公館からなる」[23]。上に列挙した数々の公刊文書集も、その大部分を本国と出先のやりとりが占める。ところが中国の場合、すでにここから異なっている。中国では二〇世紀に入るまで、西洋的な機関としての外務省も在外公館も存在しなかったし、文書様式や通信方法にまでおよぶ制度のしくみ全体も、ちがっていたからである。そうした外政機構の異同は、たがいの外交文書のありように著しい非対称性をもたらす。たとえば、近代中国では「出先の在外公館」とのやりとりの記録は、少なくとも利用できるものが、はなはだ少ない。これは歴史事実として、外国との関係で中国側の政府のほうが受け身であり、中国における事件や交渉が、圧倒的に多かったことのあらわれでもある。しかしそれでも、「出先の在外公館」の存在意義が絶無なことにはならない。その役割の内容や重要性をつきとめる必要があるはずなのだが、その認識はなお低い(24)。

現在のわれわれからみて、外国側の史料は基本的に外交文書として分類できるものであるから、あつかいやすい。それに対し、中国側の、とりわけ一九世紀のものは、そうした「分類」じたいが成り立たないし、文面そのものも、はるかに難解である。語学的な難度も高いのにくわえ、それ以上に語彙や言いまわし、その背後にある事情が、われわれの理解を超えている場合が多い。それをつかむには、いわゆる古典漢文の読解を修得しておく必要がある。実務的な文章は文体が異なるけれども、語彙語法は共通するところが少なくないからであって、中国側の史料をあつかうには、以上のようなギャップをわきまえたうえでなくてはならない。清朝時代をカヴァーする『籌辦夷務始末』『清季外交史料』、あるいは民国時期を対象とした各種編纂史料集は、いずれも上述の類型にあてはまる。朝鮮王朝の『旧韓国外交文書』『旧韓国外交関係附属文書』もその例にもれないであろう。くれぐれも外国側の史料と同様にあつかえる、と考えてはならない。

## 2　公刊史料と未公刊史料

公刊史料で困るのは、もとの文書を収録するさいに省略や改竄を施したり、あるいはまったく収録しなかったりすることである。それしか使えないと、その存否すら気づきようがないときもあって、それに誤られた例も多い。

中国側の史料はいうまでもないだろう。外国側の史料も例外ではない。アングロ・サクソンは「抄録 extract」「換言 paraphrase」とことわるし、そのさいも原文になるべく忠実な節略や言い換えを心がけているようだが、たとえばフランスの *Livre jaune* は、何のことわりもなく、ひどい改竄をしており、ロシアの官製外交文書集、いわゆる Orange Book も、その点は有名である。

しかし現在では、文書館の公開や情報技術の発達による史料情況の好転によって、その材料をなす未公刊の原文書が見られるようになってきた。すべてに当たって確かめることは、もとより不可能であるが、せめて自分の研究で中核になる部分は、自分の眼で公刊・未公刊両方の史料をつきあわせてみるべきだろう。もちろん両者に大きなちがいはなく、どちらを使ってもかまわないことも多い。

その場合、注記するにあたっては、閲覧と検証の便のため、なるべく公刊史料をとりあげたほうがよい。とくにアメリカの研究では、未公刊記録を使っていることが即、すぐれた研究だとみなす風潮があり、まったくちがいがなくとも、わざわざ未公刊のものを注記することが少なくない。嗤《わら》うべき謬見《びゅうけん》である。

けれども改竄や省略があったなら、それはぜひ、つきつめて考えなければならない。如実に当時、あるいは事後の政治過程を語ってくれることもあり、大きな研究テーマに発展する可能性がある。たとえそれが引用史料として採用はされなくとも、史実の把握と理解に大きな貢献を果たすはずで、決して無駄な作業ではない。

写真はアメリカ国務省文書のうち、ソウル駐在公使が国務省に送った、朝鮮の駐米全権公使派遣に関する報告書で、拙著『属国と自主のあいだ』第八章第二節第一―二項で使った史料の一部である。のち *Papers relating to the Foreign Relations of the United States, 1888*, Vol. 1, pp. 436-437 で印刷公開されたけれども、"omit" として括った範囲を省略してある。その理由を考えることで、当時の出先と本国との考え方のちがい、ひいては清韓関係のありようもみえてこよう。

原文書をみるには、国内の図書館が購入したマイクロフィルムや、ウェブサイト上の画像公開などで閲覧できるものもあるが、多くは各国の文書館に行かねばならない。それはいまや常識的な研究活動の一環ともなっており、ホームページや書籍、あるいは論文の形で、おびただしい文書館案内が存在する。文書館じしんが出しているガイドは網羅的ながら、使う側からみて欲しい情報が書いていないことがある。これに対し、実際に文書館を利用した研究者の体験談は、内容が偏っていても大いに役立つ(25)。

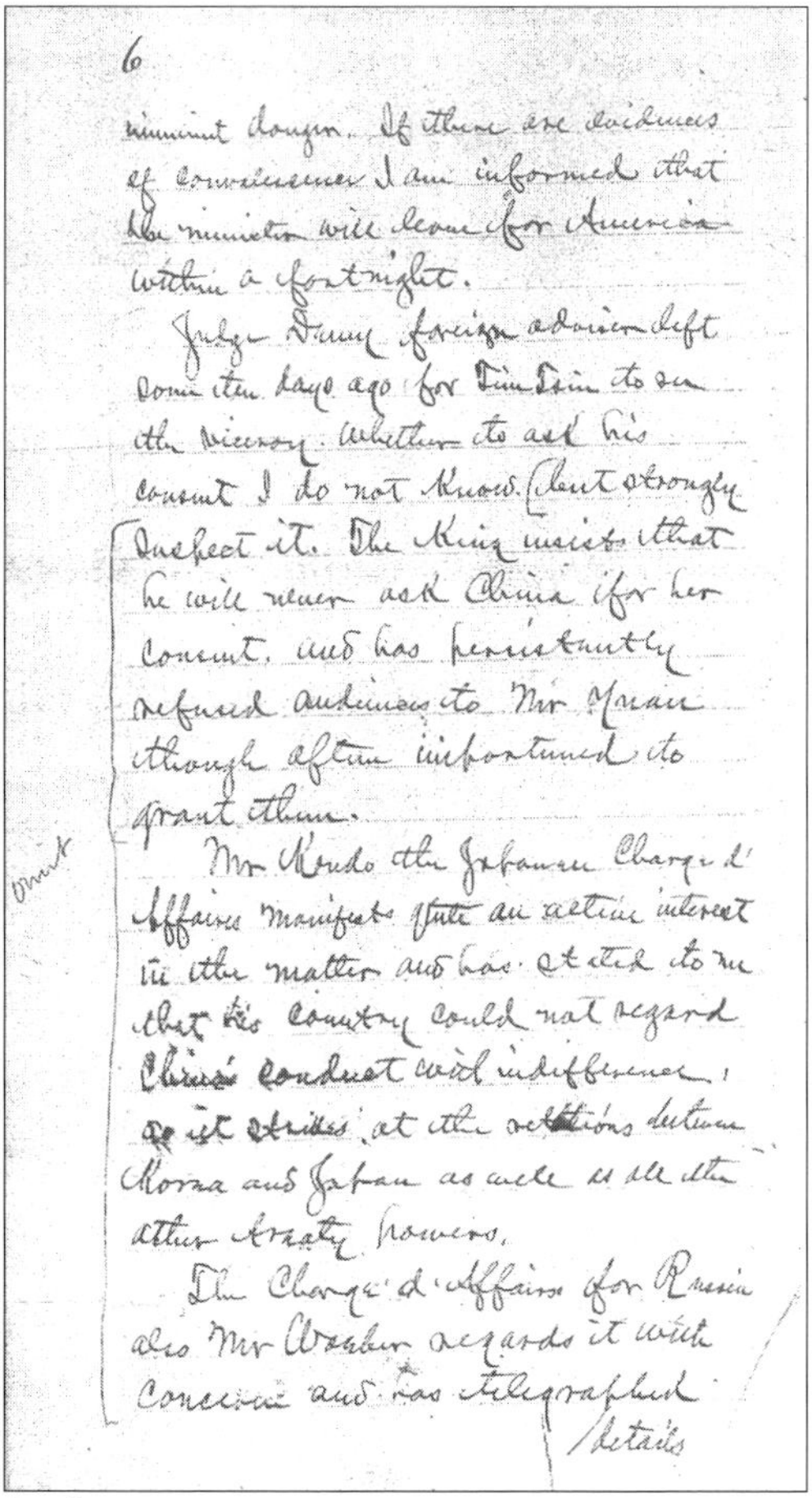
6
imminent danger. If there are evidences
of connivance I am informed that
the minister will leave for America
within a fortnight.
Judge Denny, foreign adviser left
some ten days ago for Tien Tsin to see
the viceroy. Whether to ask his
consent I do not know, but strongly
suspect it. The King insists that
he will never ask China for her
consent, and has persistently
refused audiences to Mr Yuan
though often importuned to
grant them.
omit
Mr Kondo the Japanese Chargé d'
Affaires manifests quite an active interest
in the matter and has stated to me
that his country could not regard
China's conduct with indifference,
as it strikes at the relations between
Korea and Japan as well as all the
other treaty powers.
The Chargé d'Affaires for Russia
also Mr Waeber regards it with
concern and has telegraphed
details

［出典］United States, Department of State, General Records of Department of State, Diplomatic Despatches, Korea, Vol. 4, Dinsmore to Bayard, No. 63, Oct. 15, 1887.

そのうち必読の文章として、中見立夫「ロシア帝国の外交史料をめぐって」をあげよう。苦心して文書史料にとりくんでいなければ、なかなかこのようには書けない。時間と資金に乏しいわれわれは、つねに目標への最短距離をとれるようにしておくべきで、そのためには公刊の文献、史料をよく学んでおかねばならない。原文書からいい史料を発掘できるかどうかは、その成果に依存する。そのことを切実に教えてくれるこの文章に共感できないようでは、研究者として重要な何かが欠けているとしか思えない。

そうした原文書の大多数をしめる手書き資料、マニュスクリプトというのは、書き手によって筆勢、書きクセが千差万別なので、日本語、外国語を問わず、判読に苦しむことが少なくない。そんな場合、同一の、あるいは同系統、類似の資料を活字化したものがあれば、参考になる。というより、手書きと活字との相互対照の往復と、文脈による読解のつみかさねとによって、字体の判読力がついてくる、といったほうが正しい。

日本文学や日本史では、古文書学のような正規の教育課程があり、手書きのくずし字に対する訓練の門戸がひろく開かれている。しかしながら中国史、あるいは外国史の場合、そうした判読力の養成を学部、大学院の教育課程で行うことは、ほぼ望めない。史料の言語が外国語であるがゆえに、字体が完全に判別できるテクストの読解力をつけるだけで、ほぼ大学院の博士課程までの年月を要するからである。それを経ずに、いきなりマニュスクリプトに噛みついても、歯が立たない。判読力は大学院以後、自力で身につけざるをえないのである。その意味からしても、公刊の史料に学ぶことは、まだまだ少なくない。

当時の事象、あるいはそこで流れていた情報すべてが、完全に記録となって残ることはありえない。だからこそ、労力を惜しまず、なるべく多くの現存史料を集めそろえる必要がある。筆者が研究をはじめた一九八〇年代末、心ある研究者はつとに海外を飛び回って、未公刊未公開の檔案などを開いて見られるようにするため、力を尽くしていた。文書の情報化がはじまったのも、このころである。現在の良好な史料環境は、すべてこうした努力の継続と蓄積に負っており、われわれは片時もそれを忘れてはならない。

もっとも、開く、あるいは、集める、ということが研究の最終目的ではない。現に存在する史料、使用できる史料をどれだけ有効に使うか、をいっそう真摯に考えなくてはならない。集めるという行為は、むしろそれを前提にとりくむべきであろう。

もちろん目録やデータベースを作ることが目的なら、自ずから事情は異なる。しかしあるテーマを専門的に追究する場合、目録学的な網羅的目録というものは、実践的にはごく限られた用しかなさない。けっきょく自分の使う文献目録というのは、自ら作りあげてゆかねばならないのである。しかもそれはずっと未完成のまま、完成の日は永久に来ないかもしれない。またそのくらいでなければ、専門研究とはいえないだろう。読むことと、集めることとが相乗効果をもって、史実の理解を深めてゆくのが、もっとも望ましい。

## 五　基本的な研究文献

### 1　概括的な傾向

現在の史料と研究の情況からすると、〈外交史〉は一九世紀の清末以前と二〇世紀の民国以後に大きく分けることができる。両者のあいだには、思った以上に深い断層が存在する、と表現したほうが正しいのかもしれない。

二〇世紀に入ると、中国の政府権力が西洋化した組織と制度を志向するようになり、それにともなって、史料の体裁や残存形態も、それ以前とはちがってくる。奇しくも同じ時期、イギリスとアメリカでも外務省の執務形態や外交文書の整理形態が変わり、それに応じて研究での利用法もちがってくる。相まって、一九世紀と二〇世紀の隔たりをいよいよ拡げているのかもしれない。

従来どちらかといえば、一九世紀の清末時期に関する〈外交史〉の研究が多かったのは、中国側の編纂史料集やIrish University Press 復刻のブルーブック[26]など、利用できる公刊史料が豊富だったからである。逆にいえば、檔案など未公刊史料が容易に使えるなら、公刊史料の少ない民国以後も、精密な研究が可能となる。現在は実に、そうした転換の真っただ中にある、といってよい。南京国民政府の〈外交史〉など、まだまだ手薄な論点は少なくないものの、もはや清末と民国以後の研究層の比重は逆転しており、清末〈外交史〉のほうが、「絶学」を憂慮しなければならない事態に陥っている。

具体的な史料の体裁やそれに向き合う研究者の姿勢だけでいえば、一九世紀と二〇世紀とで本質的な差異があるわけではない。ただし後者の時期は日露戦争、第一次大戦、ワシントン会議、さらに国民革命など、重大事件の継起するなか、アメリカや日本との関係、あるいはナショナリズム、「修約外交」「革命外交」が主題となってくる[27]。現代まで直接に続くプロセスであることも、意識しなければならない。

そのため、一九世紀ではさほどの比重をもたないかに見える日米の近代史、外交史の成果との関連が、重要にならざるをえない。日本近代史や外交史の研究のありよう、クセを知っておく必要もある。たとえば国内の政策決定過程には、細部をうがつほど精緻きわまる調査、分析を行う一方で、中国史との関連、あるいは当時の中国外交の事情に対する注視や理解、洞察は冷淡、浅薄なことが多いので、そのあたりは心得ておかなくてはなるまい。これが現実に、研究上のバイアスを生んでいる。

ひとまず以上を前提にしたうえで、〈外交史〉研究に志す人は、まずどんな著述を読んだらよいか、何を座右にそなえておくべきか、という問題にうつろう。しかしその答えは、究極的には本人が見いだし、決めるしかない。自分が最終的に模範ときめた著述そのものが、最適の入門なのであって、書き手からすれば、すぐれた研究論文を書くことが、とりもなおさず入門者に最良の手引を提供することになる。

その意味で以下は、一九世紀の〈外交史〉に研究の軸足がある筆者に役立ってきた若干の著述を紹介する、という以上の叙述ではありえない。蛇足としか見えない向きがあっても、それはやむをえない。しょせん研究の営為に、誰にでもあてはまる中立普遍、最大公約数のようなものは存在しないからである。ある偏向が多少なりとも、同学の研鑽に資すると同時に、別の偏りを相殺する、そうした効用を期待するしかあるまい。

## 2　古典の効用

最新の研究成果を読んで知っておく、あるいはその良否を判断するのは、研究者として当然の義務である。いまさらそれをいっても始まらない。それは織り込みずみとし、くわえて時勢に流されることなく、自らのモノを確乎ともちたい、という目的に即して述べるとすれば、戦前あるいは戦後まもなくの著述を推す。これは筆者の性向にもとづくところではあるものの、史料と学説の問題にも関わっている。

この時期の著述は浩瀚なものが多く、ふんだんに史料が引いてあるのが特徴である。言い換えれば、その著者自身の〈外交史〉叙述を構築する史料をつぶさに明示していて、その論証過程がよくわかる、ということである。史料の所在を知るのみならず、史実の実証や解釈、理論化の成否や巧拙などを判定しやすい。

こうした著述は、一昔まえの通説、常識を形づくっていたから、そのありようを知るのにも役立つ。いまの立場から、ただ通説に準拠したり反駁したりするのはたやすい。意を用うべきは、結果として依拠するにせよ、批判するにせよ、常識がなぜ常識となったか、通説を支える史料と論理がどのように導き出されたのか、そうしたプロセスを見きわめることであろう。そこに思いを致し、先達に及ばないところ、学ぶべきところ、先達の手が及ばなかったところを自覚しなくては、自身の独創など生まれようがない。

要するに、古典的な研究をたくさん、じっくり読め、というにつきる。ただ、一口に古典的といっても、それぞれに特長がある。なかんずく二〇世紀を対象とするものは、全く同時代の著述であるために、現実政治の利害関心にもとづく偏向が多きに失することをわきまえなければならない。

くりかえし強調してきた、公刊史料の使い方について範例を示してくれるのは、欧文ではたとえば、H. Cordier, *Histoire des relations de la Chine avec les puissances occidentales;* H. B. Morse, *The International Relations of the Chinese Empire;* T. Dennett, *Americans in Eastern Asia* などであり、中文では、蔣廷黻編『近代中国外交史資料輯要』、王信忠『中日甲午戦争之外交背景』、邵循正『中法越南関係始末』がある。日本語の著述をひとつだけあげるとすれば、やはり田保橋潔『近代日鮮関係の研究』に指を屈する。いずれも今なお堅実清新な叙述で、何度も読みなおすに値する。

未公刊史料については、たとえば Cordier, *Histoire des relations;* do., *L'expedition de Chine* や A. Л. Нарочницкий, *Колониальная политика капиталистических держав на Дальнем Востоке;* С. С. Григорцевич, *Дальневосточная политика империалистических держав* をあげよう。われわれが留学でもしないかぎり、すぐにはアクセスできない史料を大量に、長文で引いてくれている。史料の検索はもちろん、判読の参考にもなる、ということである。英語でこれに類するのは、W. C. Costin, *Great Britain and China;* S. F. Wright, *Hart and the Chinese Customs,* 中国語では主として、一九七〇年代以前の台湾の中央研究院近代史研究所専刊シリーズであろ

うか。

以上列挙した著述における史料の使い方は、現在のわれわれからみて、納得のいかないことも多い。しかもほとんどが、一ヵ国の史料のみに依拠した一方的な研究であるから、もちろん上述の研究方法からは逸脱している。それは研究の前提がちがうから、当然である。しかしだからといって、それが無価値、無用を意味するわけではない。そちがう前提を知るのも、ぜひ必要な素養であるし、前提がちがえば、あるいはしかじかの史料なら、こんな解釈がひきだせることを知る、という意味で勉強になる。自らの見解をしっかりと持つという目的でも、そうしたものを多読すべきである。たとえば、同じ時期と史実を対象とする、田保橋『近代日鮮関係の研究』と林明徳『袁世凱与朝鮮』を読みあわせてみれば、拠るべき史料と組み立てられた所論との関係が、対比的にきわだっておもしろいだろう。

一昔まえの中国語の論著は、その点おすすめである[28]。とりわけ当時の大陸で、なかば国家事業として、学界の総力をあげて編纂された史料集的なものがよい。たとえば「中国近代史資料叢刊[29]」や「帝国主義与中国海関[30]」のシリーズである。分量も手頃だし、基本的な史実、史料、文献を網羅しているから、手引としては、洪水のように刊行のつづいている現今の研究書や史料集より、よほど出来がいい。文章もはるかに明晰である。

中国と外国の史料のつきあわせを学ぶには、やはり註(10)に列挙した矢野仁一の著述を味読することであろう。その手がける範囲のひろさも驚嘆すべきで、たとえ史料的、議論的にもはやアウト・オヴ・デートになっていようと、学ぶべきことはなお多い。最近の論著と読み比べると、あらためて発見できる論点も少なくないはずである。学問とはやはり、先達の尊重から始まるものなのである。

（1）坂野正高「政治外交史」一六七頁。
（2）岡本隆司「伝えたい常識」。
（3）坂野正高『近代中国外交史研究』四四六頁。坂野・田中・衛藤編『近代中国研究入門』四三二頁。
（4）坂野「政治外交史」一六八頁。東アジアのいわゆる「不平等条約」は、明治日本の歴史過程からのアナロジーによってできた術語、概念であって、少なくとも〈外交史〉研究に携わる者は、この点を見のがしてはならない。
（5）植田捷雄『在支列国権益概説』『支那に於ける租界の研究』『東洋外交史』。入江啓四郎『中国に於ける外国人の地位』。J. K. Fairbank, *Trade and Diplomacy on the China Coast*; do., ed., *The Chinese World Order*.
（6）坂野正高『現代外交の分析』。
（7）坂野「政治外交史」一六八～一六九頁。
（8）坂野正高『近代中国政治外交史』。佐々木揚「近代露清関係史の研究について」「日清戦争をめぐる国際関係」。川島真「日本における民国外交史研究の回顧と展望」。李恩涵『近代中国外交史事新研』。クラウス「ドイツ・中国関係史」。岡本隆司「中国近代外交へのまなざし」。
（9）なお濱下武志『中国近代経済史研究』六四一～六九七頁には、経済史研究の関心にもとづく「海関関係資料目録」を収めるが、これは〈外交史〉にもすこぶる有用な文献解題であって、後述する〈外交史〉と経済史の密接な関連を、端なくもあらわしている。
（10）矢野仁一『近代支那史』は清朝の盛衰を論じ、内外の体制とその変容にも説き及ぶ。同『支那近代外国関係研究』は明清時代の対ポルトガル、同『近世支那外交史』は一八八〇年代までの対英関係を中心とする。『日清役後支那外交史』『満洲近代史』『近代蒙古史研究』は日清戦争以後、対露関係を軸に中国辺境をめぐる国際政治を扱う。
（11）佐々木正哉「イギリスと中国」「鴉片戦争の研究」、同編『鴉片戦争の研究』『鴉片戦争後の中英抗争』『鴉片戦争前中英交渉文書』。佐々木揚「日清戦争後の清国の対露政策」「一八九五年の対清・露仏借款をめぐる国際政治」「一八八〇年代における露朝関係」、Y. Sasaki, "The International Environment at the Time of the Sino-Japanese War."
（12）坂野『近代中国政治外交史』一～一〇頁、同「政治外交史」一七四～二〇六頁。
（13）酒井哲哉『近代日本の国際秩序論』二三四頁が指摘する、日本外交史研究の「視野の狭隘さ」もその一例であろう。

(14) 日本語の論著でその典型例をあげるとすれば、衛藤瀋吉『近代中国政治史研究』、佐々木正哉「営口商人の研究」がある。いずれも濱下武志の経済史研究の起源をなす。

(15) 前野直彬「文学と文章」八五〜八六頁。

(16) 夏目漱石『漱石全集　第十巻』四七頁。ルビは原文。

(17) 田中正俊「社会経済史」一二七頁。

(18) 田中前掲論文、一二六頁。傍点は原文。

(19) その範例を示してくれるのは、日本の露清関係史研究である。やや時期的な範囲は異なるものの、吉田金一『ロシアの東方進出とネルチンスク条約』、同「シベリア・ルート」は必読。また近代中国の範疇でいえば、中見立夫の「ボグド・ハーン政権の対外交渉努力と帝国主義列強」・「一九一三年の露中宣言」をはじめとする一連の研究、さらには最近の、橘誠『ボグド・ハーン政権の研究』、野田仁『露清帝国とカザフ＝ハン国』が参照に値する。

(20) 岡本隆司『近代中国と海関』。本野英一『伝統中国商業秩序の崩壊』。

(21) この『クラースヌィ・アルヒーフ（赤色文書）』については、佐々木揚編訳『一九世紀末におけるロシアと中国』を参照。

(22) この『帝国主義時代の国際関係』については、中見立夫「ロシア帝国の外交史料をめぐって」八二〜八四頁を参照。

(23) 坂野「政治外交史」一七四頁。

(24) 一九世紀におけるこの問題については、史料と文献の紹介もふくめて、岡本隆司編『中国近代外交史の基礎的研究』が手がかりとなろう。箱田恵子『外交官の誕生』は、そうした在外公館の問題に正面からとりくんだ、最新の研究成果である。

(25) ここではあえてひとつだけ、中国近代史研究者がなかなか関心を共有できないドイツの史料を紹介した、浅田進史「ベルリンのドイツ連邦文書館所蔵の中国史料」をあげておく。

(26) そのうち *British Parliamentary Papers, Area Studies Series* については、前註(9)所掲の濱下『中国近代経済史研究』「海関関係資料目録」六七七〜六八三頁に懇切な解説がある。

(27) たとえば以下の論著を参照。李恩涵『北伐前後的「革命外交」』。唐啓華『北京政府与国際聯盟』。王建朗『中国廃除不平等条約的歴程』。川島真『中国近代外交の形成』。

(28)　王芸生纂輯『六十年来中国与日本』はその好例である。現在は第八巻を加えた再刊本が行われているが、史料の増減など、互いに出入があるので、必ず旧版も参照すべきである。

(29)　そのうち直接〈外交史〉に関わるものとして、『鴉片戦争』『第二次鴉片戦争』『中法戦争』『中日戦争』がある。

(30)　これは「中国近代経済史資料叢刊編輯委員会」が編集にあたり、一九五〇年代末から六〇年代前半にかけ刊行された十冊の叢書で、一九八三年に中華書局から「帝国主義与中国海関資料叢編」と改名のうえ一括再版された。濱下前掲書、六六九～六七二頁に各冊の解題がある。直接〈外交史〉に関わるものとして、『中国海関与中法戦争』『中国海関与緬蔵問題』『中国海関与中葡里斯本草約』『中国海関与中日戦争』『中国海関与英徳続借款』『中国海関与義和団運動』『中国海関与辛亥革命』『一九三八年英日関於中国海関的非法協定』があり、J. K. Fairbank *et al.*, eds., *The I. G. in Peking*,『中国海関密檔』(*Archives of China's Imperial Maritime Customs*)で見られる史料もあるけれども、まだまだ価値を失っていない。また『辛丑和約訂立以後的商約談判』が続刊として出ている。このうち白眉たる『中国海関与辛亥革命』については、岡本隆司「辛亥革命と海関」も参照。

# 第五章 —— 政治史

石川禎浩

## 一　政治史のくびき

かつて陳独秀は、「政治を語る」（『新青年』八巻一号、一九二〇年）という文章の中で、こう述べた。

政治を語ろうと語るまいと、いずれにせよ、誰も立ち入らない深山幽谷にでも逃れない限り、政治は必ず君を追いかけてやってくるのである。(1)

新文化運動の旗手たる雑誌『新青年』は元来、政治を語らないことを標榜して――「時政を批評するは、その旨にあらず」――創刊された雑誌である。その『新青年』が創刊五年にして公然と政治を語ることを表明したのであるから、この文章を載せた号を境に、同誌は「青年の思想の改造」を「天職」とした広義の文化運動の雑誌から、積極的に政治にかかわる雑誌へと変貌したと言えるだろう。周知のように、かれの目指したその「政治」運動とは、ソヴィエト＝ロシアのボリシェヴィズムに範をとった共産主義運動であり、その第一歩が中国共産党の結成であった。まさに中国には「政治の季節が到来しつつあった」(2)のである。

陳独秀の言を待つまでもなく、今日にあっても、我々は政治から自由ではない。もっとも「政治」の語は、「政治的な振る舞いに長ける」や「あの人はなかなか政治力がある」といった皮肉めいた用例が幅を利かすように、従前より策略や取引、あるいは利己的な交渉術と同一視されることが多い。それゆえ陳独秀の「政治を語る」も、「行政および官職によって地盤を争い、私的権利を奪取する」ような行為にかぶせられた「政治」は「ニセの代物の看板」であって、かれらが語ろうとする「政治」は、それとは全く別物なのだと主張するわけである。

政治活動は、それが「社会正義」の実現を掲げる限り、ある種の独善性を持つことを避けがたい。厄介なことに、近代以降になると、そうした独善性はさまざまなイデオロギーという外衣をまとうようになった。「革命」や「運動」がくりかえし生起した中国の二〇世紀が、しばしば「政治の世紀」とともに「イデオロギーの世紀」でもあったと言われるゆえんである。さらに厄介なことに、そうした「革命」や「運動」の大半は、その場限りで完結するものではなく、イデオロギーから措定される次なる「革命」や「運動」を準備し、予告するものであった。「ブルジョア民主主義革命の後には、社会主義革命が起こるはずだ」という言説などがその一例である。そうである以上、後世の「政治史」研究もまた、対象とする政党・政派・政治家の持つイデオロギー（あるいはそれに対抗する別のイデオロギー）から自由ではあり得なかった。先の陳独秀の言葉を借りれば、政治の世紀で行われる限り、政治史研究にも「深山幽谷」は存在しなかったのである。

そんな深山幽谷は今日でも存在しないということを我々は知っている。ただし、政治史を研究する者は、ミイラ取りがミイラにならぬよう、イデオロギーとの距離のとり方には当然に留意すべきであるが、「イデオロギー＝偏見・偏向」とばかりに切って捨ててはなるまい。例えば、清末の歴史人物たちが儒教的素養の持ち主であり、儒教的価値観の世界の中で生きていたこと、これは研究者がその価値観に賛同するかどうか、儒教が今日的価値を持つかどうかとは別の問題である。共産主義をはじめとする政治イデオロギーとて同様である。冒頭の陳独秀らは、人は政治から逃れられないというある種の強迫観念の中で生き、人は政治にかかわらなければならないという価値観の時代に死んでいった。歴史家は何より、そうした価値観のもとで諸々の事柄が展開したという前提を認め、尊重することから出発せねばならない。「儒」の基本的内容を知らない近代思想史研究があり得ないように、イデオロギーの重みを自覚しない二〇世紀政治史研究もあり得ない。その自覚と尊重がなければ、政治史はどのような理論や枠組みを駆使したところで、所詮はあと知恵による高踏的評論の域を出られないであろう。

## 1　日本における政治史研究

二〇世紀に積み重ねられた中国近現代政治史研究は、さまざまな制約を負ったものではあったが、イデオロギー性を帯びているがゆえに不毛というようなものでは決してなかった。むしろ、政治の時代にいるというある種の緊張感・使命感、そして政治の時代ゆえに容易には得られない原始史料を、限られた刊行物から丹念にすくい集め、復元・整理しようという原初的な熱意と誠意には、我々の及ばないものがある。(3) 試みに中国共産党史の史料集について言えば、一九七〇年代に刊行された『中国共産党史資料集』を超えるものは、その後の日本では企画すらない。同様のことは、毛沢東の著作集についても当てはまる——『毛沢東集』『毛沢東集補巻』。一九八〇年代以降に中国で、『中共中央文件選集』『毛沢東文集』などが公刊されたことによって、それら日本産の史料集の価値はいくぶんかは減じたが、前者の収録するいくつかの史料は『中共中央文件選集』（さらにはその改訂版にあたる『建党以来重要文献選編』）でもなお未収であるし、後者でいえば、毛沢東著作につきものの改変（すなわちオリジナル発表版と『毛沢東選集』など事後に編纂されたものとの差違）の過程を示した『毛沢東集』の評価は、中国の専門研究者の間でも今なお高いものがある。

これらに限らず、戦前・戦後の日本においては、中国の政治史にかかわる史料集や目録・索引といった工具書が継続的に作成されてきた。(4) また、欧米で刊行された研究書の翻訳も相次いで世に問われた。その概要は、一九七〇年代以前のものは衛藤「政治外交史」に、八〇年代以降のものは、野村ほか編『現代中国研究案内』、小島・並木編『近代中国研究案内』、野澤編『日本の中華民国史研究』、礪波ほか編『中国歴史研究入門』、飯島ほか編『シリーズ二〇世紀中国史』などにそれぞれ紹介されている。ただ、個々の研究著作についてはさておき、史料集や目録など研究の土台となるものについて言えば、それら八〇年代以降の研究案内書が紹介する政治史史料は、改革開放期以降に中国で奔流のように刊行され出したものについては、確かに多くの紙幅が割かれているものの、日本で刊行された史料集はそれほど紹介されていない。これはそれら研究案内書の編者の目配りが足りなかったからではなく、日本産の史料集・目録自体が相対的に減じたからである。欧米の研究著作の翻訳が占める割合も、八〇年代以降かなり少なくなっている。

いったい何故なのか。ひとことで言えば、近現代史研究に占める政治史の比重が大きく低下したからだということになろう。いわば、衛藤「政治外交史」の掲げる「基本的な文献」がすこぶる充実しているのは、当時の日本の学界にあっては、中国近代史研究のかなりの部分が広義の政治史であり、多くの学徒が競うように政党史や革命史を研究し、アクセス困難な稀少史料を何とか発掘・共有すべく、全力を傾けていたという事情があるわけである。

だが今日、事情は全く異なる。社会史や文化史の興隆によって、あるいは冷戦体制の終結に象徴される「政治の世紀」「イデオロギーの世紀」の終焉に伴い、政治史なかんずく革命史や運動史は、歴史研究におけるかつての独尊の位置を完全に逐われてしまった。むろん、政治史が独尊であらねばならぬ理由はどこにもない。そもそもさまざまな研究領域にランキングをつけること自体、馬鹿げた発想である。それゆえ、わたしは政治史研究を復権せよとか、革命史をもっとやるべきだ、と主張する気はさらさらない。政治史を研究するのなら——他の分野の歴史研究にも共通する当たり前の手順を踏んで、そして政治史ゆえに求められる若干特殊な史料批判の姿勢をもって——歴史研究たるに恥じない方法でやるべきだ。本章の意図はこれに尽きる。

## 2　政治史史料の問題点

先に、八〇年代以降の趨勢として、中国政治史にかかわる史料集や目録・索引といった工具書が減少してきたことを指摘した。これは中国本国での史料集の整備・刊行が進んで個人でも容易に入手できるようになり、他方で研究集団は縮小したものの、情報技術の長足の進歩により、研究者個人の力量でも自らの研究課題くらいなら、データベースを簡単に構築できるようになったことと表裏の関係にある。皆が同じ課題を共有し、史料収集を共同でやっていた時代から、細分化された政治史の領域をそれぞれがそれぞれの方法・視角で研究する時代になったということである。外国書の翻訳が少なくなったことも、日本の研究体制が充実してきたことの裏返しと言えないこともない。

したがって、史料集・工具書が減じたことだけを取りあげて、ことさらに憂う必要はない。むしろ憂うべくは、以前なら集団の英知を傾けて行われた史料に対する吟味が、個人研究への依存が高まるにつれて、なおざりにされる傾向にあることの方である。いわゆる公刊史料の激増は、実は文献・史料自体のなりたちに関する分析（史料批判）に道を開くものであるにもかかわらず、現実には、便利な公刊史料をそのまま使うという安直さを生みやすい。実は、政治史史料こそは、他の領域の史料に比して、その生成や伝播・編纂過程にとりわけ注意せねばならないものなのである。

中国近現代政治史といっても、その領域は多方面におよび、それらを網羅する研究指針を提示することは不可能ゆえ、以下本章では、政党史を中心に、あたるべき史料や期待されるアプローチについて、いくつかの具体例を挙げつつ、提言を試みる。史料についてことさらにその性質や生成過程を強調するのは、歴史学の基本たる史料の吟味は——とりわけ政治史の場合——それがある深みに達する時、実はそれら史料の生成や編纂それ自体の過程がひとつの政治史となっていることを、往々にして浮き彫りにするからである。その意味では、以下に述べることは、歴史の現場、史料生成の現場に立ち返ることに政治史の第一義を見いだす人だけに向けた提言である。

## 二　政治史の史料——政治史史料生成の場の解明に向けて

ひとくちに中国近代政治といっても、その様態は時代によって大いにおもむきを異にする。中央で行われる政治活動や政治決定について言うだけでも、中国の政治体制は一九世紀末から二〇世紀にかけて、清朝体制下の帝政（その派生型としての「垂簾《すいれん》聴政」）、民国成立後ごく短い期間の立憲型議会民主制、それが形骸化した後の行政府（総統府・国務院）競合体制、そして特定の政党が実質的に政府を代行する党国体制（パーティ＝ステイト＝システム）(5)と言った具合に、めまぐるしく変化した。

### 1　清末・民国前期の政治史史料

清末に関しては、この時期に実質的権限を拡大した地方の大官（督撫《とくぶ》重権）が、中央の具体的な政治決定に際して意見を求められ、それに応える具申を行う例も多い。そうした具申（奏文）や往来書信を収める政治家の全集が比較的整備されていることもあり(6)、中央部院の檔案類(7)を合わせ参照すれば、政策決定の相当細かい過程も分析可能である。もっとも、戊戌《ぼじゅつ》変法運動まで清流派の巨頭として、あるいは帝師として、中央政界に重きをなした翁同龢の日記などには、翁自身による後年の改変があったりするので、仲偉行『《翁同龢日記》勘誤録』のような綿密な補訂作業を欠かすわけにはいかない。総じて言えば、中国が二〇〇二年以来、国家的プロジェクトとして六億元もの巨費を投じて進めている国家清史編纂事業(8)が、檔案類を中心におびただしい量の史料を刊行しているので、それら史料に食らいつく気力と史料読解能力さえあれば——それだけでも尋常のものではないが——政策決定過程ばかりでなく、政治の場がどのようなものであるのか、それら政治文書がどのような過程を経て、形作られるのかをうかがうことも不可能ではない。また、清末新政時期については、各省諮議局の議事録などを収録した『辛亥革命稀見文献彙編』がある。

一方、民国以降となると事情はいささか異なる。近代的立憲制をとる多くの国では、おおむね国会（議会）が国権の最高機関であり、そこで行われる活動と行政府とのやりとりをあと追えば、中央政治の大枠をとらえることができるが、中国の場合はその国会が正常に機能した時期が非常に短いため、こうした通常のアプローチをとることがかなり難しい。こうしたアプローチに代わって、国会が民国前半期の権力者によってたびたび破壊されたのは、「中華民国臨時約法」によって、初期の国会（立法府）が行政府たる大総統、内閣にたいして「過当」とも言える強力な監督機能を与えられていたことに遠因があるとするような制度設計論的アプローチ[9]が試みられるゆえんである。もっとも、国会については、それを便宜的に生かされたり殺されたりした脆弱な存在と見るのではなく、民意と法統の唯一の裏付けとして、形式的にではあれ、その必要性は常に顧慮されたという面から、民国後期の憲政運動の歴史的前提のひとつになったと評価する向きもある[10]。

史料についていうならば、北京政府時期以降の政府文書史料を政治・外交・軍事などの分野別に整理した大部の史料集『中華民国史檔案資料彙編』（二〇一〇年に『総目索引』が出て、使いやすくなった）が公刊されている。近年相次いで復刻されている政府公報類や国会（参議院）記録（「民国文献資料叢編」シリーズの『内務公報』『北洋時期国会会議記録彙編』『籌備第一次国会報告書』など）を組み合わせ、相互参照しながら使えば、立法府と行政府との協働・対立関係が相当詳しくわかるだろう。また政界事情についても、北京、天津、上海などの日刊紙が多数復刻されており、政治家の日記類[11]とつきあわせる作業を通じて、それなりの政治過程が再現できるはずである。

## 2　民国後期の政治史・政党史史料

一方、党国体制下、すなわち民国後期以降の政治史となると、中国国民党にしても、在野・反体制の中国共産党にしても、それら政党が政府を指導し、実質的にそれを代行したという事情があるため、党の側の会議記録、通達、報告などを利用しない限り、政治決定の仕組みはあきらかにならない。例えば、一九三一年以降、十二年間にわたって国民政府主席をつとめたのは、林森という人物であるが、かれの事績をあと追えばこの時期の政治決定過程が解明できると考える者はいないはずである。言うまでもなく、実質的な決定権は党（国民党）の側にあったからである。共産党について言えば、党のさらに上にあるコミンテルンの動向が大きなファクターになっているため、分析の難度はいや増すということになる。

また、イデオロギー的要因について言えば、国民党の場合も共産党の場合も、イデオロギー面での敵対者が存在するという状況が続く中で歴史史料の編纂がなされたため、自党や時々の指導者の正統性・権威性を歴史的に（往々にしてあと知恵を動員しながら）根拠づける政治的作業が史料編纂に混じり込んだ。事後だけではない。そうした作業は時として、政治文書の作成、公表の段階において、すでに見られるものなのである。一例を挙げよう。国共合作の幕開けとして、ほとんどの通史・概説書に登場する国民党の第一回党大会（一九二四年一月）で採択された大会宣言は、実は謎の多い文献である。すなわち、「宣言」は一月二三日にいったん正式採択されたが、翌日に修正要求を受けて改めて採択、さらに三〇日に孫文の提案による文言の追加があったため再度修正されたのだが、結局のところ、いつどのような経緯で文言が最終確定したのかが不明なのである。これが単なる事務的な手違いによる失態でないことは、大会期間およびその後に現れた種々の版本が、明白な主義主張の違いを映し出していることからあきらかとなる。[12] 周知のようにこの「一大宣言」は、孫文が遺嘱の中で、これに依拠して活動を進めよと命じた文書のひとつであり、いわば国民党にとっては何を措いても遵守せねばならない金科玉条だったはずのものにほかならない。にもかかわらず、新生国民党の象徴である「一大宣言」が、諸版の並立する状況のままに扱われたこと、それこそがこの時期の国民党の状況を如実に物語っているのであって、この場合は「政治」なるものが、文書の生成、流布、定着の過程を追う作業、すなわち一般に言う「史料学」的分析を通じて、初めて浮かび上がってくるわけである。

同様のことは、共産党についてもあてはまる。共産党は会議と文書によって意思の決定、伝達を行うという運営スタイルに、国民党以上にこだわった政党であった。かりに、実際の決定が廊下や密室で行われようと、あるいは根回しによって決定の方向が事前に決まっていようと、それでも共産党組織の決定は、公式の会議によってなされたという体裁をとらねばならない。党の重要な路線転換が、曰く八七会議、曰く遵義会議、また曰く一一期三中全会と、常に会議とともに語られるゆえんである。

むろん、政党に限らず、あらゆる組織の運営に会議は欠かせない。例えば、国民党の規約（一九一九年のもの）には、会議に関する条項がある。ただし、その規定はあくまでも全国大会に関する規定にとどまるのであって、共産党のように、数名規模の支部（細胞）レベルにおける会議の開催義務とその頻度（週に一回）にまで規定が及ぶことはなかった。会議における発言や指示・報告文書の作成などが、実はかなり高度な文化的営為であることを考えるならば、こうした能力を持つ知識人が――より多くの労働者出身の人材を党指導部に登用するよう、コミンテルンがくりかえし求めたにもかかわらず――党内で重きをなした理由も理解できるだろう。

### 3　共産党史の史料

共産党の各レベルにおける会議の記録は、随時上級組織に送られることになっていた。中央レベルで言えば、おおむね週に一度の割合で開かれた中共指導部の会議記録も、時に英語、あるいは独語、露語などに翻訳された上で、上海におかれたコミンテルンの出先機関（極東局）に提出されている。現存する中共中央の会議記録は、人民共和国成立以前でいえば、一九二七―一九三二年、一九三五年下半期以降のものが比較的まとまっているという。[13] それらのうち、中共中央政治局とコミンテルン極東局との連席会議記録などは、いわゆるモスクワ＝アルヒーフが公開された結果、今日ではその一部を読むことができる。[14]

もっとも、北京の中央檔案館が所蔵する中共中央政治局の会議記録は、ごく一時期のものが史料集や中共指導者の伝記などに抜粋収録されているのを除けば、全く公開されていない。[15] 国民党の場合であれば、一九二六年から四八年までの党中央執行委員会常務委員会の六百回分ほどの会議記録が影印出版されており、[16] 会議記録、速記録自体も台北の党史会で閲覧可能な状況にあるのと比較すれば、外国人学者はもとより、自国学者にも門戸を閉ざし続けている共産党の秘密主義は際立っている。旧ソ連の資料がソ連共産党の解散まで秘匿されたように、中共の資料もまた該党による統治の終焉を待たなければ公開されないとすれば、はなはだ残念なことである。その意味で言えば、中共党史をめぐる研究は、情報公開のゆくえとあわせて、この世界最大の政党の行く末を注視する営みでもあろう。

ただし、中央檔案館蔵の中共文献が公開されていないからと言って、同党の歩みを会議記録など原史料にもとづいて分析することが全く不可能だということにはならない。中央檔案館と各省市の檔案館の共編になる「革命歴史文件彙集」なる大型の檔案史料集が、一九八〇年代半ばから刊行されているからである。主に一九四九年以前の中共地方組織の党内資料（決議、報告、統計、会議記録など）を収録するこの史料集は、二十余りの地域名を冠して

（例えば『上海革命歴史文件彙集』『鄂豫皖蘇区革命歴史文件彙集』など）、計三百巻あまり（総計五千万字近く）が刊行されている。[17] それぞれの地域ごとに、基本的に甲編・乙編があり、甲編には主に決議・報告・指示が、乙編には会議記録などがそれぞれ収録されている。中共の地方組織がどのような状況のもと、どのように中央の指示を実施していたかという現場の実情を知る上で、非常に有用な史料である。[18] もっとも、刊行されているとは言っても、「革命歴史文件彙集」は内部発行書であって、一部のシリーズはシリアルナンバーが付けられるほどの発行管理がなされている。ただし、実際にはさまざまなルートで国外に持ち出されたものが、日本の大学・研究機関にも──系統的、網羅的ではないにせよ──所蔵されており、それらを用いた実証的な研究が中国国外でも進みつつある。[19]

なお、本書の論述する対象時期が二〇世紀前半までなので、略述するにとどめるが、人民共和国時期の政治史研究をする場合にも、中国の地方檔案館は有用である。地方檔案館は、地域によって若干の差違はあるものの、おしなべて中央檔案館ほど徹底した閉鎖主義をとっていない。すなわち、中共中央や国務院の原史料は、中央檔案館の固いガードに阻まれて閲覧することができないが、中央の指示や決定を受けてなされた地方組織・機関の対応や報告などは、地方檔案館でその一部を閲覧することができ、それら文書に混じり込んだ中央レベルの指示・通達を間接的にうかがい知ることができるからである。[20] また、文革期の混乱によって流出し、各地の造反派などが独自に編纂した中央文献の史料集、毛沢東の非公式著作集なども、政治史研究の重要史料であり、適宜参照する価値がある。[21]

他方、戦前期の中共の活動に関する原史料についていえば、それを掃蕩《そうとう》するために国民党・国民政府が情報・史料の収集に努めたおかげで、中国大陸以外にもかなりまとまった形で存在する。古くは一九三〇年代半ばの江西の共産党根拠地の「囲剿《いそう》」のさいに収集された中共の文書群、すなわち陳誠コレクション[22]があり、また台湾「法務部調査局資料室」などにも相当量の中共党史関連史料がある。[23] 概して言えば、台湾における史料公開は、中共のものだけでなく、国民党・国民政府のものにおいても、著しく進んでおり、民国期の檔案類を所蔵・公開している南京の第二歴史檔案館の檔案を合わせ用いれば、かなり細密に政策決定過程を分析することができるようになっている。(24)

## 三　対象と方法論

前節で述べたように、なお十全とはいえないにしても、今日我々は多くの政治史原史料に接することができるようになった。前作の時代とは、まさに雲壌懸隔《うんじょうけんかく》と言うべきである。では、それら膨大な量にのぼる檔案資料群は、政治史研究を如何に深化させ得るのであろうか。最も容易に想定し得る答えは、これによって原史料に立ち返る研究が可能になる、というものであろう。もちろんそれはそれで間違いではない。だが、原史料に立ち返るとはいかなることなのか、と問いを継げばどうだろう。そのさい、我々が深く問わなければならないのは、立ち返るに値する史料群とはどういった課題に関するものなのか、どういったアプローチをするのに有効なのか、ということを常に意識することであろう。つまりは、対象と方法論である。

かなりの政治の領域に関して、膨大な量の原史料が存在し、利用できるということは、研究者の側からすれば、研究領域の設定をかなり自由に行えることを意味する。その場合、研究者には大きく言って二つの選択肢がある。ひとつは、先行研究がそれなりにはあるものの、未解明の部分が残っている課題にたいして、新史料にもとづいて新たな光を当てたり、謎を解いたりすることである。中国語でいえば、それぞれ「旧案新探」、「破案」と呼ばれるもので、この場合、それなりの研究蓄積があるということは、研究する価値があるということとほぼ同義と考えられ、研究の意義付けを新たに打ち出す必要はさほどない。先行研究を乗り越える、あるいは書き換えることがそのままで意義を持つわけである（ただし、すべてがこの通りでないことは後述する）。

もうひとつは、これまで全く、あるいはほとんど取り扱われることのなかった事象に関して、「新境地」を切り開いていくことである。研究におけるオリジナリティが重視される昨今の事情ゆえか、あるいは消化しきれないほど多種大量の檔案類が公開されているゆえか、こうしたアプローチを好む研究者も決して少なくない。ただし、この場合は、先の「旧案新探」「破案」と違って、今まで注目されてこなかったそのテーマをなぜ取りあげるのかについて、それを説明する工夫や準拠理論が必要となる。単に「これまで研究されてこなかったから研究する」では、研究の意味を担保できないからである。「そう大したことじゃないから、誰も研究しなかったんでしょう」という指摘に答えられない時、そうした「新境地」開拓研究が往々にして、「隣家に子猫が生まれた[25]」式の事象精査に陥りやすいことを我々は知っている。

## 1　「旧案新探」「破案」型研究

新たな史料を発掘して定説を覆したり、謎を解き明かすことは、政治史に限らず、歴史研究の大きな醍醐味である。もっとも、社会科学的アプローチが盛行していた時期にあっては、政治の土台たる社会経済的諸関係への目配りもなく重箱の隅をつっつくような事件史研究は、「謎解き史学」と揶揄される場合も多かった。現にそのような時代（一九六〇年代）に、「カラハン宣言（一九一九年）」の「謎」（帝政ロシアが獲得した中東鉄道（東清鉄道）などの在華権益を無償で中国に返還することを謳う「宣言」の文言が、中国とソヴィエト＝ロシアとで異なること）に挑んだ伊藤秀一は、次のように述べている。

「謎解き」という言葉がある。これは社会政治の現実に背を向けた史家の遊戯的態度をあてこすったものである。……私の考察も、弁明の余地なく「謎解き」の部類に入る。……考察が「謎解き」に終始するかぎり、ここに残された諸問題は永遠に解けないかも知れない。というのは、これらの問題を……形式論理によってのみ解こうとすることは、まったく不可能だからである。[26]

伊藤論文は今日の検証にも耐え得る高水準の実証研究だが、それでもなお「謎解き」をすることへのある種の弁明をせざるを得なかったのである。「カラハン宣言」の謎は、ソヴィエト＝ロシア側が「宣言」の文言を改変したことが文書によって判明した結果、今日ではほぼ解かれている。[27] はたして、伊藤がおぼろげに予想したように、「形式論理」によっては解き得ない「政治の論理」が働いていたのであった。ただし、「政治の論理」の介在を確実に裏付けるような文書は、かかる「謎解き」によって予想されていればこそ、同様の問題意識を共有する研究者によって発見されるのである。

この「カラハン宣言」に限らず、政治史の場合は、政治活動の現場のレベル・時点で、すでにある種の作為的史料生成がなされることが珍しくないため、「破案」型研究はしばしば刑事捜査における執拗な現場検証や証拠調べを思わせる手法を伴う。今日にあっては、それが社会経済的諸関係への目配り（いわゆる社会科学型の視点）を欠くというだけで退けられることはなくなったが、それでもなお、なぜ「破案」するのかということへの答えを我々は持っておかねばならないであろう。近年数多くの「破案」によって注目を浴びている楊奎松は、「歴史研究の最大の喜びとは何か」というメディアの問いに次のように答えている。

まず挙げられるのは「破案」の喜びです。歴史研究は刑事事件の解決（破案）と似たところがあります。つまり、さまざまな手がかりから深く切り込んで、より多くの糸口を見つけ、論理的分析と推理を巡らし、手に入れられる限りの歴史の断片をつなぎ合わせ、最終的には相対的に整った歴史の見取り図を作り上げるわけです。

そして、いつ、どこで、何が起こったのか、なぜ起こったのか、どのように起こったのかなどを明らかにすることによって、知られざる、あるいは誤解されている歴史の真相を示すのです。こうした仕事をした最初のころは、論文を書き上げるたびに、うまく解決できたというある種の満足感がありました。ただし、現代史の研究においては、このような職業的な楽しみだけでは全く不十分です。……なぜある事件や人物を研究するのか、あるいはしないのか、なぜ自身の限られた時間や労力やお金をそうした古い資料の山につぎ込み、過去の出来事を仕立て直して他人に聞かせるのか。そこには、当然に我々自身の価値判断や強い関心が介在しているはずです。(28)

すなわち、「破案」自体は歴史家の喜びに違いないのだが、それが意味ある「破案」になるかどうかは、それの精度は言うまでもなく、その題材が人を納得させられるかどうかにかかっているのである。その意味で言えば、政治史の場合は、それが長らく歴史研究の中心であったことが幸い（？）して、議論の対象とされてきた事案はかなり豊富である。確かに同じく檔案類といっても、その利用に制限の少ない社会史や経済史の分野に比べれば、政治史の核心的史料はなお閉ざされる傾向があるのは否めないが、それでも大量の文書史料が利用できるようになっているのだから、先行研究を乗り越える「謎解き史学」は政治の分野においても、常に必要とされるであろう。

その際、注意してほしいのは、最新の研究動向への関心が先に立つあまり、古い研究が見過ごされがちなことである。先に挙げたカラハン宣言についての伊藤論文しかり、また「謎解き」の典型に見える中国共産党第一回大会の考証に関する鄧文光の一九七〇年代の研究(29)またしかり、いずれも古い研究だからといって捨て置いてよいようなものでは決してない。解くに値するような謎が残っている事象であれば、間違いなく古くからの研究蓄積が存在する。それらを丹念に読み直すことは、単に先行研究を尊重するという道義的責務であるばかりでなく、実はその作業を通じて時々の史料状況と研究状況の脈絡が理解でき、ひいては解くべき謎が如何に設定されたのか、研究が史料編纂にどのような影響を与えたのか、といったメタ・レベルの分析に道が開けることが少なくない。例えばどういうことか、以下少々長くなるが、上述の鄧文光の中共「一大」研究も使ったある関係者の回想録を素材にして説明しよう。

### 2 中国共産党第一回大会関連回想録とその改竄

中国共産党の第一回大会（一九二一年）については、会期、参加者数、その顔ぶれをめぐって、今日でも確定的な「定説」と呼べるものはない。「一大」の代表者数や顔ぶれが容易に確定できない大きな理由は、諸々の回想録を総合すると十三人の名前があがってくるにもかかわらず、大会の概要を伝える当時の露語文献が、「大会には十二名の代表が参加した」（代表の氏名は挙げず）と記していることによる。ただし、この露語文献とて、それが中国国内で公表されたのは、一九八〇年代になってからだから、それまでは代表者たちが残した回想に頼らざるを得なかった。

それら回想のうち、「一大」からかなり近い時点で書かれた回想が、陳潭秋のものである。発表媒体はコミンテルンの機関誌『共産国際』（中文版）一九三六年第四・五合併号、当時モスクワでは、中共創立十五周年の記念行事が行われることになっていて、おりから一大の代表の一人だった陳潭秋が滞在中だったため、そのかれが回想録を執筆したのである。『共産国際』（中文版）に発表されたかれの回想「第一次代表大会的回憶」は、『共産国際（コミュニスト＝インターナショナル）』の各国語版にも翻訳の上、掲載された。この回想で陳は、全参加者十三人の氏名を挙げるとともに、大会の会期についても、代表たちが上海に集まってきたのは一九二一年の「七月後半」、大会自体は「七月末」に開催されたと語っていた。大会の時期については、「七月二三日に開会」と記す上記の露語文献が知られるまでは、いい加減な回想が多かったから、参加者の人数（顔ぶれ）にしても、会期にしても、陳の回想は相当に精度の高いものだったわけである。では、この重要史料はその後どのように扱われたか。

中国本土において、中共一大の研究がなされるようになるのは、一九五〇年代初めである。党史に関して収集されたさまざまな史料を紹介する雑誌『党史資料』（当初は不定期刊、のちに月刊）が内部発行で刊行されるようになったのが一九五一年末のこと、党史研究もそのころから本格的に取り組まれるようになったと言ってよかろう。その『党史資料』創刊号の巻頭に収録されたのが、他ならぬ陳潭秋の回想だった。その際、雑誌の「編集後記」は中国国内で初めて紹介される陳の回想録について、次のような説明をしていた。

陳潭秋同志の「回憶中国共産党第一次全国代表大会」は一九三六年に書かれたもので、同年七月刊行の『共産国際』に発表された。今回本誌に掲載するにあたっては、（一九三六年）当時の政治情勢について述べた末尾の段落を省略した。(30)

この説明を普通に読めば、『党史資料』版の陳の回想は、『共産国際』の中文版を一部省略の上で転載したもののように理解されるが、実はそうではなかった。当時の中国では『共産国際』の中文版が手に入らなかったらしく、露語版（あるいは独語版）から中国語に翻訳し直した文章だったのである。そうした事情を伝えず、あたかも元の中文版をそのまま転載したかのように装うのも問題だが、問題はそれにとどまらない。内容の一部（大会会期、参加者数など）に不自然な改変の跡が見られるのである。具体的に言えば、『党史資料』版では、代表たちが上海に集まったのが「六月の後半」に、大会の開催が「七月初め」に書き換わっていた。一ヵ所だけなら誤植とも考えられるが、二ヵ所が符節を合わせたように書き換わっているのだから、これは、本来「七月末」の開催としか読みようのない史料を、強引に「七月初め」に大会が開かれたことを証明する史料に改変したとしか考えられない。また、「一大」参加者の数についても、先に述べたように『共産国際』中文版では、「会議に集まったのは計十三人」と書かれていたにもかかわらず、『党史資料』版ではこの一文が削除されている。

なぜこのような奇妙な処理がなされたのか。それはひとえに、当時の定説に符合させるためであった。当時の通説とは、具体的に言えば、胡喬木『中国共産党的三十年』（一九五一年刊）であり、同書は七月一日開幕、出席者十二人と明記していた。たとえ権威ある書物とはいえ、それに合うように史料を改変するとは、まさしく改竄、本末転倒そのものではないか、歴史にたずさわるものなら誰しもそう言うだろう。

ところが胡喬木の本の該当箇所は、より大きな権威に支えられていた。他でもない、毛沢東じきじきの「批示《コメント》」である。実は、『中国共産党的三十年』の刊行を直前に控えた胡喬木は、どうしても解決できない史実や評価の問題について、毛に直接指示を仰いでいたが、その一つが一大の参加者数であった。そのさい、「第一回代表大会の代表人数については、各説ではいずれも十三人ですが、ただ李達だけが十二人と言っており、その理由は……〔中略〕……。この二説はどちらが正しいのでしょうか」という胡の問い合わせにたいして、毛はハッキリと「十二人である」と回答していたのである。[31] 毛沢東が何にもとづいてこう答えたのか、今となっては知るよしもない。だが、毛のこの一言に淵源する『中国共産党的三十年』の権威が、烈士・陳潭秋の回想の字句を改変するのに十分なものであったことは、当時の党史のありようをうかがう上で知っておいてよいことであろう。まこと、中共一大は歴史の問題ではなく、政治の問題だったのであり、そこではかかる史料の「改竄」は、学術・研究が政治に奉仕するという当時の原則には忠実な行為だったのである。

断っておくが、『党史資料』は決して一般読者向けのものではなく、ごく一部の高級幹部・専門家向けに発行さ

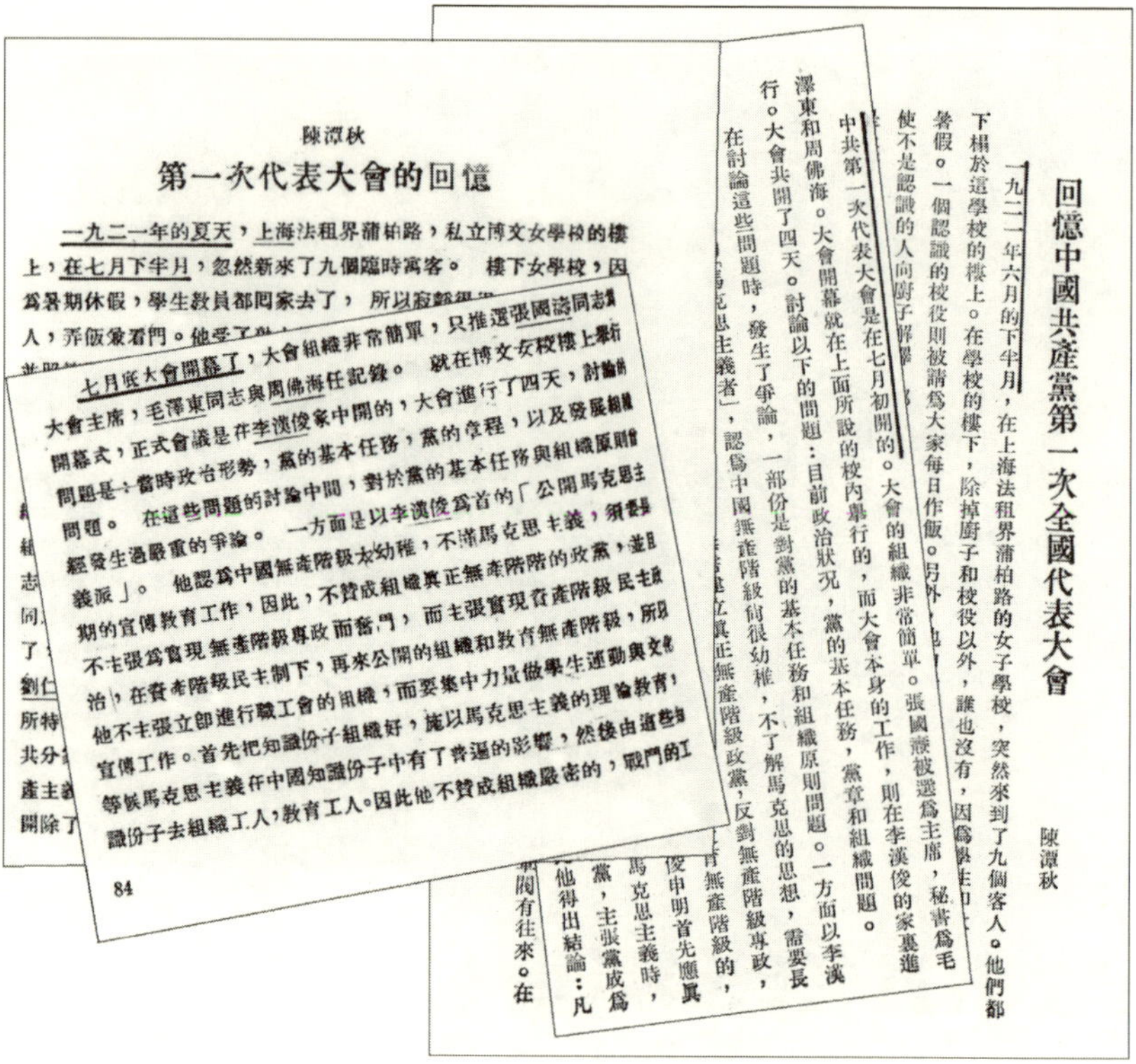

陳潭秋

第一次代表大會的回憶

一九二一年的夏天，上海法租界蒲柏路，私立博文女學校的樓上，在七月下半月，忽然新來了九個臨時寓客。　樓下女學校，因爲暑期休假，學生教員都回家去了，所以寂靜…

人，弄飯兼看門。他受了…

七月底大會開幕了，大會組織非常簡單，只推選張國燾同志…
大會主席，毛澤東同志與周佛海任記錄。　就在博文女校樓上舉行
開幕式，正式會議是在李漢俊家中開的，大會進行了四天，討論…
問題是：當時政治形勢，黨的基本任務，黨的章程，以及發展組織
問題。　在這些問題的討論中間，對於黨的基本任務與組織原則
經發生過嚴重的爭論。　一方面是以李漢俊爲首的「公開馬克思主
義派」。　他認爲中國無產階級太幼稚，不懂馬克思主義，須要
期的宣傳教育工作，因此，不贊成組織眞正無產階階的政黨，並且
不主張爲實現無產階級專政而奮鬥，而主張實現資產階級民主
治，在資產階級民主制下，再來公開的組織和教育無產階級，所以
他不主張立卽進行職工會的組織，而要集中力量做學生運動與文化
宣傳工作。首先把知識份子組織好，施以馬克思主義的理論教育，
等候馬克思主義在中國知識份子中有了普遍的影響，然後由這些知
識份子去組織工人，教育工人。因此他不贊成組織嚴密的，戰鬥的工

84

回憶中國共產黨第一次全國代表大會

陳潭秋

一九二一年六月的下半月，在上海法租界蒲柏路的女子學校，突然來到了九個客人。他們都下榻於這學校的樓上。在學校的樓下，除掉廚子和校役以外，誰也沒有，因爲學生正在暑假。一個認識的校役則被請爲大家每日作飯。另外，…使不是認識的人向廚子解釋…


中共第一次代表大會是在七月初開的。大會的組織非常簡單。張國燾被選爲主席，秘書爲毛澤東和周佛海。大會開幕就在上面所說的校內舉行的，而大會本身的工作，則在李漢俊的家裏進行。大會共開了四天。討論以下的問題：目前政治狀況，黨的基本任務，黨章和組織問題。一方面以李漢…

在討論這些問題時，發生了爭論，一部份是對黨的基本任務和組織原則問題。…不了解馬克思的思想，需要長…

…馬克思主義者」，認爲中國無產階級很幼稚，不了解馬克思的思想，…反對無產階級專政，…建立眞正無產階級政黨，…

…無產階級的，…俊中明首先應…馬克思主義時，…黨，主張黨成爲…他得出結論：凡…

…有往來。在

写真左は『共産国際』（中文版，1936 年第 4/5 号）に掲載された陳潭秋の回想録，写真右は『党史資料』第１輯（1951 年）に掲載されたもの．本来，同じ文章のはずだが，文体は大いに異なっており，『党史資料』版は『コミュニスト＝インターナショナル』の露語版か独語版あたりから翻訳したものらしいことがわかる．

また，『共産国際』版では下線部のように，“一大”の代表たちが上海に集まってきたのが 1921 年の「七月下半月」で，「七月底大会開幕了」（これは『コミュニスト＝インターナショナル』の露語版，独語版などでも同じ）なのに対して，『党史資料』版では，傍線部のように，大会代表たちが上海に集まってきたのが「六月的下半月」，大会は「七月初」に開かれたことになっている．中国国内で刊行されるにあたって，内容の改竄がなされたのである．

そもそも，中国共産党が 1930 年代末に 7 月 1 日を党の創立記念日と定めた際には，正確な日付を確定できなかったため，便宜的に月初めの 1 日を記念日にしたらしい．当時は，『共産国際』の陳潭秋回想は参照されなかった（あるいは，その存在は知られていなかった）と考えられる．ただし，のちにその日にさまざまな記念行事が行われるようになると，創立「記念日」はいつしか実際の「創立日」であるかのように見なされ，それが 1949 年以降に定説化していったのだった．それゆえ，その定説と抵触する陳潭秋の回想は，そのままでは公表できなかったのだろう．

れた内部図書だった。党史研究が始まろうとする時に、そのような刊行物で、断りのない史料の改変がなされればどうなるか。もとの『共産国際』を見ることのできない専門家は、この史料を『中国共産党的三十年』の公式見解を裏付けるものと考えたことだろう。また、当時存命だった一大参加者も、当然にその影響を受けたであろう。例えば、李達は『党史資料』の該号に回想を寄せているから、同じ号に載っている陳潭秋の回想を読んだに違いない。その後も李達は文革で非業の死を遂げるまで、七月一日開幕、出席者十二人とする回想録を書き続けることになるわけだが、それは改竄された史料の影響だった可能性が否定できないのである。

### 3 再生産される改竄史料

周知のように、改革・開放政策が始まり、党史研究が復活すると、それまで発表を控えられてきた初期党史の史料群が次第に公刊媒体で発表されるようになり、中共一大研究を大いに活気づかせた。陳潭秋の回想も改めて公表されたが、残念ながら、さまざまな版本が乱立する状況が続いている。『党史資料』版をそのまま再録したもの、『党史資料』版の改竄部分（日付、人数など）をもとに戻したもの、さらにはその二者に共通する問題点（外国語版から中国語に翻訳し直したものである点）を是正するために、オリジナルの『共産国際』中文版から収録し直したものの等々である。歴史学の立場からいえば、『共産国際』中文版から採録したものが最も確かなものということになるのだが、残念ながらそれとても、史料集への収録のさいに断りのない字句修正がなされている。[32] その一方で、二〇一〇年に出された史料集[33]では、よりによって一番問題の多い『党史資料』版（つまり改竄版）が何の説明もなく、再収録されていたりする。実は重要史料であるはずの陳潭秋の回想は、中国では二〇一一年まで一度も原文のまま紹介されたことがない（！）のである。その間に量産されたのは、人民共和国期の史料生成・編纂の過程に無自覚なままなされた「考証」と称する研究だった。

ここまで書けば、賢明な読者はもうおわかりだろう。中共一大についての考証研究に必要なものは、一大当時の歴史の現場に立ち返ることもさることながら、むしろ中共一大を特別視する体制的、時代的要請の中でなされてきた史料形成、編纂、研究、定説生成の連関性を問い直すことの方なのである。これは厳密に言えば、中共党史研究というよりも、中国現体制下の学術研究の歩みについての考察にほかならない。中共党史に限らず、これまでこうした作業は多くの場合、それぞれの研究論著における研究史の整理・紹介の中に埋め込んで済まされてきたわけだが、政治史の場合、実はこの研究史・史料形成史の中にこそ謎を解く鍵があるのだと知るべきであろう。

逆の言い方をすれば、こうしたことへの自覚のないまま、あれこれの「史料」を並べて中共一大の代表者（数）を考証する時、それは一見「破案」型の研究のようではあっても、実は「隣家に子猫が生まれた」式の研究だという非難を免れがたいものとなる。なぜなら、少し冷静に考えればわかるように、一大の代表者数やその顔ぶれは――公式党史や記念行事・展示などで一大を特別視する者にとっては大問題かも知れないが――それが変わると党創立の輪郭や意味も変わるような問題ではないからである。中共党史に限らず、政治史の「破案」型研究にあっては、我々は「隣家とともに子猫の数を数える」ことで満足せず、「隣家がなぜ子猫の数にこだわるのか」にまで目を向ける必要があるだろう。

## 4　「新境地」開拓型研究――例えば「情報」に着目すれば

膨大な史料が使えるようになった状況のもとで期待できる政治史研究の「新境地」的領域は、いくつか考えられるが、情報の伝達（誤伝を含む）・操作の要素を加味した研究は、大きな可能性を秘めているように思われる。我々研究をする側は通常、歴史事件生起の因果関係を考える場合に、例えば年表を参考にしたりする。ある出来事と前後に起こった事柄との影響関係を想定することは、歴史学のイロハだからである。だが、ちょっと考えればわかるように、我々が研究対象とするような政治家、革命家などは、必ずしも今の年表（細かいレベルでは日表）に並んでいる順番で情報に接しているわけではない。順番どころか、年表に載っているような情報をそもそも知らずに、あるいは誤解して政治判断を下したり、行動したりしていることも決して少なくない。これは今日の情報社会で暮らし、歴史事象の結果や生起の順番を知っている我々が、過去を見るさいに見落としがちなことである。

ひるがえって、これまでの政治史研究でこうした情報の要因に積極的に眼を向けてなされたものは、どれほどあっただろうか。決して多くはなかったはずである。何しろ、ある政治家がどのレベルの情報をどれくらいの頻度で得ていたか、それを政治判断にどれほど活用していたかなどを物語る史料は、皆無とは言わないまでも、ほとんど期待できなかったのだから。しかし今日、状況は大きく異なる。例えば、我々は蔣介石の日記を見ることができる。蔣介石なかれが眼を通したであろう情報（一般的なものでは新聞、特殊なものでは機密報告）を見ることができる。蔣介石など当時の政治家がしかるべき情報をいつ、どのように知ったのか、さらにはその情報がどの程度正しかったのかを計る場合、日記類はまたとない素材である。蔣介石に限らず、歴史に名を残すような人物の日記というものは、時々の心境をすべて正直に吐露したものだと単純には考えられないのであって、むしろそこからかれらの真情を読みとるよりは、かれらが接していた情報の質・量、そしてその経路や速度を知るのに有用ではないかと考えられる。これにメディアの情報――周知のように清末、民国期のメディアには未確認情報・誤報があふれている――を加えれば、独自の情報が入る中枢の政治家レベルと、そうでない者との間の情報格差の実態もあきらかにできるだろう。(34)

情報の格差は、それを持つ者によるある種の操作を可能にし、それによって政治決定が正常の軌道をはずれることもある。とりわけ情勢がめまぐるしく変化するような緊急事態においては、情報の扱い方自体が政治行為となる。一九三六年の西安事変を例にとって説明しよう。

周知のように、張学良による蔣介石の武力監禁は、国民政府（国民党）首脳にとっても中共にとっても、またソ連にとっても寝耳に水の出来事だった。この事変は二週間におよぶ交渉の末、蔣が南京に帰還することによって平和裏に解決されるわけだが、近年その平和的解決には、いくつかの情報操作が影響していたことがあきらかにされている。まずは、事変発生後に南京から西安に乗り込んで事態の打開を目指した宋子文である。このとき、張学良らの要求を受け入れることをかたくなに拒んでいた蔣介石は、面会に訪れた宋に対して、西安への武力討伐をためらうなという意を伝えていた。だが、蔣の態度に軟化の兆しがあると見てとった宋子文は、いったん南京にもどるにさいして、張学良ら西安側には蔣の軟化の可能性を示唆し、他方で、南京側には蔣の武力討伐許諾の意向を伝えることを控えたのだった。[35]こうした対応は、多分に宋個人の思惑——宋は挙国抗日体制の確立にかねてより前向きの考えを持っていた——を織り交ぜたものではあったが、この結果、西安討伐を主張する者も多かった南京側は、急速に交渉による解決に傾いていくようになるのである。

他方で、事変で張学良を支えることになる中共も、コミンテルン（ソ連）の意向を張に伝えるさいに情報を操作していた。張学良は、コミンテルンや中共が自らの行動を支持してくれるはずだと考えていたようで、実際中共は基本的に張を支持するのだが、かねてより張に不信感を持っていたコミンテルンはそうではなかった。すなわち、事変の報を受けたコミンテルンは中共に対して、「張の意図が如何なるものであるにせよ、かれらの行動は抗日統一戦線の結成を阻害し、日本の侵略を助長するだけだ」と述べ、事変の平和的解決を強く求める指示電を送ったのである。モスクワの意向を気にしていた張学良にたいし、中共側はこの指示電の文面のうち、張の行動を非難する部分を伏せ、平和的解決を望んでいるという部分だけを伝えた(36)。中共とコミンテルンを一体のものと考えていた張学良に指示電の全文を示せば、かれとの協調関係に亀裂が生じかねない、そういった政治的判断だったであろう。

以上の宋子文と中共の対応は、いずれも事態の平和的解決を目指す方向でなされた情報操作である。歴史にイフは禁物というが、仮にかれらが情報をありのままに伝達していたら、西安事変の展開がかなり違ったものになっただろうことは容易に推測される。してみれば、檔案類の公開によってこうした情報のやりとりに関する史料も得られるようになったのだから、政治史研究も諸々の事件がどのような情報環境の中で生起し、伝達されたのかということに注意せねばならないだろう。

## 四　おわりに

本章で先に掲げた「謎解き史学」の中には、「陰謀史観」なるものも含まれている。重大な政治事件の背後には、常に特定勢力による秘められた策謀があるのだ、というのが陰謀史観であり、そうした陰謀を暴くことによって歴史の謎が解けるというわけである。情報の伝達・操作の要素を加味した政治史アプローチも、実は一歩踏み違えれば、かかる「陰謀史観」に陥る危険性のあることを指摘しておかねばなるまい。

しかしながら、情報と政治の双方向性が意識されていれば、情報（偽情報）が一方的に政治を規定するといういわゆる「陰謀史観」に流れていくことは当然に避け得るであろう。その一例は、いわゆる「陰謀」の所産である偽文書「田中上奏文」に対する良質な歴史研究(37)が、個々の情報の来源や操作に関する考証に終始するのではなく、必然的に偽文書と論争を生み出した政治の磁場や世論についての考察に展開していくことからもあきらかである。先に、「破案」型研究においては、「隣家とともに子猫の数を数える」ことで満足せず、「隣家がなぜ子猫の数にこだわるのか」にまで目を向ける必要があると述べたが、そのことは、陰謀史観派という名の「隣家」に相対する場合にもあてはまるであろう。

イデオロギーの時代にあって、実は中国の国民党も共産党も、これまで互いの歴史を多分に陰謀史観によって解釈してきたのではなかったか。そんな時代に編まれてきた史料を用いざるを得ないことを自覚する。「破案」型研究をするか、「新境地」開拓型研究をするか、その対象と方法論は異なるとしても、政治史の研究はその自覚から始まるであろう。

(1)　陳独秀「談政治」。
(2)　野村浩一『近代中国の思想世界』三二四頁。
(3)　附言すれば、日本における中国近代史関連の名著とされるものには、書中に占める史料引用の割合の高いものが少なくない。今日の眼から悪く言えば、史料の羅列主義と映るわけだが、それも研究書自体が史料集の意味を合わせ持たねばならなかった当時の状況を反映していよう。
(4)　例えば、中共研究に関する日本語文献目録は、戦後間もなく、英語による解題を付して刊行されるほどであった。I. Shirato, *Japanese Sources on the History of the Chinese Communist Movement*.
(5)　パーティ＝ステイト＝システムについては、G. Sartori, *Parties and Party Systems* 参照。
(6)　例えば、国家清史編纂事業の文献叢刊類（『李鴻章全集』、『張之洞全集』など）がある。
(7)　北京の国家図書館の所蔵する檔案類は、「国家図書館蔵歴史檔案文献叢刊」と銘打って、二〇〇三年以来、陸続と刊行されている。

（8）清史編纂事業（清史纂修工程）については、さしあたり張永江「近百年来における中国の清史編纂事業と最新の進展状況」参照。なお、かつて「中国近代史資料叢刊」として刊行された『辛亥革命』などの史料集も、この事業の一環として再編纂されている。

（9）その一例は、楊天宏『政党建置与民国政制走向』の第一章。また、曽田三郎『立憲国家中国への始動』のように、清末から民国初年にいたる官制改革や地方制度の構造的問題を統合的にとらえようとする研究も行われている。

（10）味岡徹「民国国会と北京政変」。

（11）前述の『翁同龢日記』や『王文韶日記』『鄭孝胥日記』といった日記類そのもののほか、書簡などの関連史料を収録して編まれた年譜（年譜長編）も、日記に劣らぬ史料価値を持つ。ただし、それら日記や年譜長編の価値は、豊富な注釈や索引の作成といった編者の作業によって、より大きくなることを知るべきである。日本語訳されたその代表的なものとして、『宋教仁の日記』『梁啓超年譜長編』がある。

（12）狹間直樹「「中国国民党第一次全国代表大会宣言」についての考察」。

（13）楊奎松「共産国際為中共提供財政援助情況之考察」。

（14）いわゆるモスクワ＝アルヒーフのうち、中国革命に関するものは、その主要なものが刊行されている。ロシア語版：*ВКП(б), Коминтерн и Китай: Документы*（第一—五集）；ドイツ語版：*RKP(B), Komintern und die national-revolutionäre Bewegung in China: Dokumente*（第一—二集）, *KPdSU(B), Komintern und die Sowjetbewegung in China: Dokumente*（第三—四集、ロシア語版の第五集に相当するものは未刊）；中国語訳：中共中央党史研究室第一研究部訳『聯共（布）・共産国際与中国国民革命運動』、同『聯共（布）・共産国際与中国蘇維埃運動』（ロシア語版第五集の漢訳版は、二〇一〇年には翻訳完了、出版の見込みとされていたが、今なお公刊されていない模様である。これら漢訳版は、既刊の関連史料を再録したものと合わせて、「共産国際・聯共（布）与中国革命檔案資料叢書」と銘打って刊行されている〔目下、第二一巻まで刊行〕。ただし、露語版、独語版に付いている人名索引は漢訳版には付いていない〔漢訳版についているのは、索引情報のない人名録のみ〕——最終巻にまとめてつけられるかは不明）。なお、露語版第一集の漢訳版は、台湾でも刊行されている（李玉貞訳『聯共・共産国際与中国』第一巻）が、第二集以降は刊行されないままに終わっている。これら史料集の収録する文書は、コミンテルンと中共との往来文書（報告、指示）が多く、いわゆる会議記録に相当するものは、ロシア共産党政治局とコミンテルン関係機関の議事録が中心で、中共の会議記録自体はごくわずかである。

(15) 中共中央の歴次会議記録は、一九八五年時点では印刷計画があったようだ（『胡華文集』二五〇頁）が、その後我々研究者が見られるような形態では発行されないまま、今日にいたっている。ただし、中央檔案館の所蔵する中共中央の会議記録は、とりわけ一九四〇年代以前のものについては、そのかなりの部分が人民共和国成立後にソ連から返還されたものであるため、モスクワの文書館にはその副本が存在する（例えば、ロシア国立社会政治史文書館〔略称「ルガスピ」РГАСПИ〕所蔵文書のフォンド514〔中国共産党関係〕に分類されている文書群）。

(16) 『中国国民党中央執行委員会常務委員会会議録』。このほか、孫科コレクションの中にも国民党中央執行委員会政治会議の議事録などがある。

(17) 謝瑩「継往開来　走向新征程」。

(18) 収録にあたっては、基本的に削除、修正などをしないことが謳われてはいるが、党員の経歴の汚点になるような箇所では、特定の人名が伏せ字になっていたりする。

(19) ごく一例を挙げれば、P. Stranahan, *Underground* や高橋伸夫『党と農民』がある。

(20) 地方檔案館の史料を用いてなされた政治史研究の代表的なものに、楊奎松『中華人民共和国建国史研究』がある。

(21) 文革関連の史料集としては、『中国文化大革命文庫』ＣＤ版があり、検索が容易なだけに利用価値が高い。また、紅衛兵組織の発行した報刊類については、鱒澤彰夫編『紅衛兵新聞目録』がある。

(22) 陳誠の集めた中共関連の史料群は、自身の資料室（台北の石叟資料室）に収められたもののうち、千二百件ほどが一九六〇年ごろにマイクロフィルム化されてスタンフォード大学フーバー研究所に入り、広く利用されるようになった。目録としてはT. Wu, *The Kiangsi Soviet Republic, 1931-1934* がある。その後、台北の石叟資料室の資料群は二〇〇五年に国史館に移管され、現在はオンラインで目録が検索できる。

(23) 三品英憲「台湾・法務部調査局資料室紹介」。

(24) 台湾の文書館（国史館、中央研究院、国民党党史会など）、第二歴史檔案館（南京）の状況については、「東アジアにおける行政文書公開の現状と課題」の川島真による紹介が詳しい。

(25) ちなみに「隣家に子猫が生まれた」の比喩は、スペンサー（Herbert Spencer）のエッセイ「知識の価値〔What knowledge is of most worth?〕」（一八五九年）に見えるもので、明治日本（例えば、浮田和民『史学原論』一八九八年）経由で伝播した清末・民初の中国（例えば梁啓超「新史学」一九〇二年）において愛用された言い回しである。

(26) 伊藤秀一「第一次カラハン宣言の異文について」。

(27) 李玉貞「従蘇俄第一次対華宣言説起」、M. B. Крюков, "Вокруг 'Перой Декларации Карахана' по китайскму вопросу. 1919 г."

(28) 楊奎松「研究歴史有点像刑警破案」。

(29) 鄧文光『現代史攷信録』、同『中共建党運動史諸問題』。

(30) 『党史資料』第一輯、二五五頁。

(31) 『建国以来毛沢東文稿』第二冊、三六七頁。

(32) 『"一大"前後』（二）、二八五〜二九一頁。一例を挙げれば、一大出席者のその後の履歴を語る部分において、原文の「特務機関に勤務」が「特殊機関に勤務」に改変されている。

(33) 李海文編『中共重大歴史事件親歴記』。これに限らず、昨今中国で刊行される史料集は、いかにもカット・アンド・ペーストでこしらえたようなものが多く、利用にあたっては注意が必要である。

(34) 民衆レベルの誤情報やデマ、流言などが大きな騒乱につながることにも注意が必要だろう。清末の教案においては、デマや噂（教会が嬰児を殺している）が引き金になる例が少なくない。小野信爾「ある揺言」、藤谷浩悦「一九〇六年の萍瀏醴蜂起と民衆文化」などは、こうした流言情報に着目した研究である。

(35) 呉景平『宋子文政治生涯編年』三一八頁。

(36) 楊奎松『西安事変新探』三六二〜三六三頁。

(37) 服部龍二『日中歴史認識』。

# 第六章 —— 文学史

齋藤希史

## 一　はじめに

歴史研究のみならず、文学研究という見地からしても、近代中国というフィールドはじつに魅力的である。伝統と近代が交錯し、中華帝国とその域外とが葛藤する場の中で、文学という営みは、それまでには想像できなかったような変容を遂げた。それは、古代から現代に至る中国の長大な文学史において、もっともダイナミックで複雑な変容であるというだけではなく、社会体制を支える面が強かったそれまでの文学が、社会を動かす大きな動力の一つとなったという点においても、すなわち、文学という営みそのものの変容という面でも、大きな意義をもつ。そして、その変容の過程を具体的事例に即して説き明かすことで、近代中国というフィールドが歴史的な現場としてどのようなものであったかが浮かび上がり、また、文学という営みが、いわゆる文学作品の生産・流通・享受というサイクルに閉じられるものではなく、さまざまな読み書きの場とかかわりながら成り立っているものであることも明らかになる。

裏返して言えば、文学の近代なるものがはじめから定義されているわけではないのである。中華人民共和国における公定の文学史は、一八四〇年のアヘン戦争から一九一五年以降の新文化運動以前を「近代文学」とし、それ以降から四九年中華人民共和国成立までを「現代文学」、さらにそれ以降を「当代文学」とするが、一見して了解されるように、これは政治史の枠組から導き出された区分である。もちろん、この区分には一定の有効性がある。近代中国というフィールドにおいては、政治と文学はきわめて密接な関係をもち、文学が政治を動かしさえしていたのであるから、政治年表と文学年表はたしかに連動する。しかし、とりあえずの枠組としての時代区分と、それが公定化して一つの歴史観を強制することとの間には懸隔がある。とりわけ、「近代文学」を「現代文学」に至るまでの過渡期的もしくは伝統残滓的時代として軽視してきたという研究史上の事実をふまえるならば、たかが時代区分といってすまされない問題がそこにはある。

幸いにも、九〇年代以降、日本や欧米などはもとより中国においてもこの公定文学史区分に対する疑義はさかんに提出され、以前は価値をおかれていなかった清末民初期の文学（「近代文学」）の研究も飛躍的に進んでいる。この章を始めるにあたって、まずはこうした研究動向の意義について述べることとしよう。

## 二　近代中国という視点

最初に「近代」と「現代」の区分について。一九一七年に胡適が『新青年』上に発表した「文学改良芻議」、陳独秀の「文学革命論」、さらに一八年に発表された魯迅の「狂人日記」が、一連の文学革命運動として大きな意味をもったことは疑いない。それらのテクストを一連の文学革命運動として流通させたことが近代文学の大きなうねりを生んだことはたしかである。しかしそれを「革命」としてクローズアップすればするほど、それ以前と以後の間に大きな断絶を見出さざるを得なくなる。それが「近代」と「現代」の時代区分を導くことになった。

当然のことながら、「革命」の当事者にとっては、この断絶は重要である。また、その「革命」を継承しようとする者にとっても同様だ。しかし研究は、そこから一定の距離を取ってはじめて可能になる営為でもある。したがって、彼らはまず何をもって「革命」とみなしたのかを考える必要がある。

一つは、文学言語の文言文（文語文）から白話文（口語文）への転換である。胡適は「文学改良芻議」において、以下の八箇条を挙げた。

一曰、須言之有物。
二曰、不摹仿古人。
三曰、須講求文法。
四曰、不作無病之呻吟。
五曰、務去濫調套語。
六曰、不用典。
七曰、不講対仗。
八曰、不避俗字俗語。

あえて原文で掲げたが、それほどわかりにくいものではないはずだ。一は「内容のあることを言う」ことで、四の「無病の呻吟《しんぎん》（病気でもないのに苦しがる）をしない」と同じである。二は「古人の真似をしない」、三は「文法を重んじる」。西洋文法のように主部述部や複文といった構造を意識するということであり、七の「対句を重んじない」と表裏の関係にあろう。五の「使い古された決まり文句を用いない」、六の「典故を用いない」も、二や三とかかわり、八の「俗字俗語を避けない」は反対側からそれを言ったものということになろう。要するに、古い文章、すなわち伝統的な文言文のようなものは書かないということである。(1)

また、陳独秀は、「文学革命論」において、以下のように語る。これも原文で示そう。

文学革命之気運、醞醸已非一日、其首挙義旗之急先鋒、則為吾友胡適。余甘冒全国学究之敵、高張「文化革命軍」大旗、以為吾友之声援。旗上大書特書吾革命軍三大主義、曰、推倒彫琢的阿諛的貴族文学、建設平易的抒情的国民文学。曰、推倒陳腐的舗張的古典文学、建設新鮮的立誠的写実文学。曰、推倒迂晦的艱渋的山林文学、建設明了的通俗的社会文学。

右の文章の要点、すなわち三大主義として掲げられているのは、貴族文学から国民文学へ、古典文学から写実文学へ、山林文学から社会文学へ、ということである。しかしその内容はともかく、一見して気づくのは、胡適も陳独秀も、文学革命運動においては口語文を主張しながら、それを主張する文体は、少なくとも最初は口語文ではなかったということだ。さらに陳独秀の文章の主張の核心において「推倒〇〇的〇〇的〇〇文学、建設〇〇的〇〇的〇〇文学」の文型が三つ重ねられるありさまは、どこか八股文《はっこぶん》的な伝統を想起させはしないだろうか。もちろん「的」の頻用は白話的であり、革命、建設、貴族、国民、古典、写実、社会なども、伝統的な文章ではあまり用いられない語彙、もしくは西欧語の翻訳語として新たなコノテーションが付加された語彙であり、同時代の日本でさかんに使われていた漢語である。この文章は、白話文ではないが、さりとて伝統的な古文でもない。そしてこうした文体こそ当時もっとも流通していたものだ。

つまりこれらの文章を内容ではなく文体史の資料として見るならば、革命が明確な切断面をもつものではなく、漸次的な変化の層を重ねつつ、一つの方向が定められていったことが了解される。文言文から口語文への転換は「革命」的に生じたわけではない。文言文の変容があり、それが口語文への転換を宣言させるに至った。貴族文学・国民文学・古典文学・写実文学・山林文学・社会文学などという概念は、もちろん中華王朝の文学がそれのみで自足していた時代にはなかった。そもそもこの文章における「文学」という語の使われ方が、中国古典に見られる伝統的用法ではなく、明治期の日本において新たに用いられるようになった概念に依拠しているのである。

当然のことではあるが、「革命」はとつぜん起こるものではない。むしろその基盤がいかに形成されたかが重要である。胡適と魯迅は一八八一年（光緒七）、陳独秀は一八七九年（光緒五）生れであり、胡適はアメリカ留学、魯迅と陳独秀は日本留学がその重要な知的基盤となっている。であれば、そうした時代と環境の中で読み書きを重ねたからこそ、「革命」を主唱するに到ったと考えるのが理に適う。そこで、文学革命以前の「近代」が注目されることになる。

「近代」すなわち清末民初期の文学については、阿英の『晩清小説史』および『晩清文学叢鈔』という先駆的な研究がある。また、樽本照雄らによる精力的な研究[2]も古くから進められ、解放後はすたれていた中国本土における研究に比べ、一日の長を誇っていた。そもそも清末民初期の小説には翻訳ものが多く、しかも日本語からの重訳がかなりの部分を占める。そうした資料面でも日本における研究にはアドバンテージがある。その成果が結実したのが、今日でも増補改訂を重ねている『清末民初小説目録』である。

しかし、むろんのこと小説の研究だけでは基盤としての「近代」の全体像を明らかにすることはできない。胡適も魯迅も陳独秀も小説だけを読んで成長したわけではない。アヘン戦争以後、中国は好むと好まざるとにかかわらず西欧列強との暴力的な関係を余儀なくされ、それを契機とした諸制度の変革にも着手した。ウェスタン・インパクトをすべての原因であるかのように論じることは一面的であり、中国文明自身がもつ指向に近代化の潜在力を見出すことは有意義だが、アヘン戦争のような暴力的契機がもたらした作用がきわめて大きいことは否定すべくもない事実であろう。租界を中心とする西洋式教育の導入、新しい教育を目指した新式学校（学堂）の設立など、教育環境の変化は目覚ましく、また、一八七二年の『申報』創刊をはじめとして、期刊（新聞雑誌）メディアも急速に発展拡大した。小説もまた、当然のことながらこうした読み書き空間の転換の中で、変容を遂げていったのである。

つまり、「近代」への着目の意味は、個別事象の前史的な研究というよりも、基盤としての近代中国、あるいは、読み書きの圏域としての近代中国がいかに形成されたかを解明しようとする点にこそある。教育やメディアによって、従来の伝統的な読み書き空間とは異なる空間が中国に出現した。それは、西洋や日本と相互に流通し、翻訳漢語の大量流通によって、近代漢字圏とも呼ぶべき圏域を、東アジア全域にわたって広げていった。そのなかで、伝統文学から近代文学への変容は果たされたのである(3)。

たとえば、「近代」研究の大きな節目の一つとして、九〇年代に日中両国でさかんになった梁啓超研究を挙げることができよう。そして、梁啓超という人物自体が、科挙知識人であり、亡命政治家であり、近代ジャーナリストであり、政治や文学という枠にとどまらない文筆活動を繰り広げ、文界革命・詩界革命・小説界革命を唱え、その新文体によって一世を風靡したことを顧みれば、それがなぜ「近代」研究のシンボルとなりうるのかが見えてくるだろう。陳独秀の文体はまさにこの梁啓超の新文体の系譜に連なるものなのだが、それもまた、たんに文体史に限らないこうした広がりのなかで捉えられるべきものなのである。

もちろん、研究の現実に即して言えば、ある特定の分野について専門的な研究を着実に進めていくことは不可欠である。しかし一方で、全体的な視野を欠いては、なぜそれが研究の対象になりうるのかの問いに答えることはできないであろう。また、精緻な個別研究を行っている研究者の対話を促し、さらにそれぞれの領域における研究を深化させるためにも、問題意識を共有することは不可欠である。加えて、西洋文明の受容とそれに対する葛藤とが組み込まれた近代化が不可避的に進行した東アジア諸地域を俯瞰する視点を共有することも重要であろう。梁啓超研究が、日本・中国・台湾・アメリカ・ヨーロッパにまたがるさまざまな分野の研究者による共同研究によって進められたことは(4)、その意味でも象徴的である。

読み書きの圏域としての近代中国がいかに形成されたか。この問いがあるからこそ、旧来の「革命」史観ではない文学研究が意味をもつのである。そして、その圏域の形成と展開を中心に考えると、一九世紀後半から二〇世紀前半までの一世紀が、一つの歴史の区切りとして浮かび上がってくることになる。以下、その時期を文学における近代中国（中国で「近代」「現代」とする時期に相当する）とした上で、近代中国文学を研究するための方法について述べることとしよう。

## 三　読解の方法

近代中国文学の研究は、中国という文化領域に即した方法と他の諸地域も含めた近代文学研究一般に共有されるべき方法との両面を自覚しながらなされる必要がある。前節で述べたように、近代中国という圏域が形成されるにあたっては、制度的には科挙試験を支えとした古典詩文の読み書き空間がまず前提として存在したのであり、それを無視して近代中国を語ることはできない。また、口語文による文学（白話文学）の提唱にあたっても、『水滸伝』や『紅楼夢』などの白話小説の伝統が強く参照された(5)。

一方で、近代中国の近代中国たるゆえんは、中国という伝統的な空間が西欧や日本へと開かれたところにある。また、東アジア全体として思想やエクリチュールが往還する一つのゆるやかな圏域をなしたことも重要だ。研究方法もまた、通時と共時の二つのベクトルとかかわって構想されるべきであろう。

その上で肝要なことは、概説書は必ず複数を照らし合わせて読むこと、さらに複数の言語のものを照らし合わせて読むことである。一般的には、日本語・中国語・英語となろうが、とりわけ英語文献は、東アジア以外の地域からの視点を知る上でも、重要である。また、国外の研究者と議論を共有するためには、それぞれの言語で書かれているがゆえに生じる枠組と術語を知っておくにこしたことはないし、外国語で研究発表や論文執筆を行う上でも役に立つ。

そして、文学研究である以上、言語表現の読解について習熟することが必要である。近代中国は古典と現代とを結ぶ時代であり、とりわけ文学テクストにおいては古典語の知識にもとづく表現が多用されている。書き手の多くは、胡適であれ魯迅であれ、古典詩文を学びながら読み書きの世界へ参入したのであり、古典詩文の理解を欠いてはこの時期の文学を研究することはできない。また、その表現の新しさを新しさとして感得することもできない。この時期に特有の言語表現を見きわめるためには、古典と現代両面にわたって、一般的な中国語読解能力を一歩進めた修練が必要である。

こうした読解力を高めるためには、適切な辞書や語法書を参照しながら、多くの文献を読んでいくほかに方法はない。中日辞典は、現代語の用例を中心とする学習用のものでは、やはり不充分である。それらの辞書の眼目は、いまこの時代において用いられている言語に焦点をあてて、それを正確に理解するところにあるが、近代中国の言語は、伝統から現代を生みだすためにさまざまな試行錯誤が繰り返されており、人称代名詞一つとっても、現代と異なる部分が少なくない。となれば、語義や用法の歴史性に着目した、言い換えれば、古い語義や用例も採録する辞典が必要となる。『中国語大辞典』(角川書店、中国版は『現代漢日辞海』、北京大学出版社)は、前近代の白話小説の用例が豊富であり、方言語彙や古い書面語なども多く収録され、有用である。『中日大辞典』(大修館書店)は、一九三三年に東亜同文書院において編纂作業が始められた辞書であり(初版刊行は一九六八年、二〇一〇年に第三版)、とりわけ旧版は民国期の語彙にも強い。また、戦前の辞書として『井上支那語中辞典』(文求堂)あたりを機会があれば入手しておけば、同時代の言語環境を感得する一助にもなる。

また、古典語を中心とする辞書として、『辞源』（修訂本、商務印書館）や『漢語大詞典』（上海辞書出版社）も必須であろう。『辞源』は一九一五年に上海商務印書館から出版された近代最初の大規模な文語辞典であり、その後も増訂を経て、一九七九年の修訂本四巻に至った。踵《きびす》を接するかのように、七九年から八三年にかけて『漢語大詞典』十二巻、索引一巻が刊行された。収録語彙数から見ても、『漢語大詞典』が最大であり、現在ではCD-ROM版も出ているので、『辞源』などもはや不要であるかのように思われるかもしれないが、語釈や用例の的確さにおいては、『辞源』がまさっていることも少なくない。『漢語大詞典』は、ややもすると語義を細かくわけて用例をばらばらにしてしまい、かえって古典語としての含意が見えにくくなってしまうことがある。やはり併用すべきであろう。

語法については、『実用現代漢語語法』などで現代中国語の文法を通覧できることを前提に、王力主編『古代漢語』や楊伯峻『文言文法』などで文言文の基礎を固めるとよい。太田辰夫『中国語歴史文法』も現代文法から古典文法へのよい橋渡しとなろう。伝統ジャンルについての知識も合わせて得たいのであれば、小川環樹・西田太一郎『漢文入門』もよい。

しかし、実際に近代中国の文章を読むとなれば、語学研究の成果を参照することも必要になる。近代中国の文学言語は、現代中国語と比べてバリエーションが豊かであり、個別の作家やテクストによって特有の語法がある。たとえば魯迅には、上野恵司編『魯迅小説語彙索引』や丸尾・野沢・大谷・山下編『魯迅文言語彙索引』などの語彙索引があり、語学研究者による文体分析の論文も少なくないように、近代の有名な作家については、語学的見地からの関心も高い。こうしたものを積極的に参照し、いたずらに「文学的」な読解に陥らぬよう留意したい。

また、沈国威『近代日中語彙交流史』改訂新版や千葉謙悟『中国語における東西言語文化交流』など、近年進捗が著しい翻訳語研究の成果も参照しておきたい。この領域は分野を超えた共同討議もさかんであり、内田慶市・沈国威編『近代東アジアにおける文体の変遷』などは、日中韓の言語学と文学の研究者による研究集会の成果として、その好例であろう。

なお、文言文の読解にあたっては、句読点の施されていない版本のコピーを用意するなどして、自分で句読を切りながら読み進める訓練を積むことも重要である。あるいは、前掲『古代漢語』や『文言文法』の例文を句読点抜きでノートに写し（あるいは電子テクストにして）、後でそれに句読をつけながら読むというのも一つの方法であろう。その過程で、文言文独特のリズムにも自覚的になり、西欧式のパンクチュエーションが導入される以前の時期の文献を読むのも楽になるはずだ。

散文だけではなく韻文の読み方にも慣れておく必要があるだろう。基本書として、まず小川環樹『唐詩概説』をていねいに読むことを勧めるが、読み方として、まず最初に第七章「唐詩の語法」から始めるのがよいだろう。詩の基本的な読み方が押さえられ、散文との違いもていねいに説かれている。巻頭に戻って、第一章から第五章までは、晩唐までの詩の歴史を追って叙述されているが、示された訓読と注釈と訳文をただ読み流すのではなく、常用の漢和辞典や『新華字典』を傍らに、例詩に一つ一つ中国音を付すことを勧める。それによって韻律（平仄）への意識が働き、一字一字の意味、対句などの詩の構成への理解も深まる。付録「唐詩の助字」もきわめて有用であり、例詩を読むときに常に参看するようこころがけたい。韻文については、まずこの一冊をきちんと仕上げるのが、もっとも早道であろう。

さらに近代中国にかかわるものとして、田中謙二訳注『龔自珍』や島田（筧）久美子訳注『黄遵憲』を読んでおくとよいだろう。詩の注釈はどうしても唐宋を中心とした古典に偏る傾向があるけれども、近代中国の研究においては、表現としての古典詩が近代という時代をどのように受け止めていたか、近代において古典詩はどのような意味をもったかが、重要な観点となる。それを知るには、やはり清代以降の詩を読まざるを得ないが、なかなか適切な訳注がない。その意味でも、これらの書物は貴重な訳注である。時代背景や詩人の意識などもていねいに解説されている。

清末民初期の古典詩文を読解するにあたっての心構えについては、前野直彬「文学と文章」が、今日でも参考になる。次のような一節は、詩だけではなく、どのようなジャンルのテクストの読解についても言えるのではないか。

詩を読み慣れるための訓練として最も正統な方法は、一つの別集を読みとおすことであろう。詩人は時と場合に応じ、さまざまな表現をして見せるものではあるが、一人の人間の発想には、おのずから一つのタイプがある。別集を読んで行けば、いやでも同じ発想のくりかえしを見ることになるし、その詩人の特に愛した詩語が何度でも見られるであろう。そのあとで、違った詩人の別集を読めば、また違った発想や詩語のくりかえしを見ることになる。その間に詩風の相違もつかめるであろうし、詩風の差はありながらも、なお旧詩に共通した発想の型も理解できるであろう。ただしこれは、たいへんに遠まわりな、手間のかかる方法である。それほど秀作とも思えないのに、表現だけは非常にむずかしい詩を読まされるときなどは、相当の忍耐力を必要とする。しかし、これ以外の安直な方法は、現在の私には思いつくことができない。

別集とは個人別の詩文集のことであり、近代文学で言えば個人全集にあたる。一般的に言って、テクストを継続的に書き続けることを自らの務めと心得るような書き手（近代文学では職業作家ともなる）は、主題や文体を継続もしくは展開して書くことで、書き手としての個性を自分自身に見出していくものであるが、その意味で、全集を読みとおす作業は、テクスト相互の連関を見出す作業として、もっとも入りやすいもののうちの一つと言えよう。別の言い方をすれば、読解力はテクスト相互の連関を適切に見出していく力を重要な基盤とするものであるから、その力をつけるためには、まず全集（別集）を読むのが最初のステップとしても適切だということになる。もちろん、これは入り口に過ぎず、文学研究としては、全集のテクストをすべて書き手の経験や資質に還元して読むことはできないし、「一人の人間の発想には、おのずから一つのタイプがある」というよりは、「一つのタイプ」を展開させることが作家としてのアイデンティティを確立することになるのだと言い換えるべきだと思われるが、そういった留保を加えてもなお、読解力をつける方法としては、たしかにこれが正統である。

さて、このように述べてくると、テクストの読解そのものに費やす時間がどれほどのものになるのか、途方に暮れるような思いを抱くかもしれない。けれども研究の道に入りはじめた者にとって、読みたいものや読むべきものは山のように積み重なっているのは当然で、そうでないほうがむしろ将来が不安である。そうした状況において、たとえば大学院生に向かって実践的に語るとすれば、とにかく毎日、ジャンルを問わずに近代期のテクスト（一般に「一次資料」や「原典」、「原資料」と呼ばれるもの）を少しずつでも精読し、その時期の読み書きのありかたを体感することを勧めたい。そのさい、できれば自分に馴染のないものを意識して手にするほうが、将来にわたっての研究の基盤をつくることになるだろう。また、通史には必ず作品名が挙がるようなテクスト（いわゆる名作）も、好みであろうがなかろうが一度は読んでおいたほうがよい。あるいは、この時期に刊行された雑誌などの定期刊行物を一号ずつ読む方法もある。そうなるとある程度の量をこなすことも大切になるが、できるだけていねいに読む習慣をまずはつけてから、次第に速度を上げるのがやはりよい。

さらに、一週間に一日か二日は研究書や論文（一般に「二次資料」、「先行研究」と呼ばれるもの）を読むのに当ててもよい。一次資料を読むことが日課だとすれば、こちらは週課となるが、この比率は、全体としては逆転させせないほうがよいように思う。先行研究は、あくまで自分の研究を広げるためのもの、煮詰まりがちな自分の研究に風穴をあけるものと考えておいたほうがよいのである。というのも、対象となる時期のテクストを充分に読み込まずに、先行研究を読むことが研究だと心得違いをしてしまい、先行研究が言及していないところばかりを追い求め、促成的に論文にしてしまうという悪しきパターンが跡を絶たないからである。そのようなサイクルに嵌《は》まってしまうと、業績は一見着実に増えているようであっても、基盤がしっかりしていないために、いつまでも自転車操業のような状態が続くことになる。とりわけ人文学の一環としての文学研究は、継続性、息の長さが重要であり、それを支えるのは、いかにテクストを読み込んできたかという蓄積以外にはない。先行研究を読むことは、職業としての研究においてはもちろん必須のことではあるが、それはテクスト本文をきちんと読んだ上での話である。また、先行研究も、ただ読むだけでは、そのたびにその論に振り回されるだけになってしまい、結局、自分自身の方向性すら見失うことになりかねない。

先行研究を読むさいの注意点を文学研究に即して言うならば、実証作業の成果を正しく吟味すること、後述する分析理論との関係を意識することの二点が重要であろう。すなわち、文学テクストを分析研究した結果としての論文には、対象となったテクストの構造、翻訳の原作など他のテクストとの連関、同時代の評価など受容の実態、制作年代など作者とのかかわり、等々、実証的に解明された成果が含まれているものだが、それを注意深く吟味し、成果として受け取るべきものを受け取ることが第一。第二に、その論文全体がどのような方法上の枠組によって書かれているかを、大雑把でよいから分類すること。文学研究にはさまざまな方法の枠組（一般に「方法論」と呼ばれる）があり、それに自覚的でないと、ただの感想文になってしまう恐れが多分にある。特定の方法に縛られる必要はないけれども、方法を意識する必要はある。そのためには、まず、自分が読んでいる先行研究がどのような枠組で書かれているのかを分類しておくことが有効である。すべての先行研究が方法論的意識をもっているとは限らず、分類が難しい場合もあるが、目的は分類にあるのではなく、自分の方法を見出していくところにあるのだから、大雑把かつ自分勝手でかまわない。分類方法は、系統樹的な分類を行ってもよいし、マトリックス（四象限）上にマッピングするなどの手法を用いてもよい。それも各自の工夫である。

ただ、そうは言っても、この作業を行うためには、ある程度の方法論的知識が前提となる。近代アカデミズムの制度が西欧における方法的自覚（「科学」の自覚と言い換えてもよい）から発していることもあって、文学研究においてもやはり西欧文学から生まれた文学理論が大きな影響力をもっている。もちろん、西欧文学から生まれた方法論をそのまま適用しても意味はないが、近代というすぐれて脱領域的な変容の時期を対象とするのであれば、西欧から生まれた理論を踏まえた上で、それを近代中国という圏域から書き換える試みこそが求められよう。近代文学が、文学の西欧化（世界化）という側面をもつ以上、それは避けられない事態でもある。

文学理論にかかわる書物は、数多く出版されているが、大橋洋一編『現代批評理論のすべて』、廣野由美子『批評理論入門』、カラー『文学理論』など、学部生レベルで読んでおくべきハンドブックをいくつか通覧し、レントリッキア・マクローリン編『現代批評理論』やイーグルトン『文学とは何か』、コンパニョン『文学をめぐる理論と常識』などを、できれば原書を手もとにおきながら読み、さらにそこから興味をもった論者の著作をしっかり読むのが常道である。

また、以前は公定マルキシズムの影響が強かった中国でも、八〇年代以降は西欧の批評理論を組み入れながら独自の分析視角に拠って立つ著作が多く現れていることにも注意が必要だ。陳平原『中国小説叙事模式的転変』のように、西欧の理論を応用して近代中国文学研究に大きな影響を与えた著作も少なくない。その意味でも、ナラトロジーやテクスト論、新歴史主義やカルチュラルスタディーズのような分析視点について基本概念を押さえておくことは重要である。それはまた、自分自身の研究の方法となるだけでなく、全世界の研究者と議論を交わすさいの共通言語を習得することでもある。文学理論の翻訳書については原書を手もとにおくことが望ましいと述べたのは、翻訳には間違いが多いからということではなく、それらの理論を共通言語として活用するためには、理論上の基本概念が英語や中国語ではどのように表現されているかを知っておくことが大いに役立つからだ。少なくとも基本概念にかかわるキーワードについては、日中英の三ヵ国語を対照できるようにしておくことが大事である。

加えて、現代中国における理論的ないし批評的著作を読むことの意味は、それが近代中国をどのように分析しているかもさることながら、現代中国という文化領域が、自らの文化の分析視角として西欧の批評理論をどのように受け止めているのかが自ずと浮かび上がってくるところにもある。こうした理論と文化の出会いは、近代中国においても同様に出来《しゅったい》した事態であり、そうした観点から近代中国を分析するときのヒントにもなろう。

## 四　原本の調査

文献資料をおろそかにしては、この分野の研究は成り立たない。伝統的な作品作家研究はもとより、テクスト論的研究や新歴史主義的研究においても、資料調査は重要である。たしかに文学テクストには作家ごとの全集など、校訂を経た定本というものがある。古典文学で言えば、「中国古典基本叢書」（中華書局）や「中国古典文学叢書」（上海古籍出版社）などが一定の権威を有しているし、『魯迅全集』など、何度も収集と校訂を経た全集も少なくない。「中国近代文学大系」（上海書店）など、これまで手に入れにくかったテクストを収集して全集としたものもある。近年の中国では、出版界の動向もあってか、こうした全集の刊行がさかんであるから、まずそこから入るのが捷径《しょうけい》ではある。

しかし、楽しみとしての読書にとどまらず、文学テクストを研究の対象とするのであれば、全集にのみ頼ることはできない。初出として雑誌や新聞等に掲載された時の本文と比較して、単行本として出版された時の本文にはしばしば大きな改訂が見られることは常識であり、さらに、作家の原稿が残っている場合には、それもまた参照する必要がある。魯迅の「故郷」のように、教科書などに採録されて流布したテクストについては、教科書掲載本文への目配りも必要となろう。正式な版権にもとづかない海賊版もまた、テクストの受容という観点からすれば無視できない。校訂版は、少なくとも初出と単行本とを校合しているはずだが、残念ながら古典文学におけるほど近代文学に関しては校訂が重視されない傾向にあり、文献資料の扱いがきわめて杜撰であることが少なくない。

印刷された刊本だけでなく伝写された手抄本も含めてテクストのエディションを相互に参照させて系譜化し、どの字句がどのように改められたか、それがテクストの読解にどのような影響を与えたかを検討する書誌学的な作業は、中国においても日本においても古典の領域のほうがはるかに精緻であり、進んでいる。右に挙げた古典文学関係の叢書に収められたものは、例外はあるにしても、基本的にはこの面において信頼をおくに足るものが多い。そうであっても、もし古典文学研究者がこれらの校訂版しか用いず、影印本として出版されている主要な刊本すら参照せずに論文を書いたとしたら、研究者としての資質を問われることになろう。

その理由は二つある。一つは、どれほど信頼できる校訂本であっても、完璧ということはありえないという、ごく常識的な事実である。校訂のさいのミスはもちろん、校訂本そのものの誤植もありうる。もう一つ、実はこちらが大事なのだが、写本・刊本・活字本というさまざまなテクストの形態をわきまえずに、整理校訂された本だけが

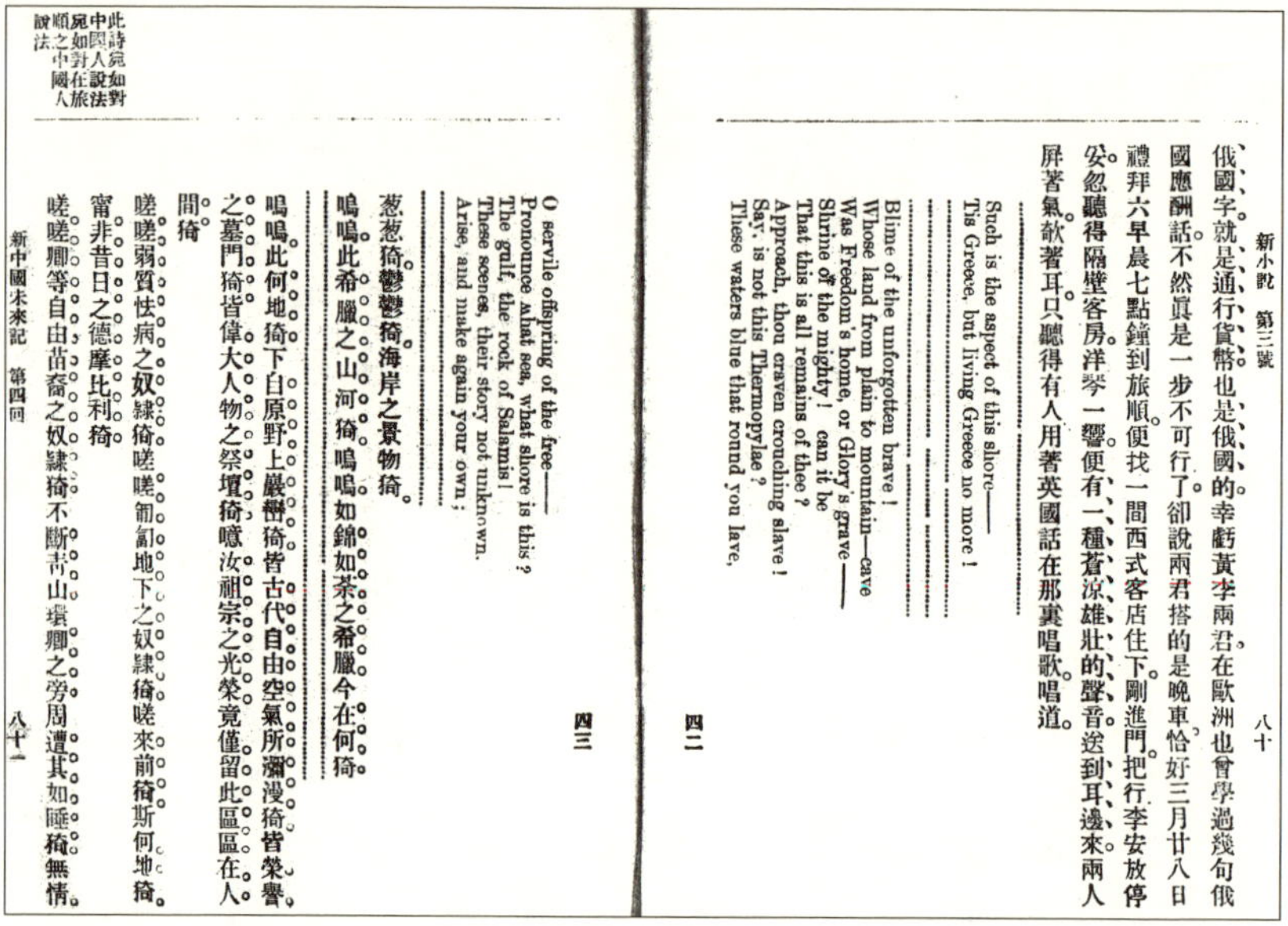
新小說　第三號　八十

俄國字就是通行貨幣也是俄國的幸虧黃李兩君在歐洲也曾學過幾句俄國應酬話不然眞是一步不可行了卻說兩君搭的是晚車恰好三月廿八日禮拜六早晨七點鐘到旅順便找一間西式客店住下剛進門把行李安放停妥忽聽得隔壁客房洋琴一響便有一種蒼涼雄壯的聲音逆到耳邊來兩人屏著氣歛著耳只聽得有人用著英國話在那裏唱歌唱道

Such is the aspect of this shore—
'Tis Greece, but living Greece no more!

Blime of the unforgotten brave!
Whose land from plain to mountain—cave
Was Freedom's home, or Glory's grave—
Shrine of the mighty! can it be
That this is all remains of thee?
Approach, thou craven crouching slave!
Say, is not this Thermopylae?
These waters blue that round you lave,

四二

此詩寃如對中國人說法寃如對在旅順之中國人說法

四三

O servile offspring of the free—
Pronounce what sea, what shore is this?
The gulf, the rock of Salamis!
These scenes, their story not unknown,
Arise, and make again your own;

葱葱猗鬱鬱猗海岸之景物猗
嗚嗚此希臘之山河猗嗚嗚如錦如荼之希臘今在何猗
嗚嗚此何地猗下自原野上巖巒猗皆古代自由空氣所瀰漫猗皆榮譽之墓門猗皆偉大人物之祭壇猗噫汝祖宗之光榮竟僅留此區區在人間猗
嗟嗟弱質怯病之奴隸猗嗟嗟匍匐地下之奴隸猗嗟來前猗斯何地猗
甯非昔日之德摩比利猗
嗟嗟卿等自由苗裔之奴隸猗不斷青山環卿之旁周遭其如睡猗無情

新中國未來記　第四回　八十一

『新小説』第3号（光緒28年12月）「新中国未来記」第4回．「小説界革命」を首唱した梁啓超の政治小説の初出テクスト．

テクストの姿だと考えてしまい、それぞれの時代で異なった姿を呈するモノとしてのテクストへの意識を失ってしまうことを避けるためである。

見やすい例を挙げれば、前近代の中国においては古典籍は基本的に句読点を施して出版しない。それを書き入れるのは、読み手の仕事である。今日のような句点と読点の使い分けはないし、「?」や「!」も存在しない。現代の中国で出版されるものは、古典籍であっても、疑問文と判断されれば「?」を、反語文と判断されれば「!」を付されるのが一般であるが、それはあくまで解釈（それもかなり機械的な）であり、テクストとしては原初の姿から遠く隔たっている。

近代中国であっても、事情は同様である。遡ること二百年に満たないとしても、一九世紀後半から二一世紀までの変化はまさに激動と言ってよい。伝統的な刊本、伝統的な読点と圏点のみを施した線装の石印本、活字で組まれた新聞や雑誌、西欧式のパンクチュエーションを施した洋装活版の単行本。さまざまな姿によって、テクストは生まれ、流布し、読まれたのである。その姿を知らずして、近代中国を一つの読み書きの圏域として研究することは不可能である。

もちろん、書物史や出版史を研究するのでない限り、網羅的な探索を求めることは過重負担となるが、基礎的な知識は得ておかねばならず、自らが対象とするテクストについては、初出をはじめとする各エディションを調査し、撮影や複写などの手段で収集する努力を怠ってはならない。初出の探索のためには、新聞・雑誌の記事目録が役に立とう。オンラインで検索できる目録だけではなく、冊子体の分類目録を活用すれば、当時の言説空間の全体像が見えてくる。目録を「調べる」だけではなく「読む」ことで、時代の全体をつかむ力を身につけることも大切である。オンラインで調べる前に、まず冊子体の目録を眺めて、どこになにがありそうかの鉱脈を把握するのが、結果として効率的でもあるし、研究の地平を着実に広げることにもなる。

単行本についても事柄は同様であり、まず『民国時期総書目』等の書目に目を通し、ついで、各地の図書館それぞれの目録を利用する。現在ではオンラインによる聯合目録も中国・台湾ともに存在するので、あわせて活用するとよい。そこまでの下準備をした上で、実際に所蔵機関に赴いて閲覧したり、複写を取り寄せたりなど、資料の調査収集作業を行うことになる。

日本国内であっても、目指す所蔵機関から離れたところに居住していると、特に現地に赴いての調査収集は後回しになってしまいがちだ。費用も時間もそれなりにかかる。海外であればなおさらである。それだけ手間をかけても、目録を信じて実際に所蔵機関を訪れて確認しようとすると、当の資料は所在不明であったり、書名や刊年が異なっているなどして目指す書物ではなかったりという事態にはしばしば出会う。

それでも、図書館等の所蔵機関をまめに回って資料調査にあたることで得られるものは大きい。何よりも資料の現物を見るという経験は、ただ複写を取り寄せるよりも多くの情報を、言語化されないものも含めて、与えてくれる。目指していた資料の周辺に、関連する資料が存在することも少なくない。たとえば雑誌に掲載された小説や論説を複写で取り寄せる場合、費用や手間の問題から、その雑誌に掲載されている他のテクストについては後回しになってしまうものだけれども、現地で出納して見せてもらえれば、広告も含めて雑誌全体を閲することで、それがどのような読者を想定しているかがよくわかる。「晩清小説期刊」などで全冊が影印されている雑誌の場合であっても、紙質や製本など、現物を見なければわからないことがある。

さらに別の効用もある。遠隔地への調査は、一定の日数を確保して行われるのが通常であり、裏を返せばその期間は時間も空間も日常から少し離れた場となる。集中してテクストとじっくり向き合うことができる貴重な機会であり、こういう時に研究上のアイディアが生まれることも多い。関連して言えば、留学や研修の意義としては、ふだんとは異なる研究環境に身をおいて新しい研究方法を学んだり自分の研究を別の環境からはどのように見えるのかを実感したりするなど、人との交流によってもたらされるものも大きいけれども、このようにテクストとじっくり向き合う時間を得られることも、それに劣らず重要であろう。

なお、資料調査にあたっては、とりわけ近代中国においては筆名や変名がきわめて多いことを念頭に、『近代中国人名辞典』、『二〇世紀中文著作者筆名録』、『中国近現代人物名号大辞典』等の工具書を充分に活用すべきことは、他章でも述べるとおりである。

## 五　情報の陥穽

パーソナルコンピュータとインターネット環境の普及によって、学術研究のありかたが大きく変わったことは、ここに贅言《ぜいげん》するまでもない。調べる、読む、書く、すべての領域において、情報通信技術はもはや不可欠の道具となっている。前述のように図書館の目録のオンライン化は急速に進んでいるし、古典文学でも近代文学でも文献の電子化は止まるところを知らない。もちろん、書くという行為においても、一貫して手書きで行っている研究者は少数であり、若手であればなおさらであろう。

文献や資料の調査、論文等の執筆については、文学研究だからと言って他と変わった活用法があるわけではない。インターネットの情報が完全ではないことや、安易なコピーアンドペーストは慎むべきであるというような注意も、同様である。こうしたことは、現在では大学の初年次教育で行われている初歩的なアカデミックスキルに属することであろうから、ここでは述べない。

読解と分析に関しては、それとは少し異なった側面がある。前述の別集を読むという方法とも関連するが、電子テクストの普及以前には、一つ一つ読みこなしながら、テクストの特徴や連関をとらえていき、そこから新しい発見が生まれるというのがいわば王道であった。現在では、一定量の電子テクストを集積して、それをコーパスとしてテクストの計量分析を行うという手法が可能となっている。それほど本格的ではなくても、ある特徴的な語彙の出現頻度を調べたりなどは、誰しもが行っていることであろう。古典であれば、台湾中央研究院の漢籍電子文献や四庫全書の電子版を検索したりすることは、むしろ常識の範疇に属することでもある。大学によっては、電子文献を積極的に導入して学生の使用を促しているところもある。

言うまでもなく、こうした技法は有用である。計算機処理における正規表現などの知識があれば、複雑な語彙検索も可能であるし、perlやrubyなどのスクリプト言語を知っていれば、頻度順の語彙索引を作ったり、自分で箇単な検索システムを構築したりすることも難しくない。印象に頼って感想を述べるような「研究」に比べれば、よほどましな「作業」であることはたしかである。(6)

けれども、それはあくまで数ある技法のうちの一つであって、それ以上でもそれ以下でもないことを肝に銘じておかねばならない。もう一つ、この技法の弱点は、それを習得して用いることそのものが、研究の力量を身につけるのに何ら資するところがないということである。情報通信技術が普及する以前は、たとえばテクストの中の特定の言い回しや語彙に注意が向いて、それがどのくらいの頻度で、どのような場面で用いられるか、先行するテクストはあるかを調査し、その用例を収集しようとしたら、ひたすら本のページを繰って、自分の目で探し、ノートやカードに書き写すしかなかった。しかしその過程で、初歩的なレベルでは、図書館のどこにどのような本があるかを知ることができたし、何度も繰り返しているうちに、どのような本を探せば目指すべき用例に当たる確率が高いかもおぼろげながらわかるようになった。文献に目が慣れていくうちに、読解力も身につく。テクスト全体を常に読むことになるから、場面や文脈を把握する力もつく。

コンピュータによる用例検索は、時間も節約できるし、網羅的な調査もできる。収集したデータはそのまま保存して、論文に活用することも可能だ。しかしその一連の作業の過程において、テクストを読解する力がつくかといえば、そうではない。目にするのは断片の集積であり、全体ではない。調査したそれぞれのテクストがどのようなものかを問わなくても、用例は収集できる。もちろん、それらの用例を適切に扱うためには、もとのテクストに遡って検討することが要求されるはずだが、統計だけを示して終わりという例が少なくないことは否めず、流通している電子データだけを見て、初出はもとより校訂本による確認すらしていないのではないかと疑わせる例すらある。そうは言っても、すでに後戻りすることは難しいだろう。電子データが存在することを前提にしなければ現代の研究は進まないし、実際、電子データの恩恵はあまりに大きい。本章でテクストをじっくり読むことの重要性を強調したのは、こうした環境をふまえてのことである。用例調査のための時間と労力が節約できているぶん、用例の精読に力を注ぎ、読解力の向上を図ればそれでよい。しかしそれには自らを律する意識がどうしても必要になる。残念ながら、それができる人とできない人との間に、大きな溝が生じてしまうことは避けがたい。誰もが一定の訓練をいやおうなく受けていた時代から、手を抜こうと思えばいくらでも手を抜ける時代になったということでもある。研究の間口が拡大する一方で、適切な訓練の場は失われていく。自覚的に力をつけようとしない限り、同工異曲の小さな論文の再生産ではないレベルの研究を行う力をつけることが難しくなっている。情報だけは絶え間なく大量に入ってくるから、それを処理しているうちに、力をつける機会を逸してしまうということもあるだろう。

そうした事態を避けるためには、意識的に情報処理を中断し、テクストと向き合い、現物を手にする時間を自ら用意する以外にない。近代中国という読み書きの空間を全体として知覚できるよう、研究という営為によってもたらされる感覚と記憶を積み重ねていくことで、大量の情報に振り回されない研究者としての核を作ることができる。幸いなことに、文字データを処理するのが精いっぱいであった段階から、画像データをふんだんに処理できる段階にまで、情報通信技術は急速に発達している。貴重な画像データを公開する図書館や文書館も増えている。画像データは文字データよりも現物の感覚を伝えやすい。現物に触れた経験があるのなら、画像データは容易にその感覚を蘇らせてくれる。小さなことのようだが、そうした感覚の積み重ねが、文学研究という営為を後押ししてくれるに違いない。

情報通信技術への対応は、一律にこうすべきだということではなく、研究の核をしっかりもった上で、各自それぞれのスタンスを保つこと、互いにそれを尊重しあうことが大切だろう。さらに言えば、もし自分がこうした方面に不得意であるのなら、不得意のままですむような研究方法を工夫すればよく、得意な誰かの手を無理に借りようとはしないことである。逆に、自分がいかに得意であっても、無理に誰かに使わせようとはしないことである。情報通信技術に通じていることで得られる研究上の利点はたしかに大きいが、それに溺れてしまえば、文学研究者としてもっとも大事な力を失うことになりかねない。そのバランスは、各自が各自の営為の中で見きわめていくしかなく、誰かを頼りにしたり誰かに無理強いしたりするものではない。学会や機関として対応すべきことと、研究者個人として対応すべきことは、区別が必要である。

## 六　おわりに

前掲の前野「文学と文章」には、以下のような一節もあった。

要するに、清末は中国文学史にとって、一つの幕間のようなものであった。そこには観客の目を見はらせるほどの装置もなければ、大喝采を浴びるような役者の登場もない。しかし幕の裏側では、次の名場面――五四期の新文学運動――を見せるための準備が急速に進行していた。だから清末の文学史を知るためには、裏方の動きを見なければならない。それは文学史の研究者にとって、一つの興味をそそる問題には違いないが、中国文学史という立場からすれば、ここに大きなウェイトをおくのは、どうしても無理な注文なのである。

本章がここまで述べてきたことからすれば、こうした判断はやはりすでに過去のものとなっていると言わざるをえないであろう。たしかに、近代以前に書かれた文学史的著作は、「役者」が主体であった。近代以降は、それに「装置」が加わった。そうした枠組において、前野は正当かつ誠実に清末の文学を評している。文学革命の到来という「装置」と「役者」のそろった「名場面」を念頭におけば、こうした判断はやむをえない。「現代」を「名場面」とみなすために、「幕間」としての「近代」はむしろ必要ですらある。

しかし、右の文章が書かれた一九七四年から今日まで、文学史とは何かという問いが繰り返された結果、文学史が問題にすべきは、「装置」や「役者」だけではないことを、現在の私たちは知っている。そもそも文学史なるものを成立させるための「舞台」がどのように形成されているのかを、伝統詩文であれ近代文学であれ、まず問わねばならないのである。(7)

そしてまた、伝統から近代への変容においては、「舞台」そのものが解体されつつ再構築が行われたのではないかという問いも重要である。古代から近代まで同一の「舞台」が継続したと考えることが国民文学史的叙述の典型であり、その相対化を図りながらテクスト連関の多元性と創発性を浮かび上がらせることこそ、これから書かれるべき文学史であろう。文体も題材もダイナミックな変容を遂げた近代中国の文学こそ、こうした叙述にはむしろふさわしい。

近代中国の文学において重要なのは、じつに文学という読み書きの営為における圏域と構造の変容なのである。科挙士大夫を中心とする伝統詩文の領域と商人層を支えとした通俗小説の領域とが「文学」の名のもとに一気に混淆され、西洋文学と接続され、歴史の読み替えと構造の再編が図られる。その過程では、旧来の詩文や小説が顧みられなくなるように見えて、それらの資源が最大限に利用される。そうした事態の進行が間断なく行われ、やがて、「文学」とはもともとそうであったかのような枠組が形成される。一九世紀後半から二〇世紀前半のほぼ百年にわたって繰り広げられたこの大変動において、五四運動が大きな役割を果たしたことは疑いないが、唯一絶対の動力ではない以上、そこに過剰な切断面を見る必要は、すでにない。

別の側面からも考えてみよう。近代中国の大変動は、文学における「中国」という領域の再編をも意味した。中国は、長らく東アジア地域の書記言語の源泉であり、それによって古代以来の漢字圏が形成されてきた。周知のように、古典詩文は朝鮮・ヴェトナム・日本などの諸領域において、権威をもつ文学であった。近代に至って、沿岸部の開港地や日本などの漢字圏周縁域における翻訳漢語の大量生産とその流通によって、中国は書記言語の源泉としての優越性を失い、伝統的なテクストに依拠する古典文体から、世界との通有性に重きをおく翻訳文体への転換が始まった近代東アジアの言語空間の中で、新たな文学の圏域を生みだす必要に迫られた。

梁啓超らによる文界革命や小説界革命は、その最初のステップであり、近代東アジアの言語空間に適応した圏域を形成することに成功した。伝統詩文を参照しつつ、そこからの離脱を図った明治日本の訓読文体は、中国の知識人にとってもっとも有用なモデルとなった。本章のはじめに挙げた陳独秀の文章は、明治訓読文体をそのまま中国文に戻したかのようである。さらに胡適や魯迅による文学革命は、次のステップとして、外部への適応よりも圏域としての求心力を高める方向へと進んだ。中国の固有性の根拠として白話文がもちだされ、新たな文学史が編まれることになった。

しかしながら、この二つのステップは、歴史的な段階として不可逆なのではなく、中国近代を通じて常に働いてきた二つのベクトルとして理解することも可能である。普遍へのベクトルと固有へのベクトルと言い換えることも可能だろう。近代中国の歴史に一貫して働いた動力としてこの二つのベクトルの拮抗や合成を考量することは、不可逆的な展開として「近代」と「現代」の間に切断面を見るよりも、現在の文学研究には資するところが大きいのではないだろうか。

もう一つ付け加えるべきは、日本の存在の大きさである。文学ばかりではない。教育や美術といった文学と深くかかわるジャンルにおいても、事態は同様である。[8]と言うよりも、これらは連動して進行した事態と述べたほうが正確であろう。こうした事態を、前近代においては日本は中国から影響を受けたが、近代になると日本が中国に影響を与えたというような図式で理解しても、あまり生産的ではない。問題は、伝統的な漢字圏をベースにして近代東アジアという領域がどのように構成されたかであり、日本がそれにどのような役割を果たしたかである。近代東アジアにおける日本の存在をこうした観点から客観的かつ相対的に検討する試みは、今後とも継続してなされねばならないだろう。

以上をふまえれば、これからの近代中国文学研究が意識すべき論点として、とりあえず二つを示すことができるのではないだろうか。一つには、読み書きの制度としての教育や言語政策、表象の制度としての美術や演劇との連動を重視し、それらが総体としてどのような近代中国を形成していったのか、そのなかで文学はどのような役割を果たしたのかという問い。もう一つは、近代中国にとって日本はどのような存在であり、日本が主導的に領域化を図った近代東アジアは中国とどのように接続あるいは抗争することになったかを、文学テクストを通じて検討する試み。むろんのこと、論点はこれのみに止まらないであろうし、文学研究はやはり読む歓びがあってこそで、研究のために無理やりにテクストを漁る必要はない。しかし、もし文学研究の意義について、その入り口でいささかなりとも迷っている人がいるのなら、一つ一つのテクストについて精緻な読解を施しつつ、このような開かれた視野のもとに新たな文学史を共同で編みなおす時期は到来していると、そして、ぜひそこに加わって欲しいと、心から告げたい。

（1）「文学改良芻議」に先立って、一九一六年一〇月の『新青年』第二巻第二号の通信欄に掲載された胡適が陳独秀に宛てた書簡で、この八条と順序と言い回しがやや異なる八条がすでに掲げられている。

（2）雑誌『清末小説』および『清末小説から』など。

（3）たとえば齋藤希史『漢文脈の近代』など。

（4）狭間直樹編『共同研究　梁啓超』。Joshua Fogel, ed., *The Role of Japan in Liang Qichao's Introduction of Modern Western Civilization to China.*

（5）たとえば胡適『白話文学史』など。

（6）漢字文献情報処理研究会編『電脳中国学入門』などを参照。

（7）川合康三編『中国の文学史観』などを参照。

（8）阿部洋『中国の近代教育と明治日本』、西槇偉『中国文人画家の近代』、陸偉榮『中国の近代美術と日本』などを参照。

# 第七章 思想史

村田雄二郎

# 一　思想史を書くこと

## 1　「思想」と「現実」

近代中国思想史とは、中国における近代思想史、あるいは近代中国を対象とした思想史の謂である。それは、「中国」「近代」という空間・時間の枠組みを用いる点で、近代中国史の一部をなすが、制度化された(大学の学科体制や専門学会など)歴史学からややはみ出る部分をもつ。歴史学の中でも、思想史はどちらかというと本流ではなく、周辺的な扱いを受けてきた。その理由は、思想史の扱う対象が観念やイデオロギー――唯物史観にいう上部構造――の領域に属し、歴史の「事実」ではなく、その代理＝表象と見なされてきたからであろう。「言語論的転回」を経た今日、表象やイメージが人間の実践行為に果たす重要な機能が重視されるようになったものの、それはあくまで「現実」の運動や出来事に関わる限りでのことで、観念・表象の領域を歴史学のまっとうな研究対象として捉える視点は、いまだ中国史の分野では十分に確立しているとはいいがたい。

丸山眞男も指摘するように、思想史研究に通常の歴史学の方法や対象からはみ出る部分があることはたしかである(1)。それは、歴史研究としては弱点ともなるが、同時に思想史独自の強みもあることを強調しておきたい。思想史の意義は、簡単にいえば、人間が物語的存在であり、物語る行為を通じて自己を取りまく世界を絶えず解釈し、意味を賦与しつづけるという事実に存する。それが、観念となりあるいは思想となって、自他の行動を突き動かし、ひいては「現実」を構成するのである。

歴史学が通例想定する「事実」との関係でいえば、「思想史研究の対象は、さまざまな表象やそれらの関係であり、そうした表象そのものが思想史的な「事実」である[2]ということになろう。思想がもし「現実のさまざまな力に突き動かされながら、つねに自分自身に問いを投げかけ、自己訂正を求めてやまない過程[3]」であるとすれば、それは受動的にではなく、実践的に「現実」に働きかけ、「事実」を作り出してゆく力をもつはずである。歴史にあらわれる「思想」の意味をそう考えるところに、思想史は成立する。

安丸良夫は百姓一揆の史料を例にとり、史料が示す一揆の行動様式上の特徴を摘出することで、「既成の歴史のイメージにある切断をもちこんで、固有の領域をくくりだし、そこに固有の論理を構成してみせ[4]」るところに、言説・表象分析を行う思想史の意義を見いだしているが、言説やイメージが切り取る「現実」もまた歴史的「事実」の一部を構成するという見方は、歴史学においてますます重要になりつつある。[5]したがって、認識（意味づけ）・イメージと「現実」の相互作用こそ、思想史の解明すべき固有の領域ということになるだろう。

たとえば、近代中国に対して列強が与えた「停滞」「積弱」「野蛮」「専制」などの記号は、それがただちに当時の中国の「現実」を語っていたというよりは、中国の否定的な形象を通じて「西洋」や「日本」のアイデンティティを構築するために必要とされた言説・イメージの一部をなすものであり、それが梁啓超ら清末改革論者によって「内面化」され、中国の危機意識を高めることで、さらに中国の政治実践の「事実」を形成していったと整理できる。また、「大同」「均平」といった概念は、伝統社会に由来しつつも、具体的な歴史過程（太平天国、土地改革、社会主義革命……）の中で、いかに他の観念と結びつき、政治的・社会的な機能を果たしていったのかを追究することで、革命の「現実」への接近が可能になるだろう。注意すべきは、江戸時代の百姓一揆と同様に、「現実」の社会経済的矛盾なくして、「大同」「均平」への要求は生じなかったかもしれないが、「大同」「均平」を求める観念の複合的表象は、時代や地域・慣習、それを表出するリーダーの個性などによって多様な形態をとり、唯物史観の土台＝上部構造の図式には還元できない不透過性をもつということである。[6] そこには、かならず意味の「過剰」があり、階級の虚偽意識（マンハイムのいう「部分的イデオロギー」）にも当事者の主観的意図にも帰することの出来ない効果を「現実」にもたらすのである。

## 2　思想史の型

さて、思想史研究の方法と対象は、必ずしも自明なものではなく、そこには一定の幅と多様性が見られる。丸山眞男の整理によれば、これまでの思想史は「教義史（History of doctrine）」、「諸々の観念の歴史（History of ideas）」、「時代精神・時代思潮（Zeitgeist）」の三タイプに分けられ、学問としての思想史の自覚は第二、三の「諸観念」「時代精神」の研究に由来するという。[7] 一般に思想史といえば、知識（知性）の歴史（intellectual history）という理解が流布しているが、これは第一の「教義史」と一部重なりつつも、第二の「観念史」とは相互補足的な関係にあると見られる。「知識の歴史」が文化エリートとしての知識人（伝統中国社会では士紳や読書人）に焦点を定めるのに対して、「観念史」は社会に共有される特定の観念（たとえば「進化」や「個人主義」）を取り上げて、他の観念との対立・混合関係や社会的機能のあり方を時代的変化に重点を置きつつ探究するものである。「観念史」では、知識人の思想だけでなく、文学作品や政治文書のたぐいも、個人や集団がもつ観念の構造を明らかにする上で重要な材料となる。[8] 第三の時代精神としての思想史は、ドイツ学の影響が日本に比して相対的に弱かった中国ではほとんど見られないが、一九二〇年代には学術界で「時代思潮」の語が一世を風靡したこともある（後述）。Zeitgeist を広く捉えれば、陽明心学を取り上げ、明清精神史の非連続性を論じた島田虔次『中国における近代思惟の挫折』などはこの範疇に含まれるかもしれない。だが、日本の近代中国思想史の領域において「精神史」の視点は相対的に薄弱である。よって本章では、知識／諸観念の歴史としての思想史を主に論じることにする。

　知識人の思想史を描く場合、しばしば（ネガティブに）指摘されるのは、それが民衆・人民の意識や情念と乖離したエリート中心主義に陥りやすいというものである。とくに科挙官僚が政治的支配層をなすと同時に、教養や文化の排他的な担い手であった一九世紀以前の中国では、目に一丁字《いっていじ》なき庶民が思想史の表舞台に登場する機会はほとんどない。伝統社会において、中国の思想史はすなわち学術史であり、知識人の学問の歴史であった。とはいえ、ラヴジョイ式の「観念史」をとるのであれば、社会に受容された規範意識やシンボルなどを扱う以上、民衆の思想は当然視野に入ってくるだろう。また、群衆の集合心性や無意識を取り上げる社会史との接点も、観念史としての思想史には見いだすことができる。

　ここでさしあたって問題とすべきは、従来型の intellectual history が、どこまである時代や社会の全体像を把捉できるかということである。中国史の場合とくに、遺された史料のほとんどが官僚や文人の手になるから、自ずと書かれたものの立場とバイアスを自覚せざるをえない。中国思想史の領域では、被支配層の観念や意識にまで踏み込んだ研究は、そうした史料的な制約もあって十分ではないが、説話や伝承、善書・宝巻などの通俗道徳教本などを通じて、民衆の心性や世界観に接近する試みもある。[9] 民衆文化や被支配者の観念に分け入るために、「史料の言説における知識人の認識のあり様、イメージ、叙述の仕方を解きほぐしつつ、出来事の裏側に張り付いているさまざまな意味を読み解き、かつ歴史の深層に切り込む必要」[10]が説かれるゆえんである。伝統的な政治社会の秩序が激しく動揺し、外来の物質文化や精神文化（とくにキリスト教）が地域社会にまで流入してゆく近代中国の過渡期において、教養ある知識人の自己意識とそこから疎外された民衆の世界がどのような関係を結び、またその関係がどのように変化してゆくのか見きわめることも、近代中国思想史の大きな課題である。

その際、中国における「近代」の特質として指摘できるのが、一九世紀末以降、歴史の表舞台に出現する国民的一体感の存在である。西洋あるいは日本という外敵を意識し、民族という集合表象、あるいは社稷《しゃしょく》（王朝国家）との一体化を図ろうとする「国民」的結集が、周辺・下層知識人を先頭に唱えられるようになるのである。それは、旧来の士人／庶人といった階層差や地域の偏差を超えて、やがて富国強兵の民族運動の水脈に流れ込んでゆくであろう。現存する階層差や地域差にもかかわらず、むしろ社会経済の危機的状況の中でそうした差異を観念の力で乗り越えようとするところに、二〇世紀中国の革命運動が出現するのである。そしてこの民族運動は、やがて伝統文化や生活世界を基盤とした、「国民」全体を巻き込む近代対抗的な民衆運動にも転化してゆくであろう。いいかえれば、近代中国の思想は、内部に種々雑多な「反近代」の対抗ベクトルを抱え込みながら、二〇世紀になると、国民的一体感の表出によって、現実の貧困や差別・抑圧を想像的に乗り越えようとする民族革命運動を不断に生み出してゆく。近代中国の思想史が、一九世紀末から「国家」「民族」「国民」「人民」を基軸に展開するのも、このためである。

## 二　中国思想史の叙述類型

上述したように、思想史の叙述にはもとより、あらかじめ決まった型や決まりがあるわけではない。原理的にいえば、歴史上の観念や表象の中から意味を取り出し解釈を加える作業にはさまざまな表出様式があってもいいはずである。しかし、歴史叙述の一環として、それは一定の制約と決まりをもたざるをえないこともまたたしかである。未来の思想史に新たな表現形式があるとしても、それは従来の決まり事や範型との対話・格闘を通じてしか獲得できないだろう。研究史を顧み、過去の蓄積を虚心に消化する必要もそこにある。ここでは従来の中国思想史の叙述類型を、便宜的に学案型、運動型、主題型の三つに大別してみる。

### 1　学案型

学案とは、思想学派の源流・学説を通時的に列挙し編集した一種の学術思想史である。知識人の伝記（intellectual biography）の集成といってもよい。学案の典型としては、黄宗羲『明儒学案』『宋元学案』がよく知られる。この体裁を援用して、明末清初から辛亥革命期までの学術・思想の歴史を描いたのが、梁啓超『清代学術概論』（一九二一年）である。近代思想史に限ってみれば、民国期に出版された銭穆『中国近三百年學術史』や郭湛波『近五十年中国思想史』[11]、王森然『近代二十家評伝』、また人民共和国期の侯外廬編『中国早期啓蒙思想史』などが、学案型思想史の代表に挙げられる。人物を軸に構成される思想史を、ここではおおまかに学案型と称する。

実のところ、学案型は思想史研究の最も一般的なスタイルであり、他のタイプの研究の基礎をなすものである。ある思想家に密着して、その経歴・事績・著述・交遊などをていねいに分析し、それによって思想の特性や思想家の全体像を明らかにしようとするこのスタイルは思想史研究の王道といってもよい。学案型研究の集積なくして、思想史は成り立たないのである。

しかし、学案型は思想史叙述の出発点ではあっても、最終点ではないことも肝に銘じるべきである。よくいわれるように、学案型研究は社会関係の網の目の結節点であるべき思想家を完結した「独立系」として描き出す傾向を避けがたい。同時代の思想家との比較や連関の視点が弱くなりがちなのである。それ以上に問題とすべきは、学案型研究は自ずと思想家の序列関係を無前提に受け入れ、「偉大な思想家」だから研究に値する、という通説随従を繰り返しがちになるということである。あるいは、従来不当に軽視され低く評価されてきた思想家を再評価する際にも、序列関係の逆転という地点で落着してしまえば、同時代の思想家群の背後にある思考様式や観念の布置関係にまで視線が届かない。社会の集合意識や心性の分析に至っては、学案型の限界は明らかである。

この点、梁啓超『清代学術概論』は学案型の体裁にならって個人・学派の紹介をベースにしながらも、「時代思潮」という当時の流行概念を駆使した思想史の整理、さらに思想の変化をもたらす環境要因（政治、宗教、文学、西学など）への幅広い目配りによって、今日なお味読するに値する学案型の範例的作品となっている。もちろん、梁啓超が個々の思想家に下した論断や清朝各時期の「時代思潮」に対する評価には、今日のわれわれの目から見て、問題なしとしない箇所が少なくない。だが、われわれは梁啓超のこの著述をそれが書かれた時期や時代状況、さらに交際関係（とくに胡適との関係）の中に文脈（コンテクスト）化することによって、今度は民国期の「時代思潮」を読み解くテクストとして『清代学術概論』を再定位することが可能になる。その意味で、学案型思想史は個々の思想家や学派の評価や位置づけの起点になるとともに、主題型思想史の一部になるといってもいいかもしれない。

## 2　運動型

これはある政治運動や出来事に着目し、担い手の観念・意識を、知識人の言説や行動を通して体系的に分析しようとするタイプの研究である。梁啓超の学案型思想史にすでに、「時代思潮」という枠組みが強く意識されていることは上述したが、近代思想史の場合、事件や運動にそくして特定の「思潮」が選ばれる場合もある。たとえば、「太平天国の平均主義」「辛亥革命期における立憲思想」「中国共産党の少数民族観」といったテーマがそれである。また、近代中国思想史のよく知られた三段階区分――洋務・変法・革命――の論述も、「洋務」「変法」「革命」をそれぞれ継起する運動と捉える点で、このタイプの思想史に属する。戦後日本の近代中国思想史研究で最も多いのがおそらくこの運動型で、その背後には二〇世紀の中国革命をもたらした歴史の動因を——人民の反帝・反封建闘争にしても、資本主義的近代化にしても——思想史の脈絡の中に見いだそうとする動機があったといえる。

一九八〇年代以降、革命史の「退潮」とともに、運動型の思想史研究も減少に向かったが、それは「革命」を基軸とする事件・運動の後景化であって、かならずしもこの運動型研究の価値が否定されたわけではない[12]。研究の対象は、「革命」から「改良」へ、「激進」から「保守」へ、さらに「反革命」の領域へと広がり、また「革命思想」そのものの見直しへと向かったが、政治上の重要な出来事や運動を思想史の枠組みの基本に据える見方はさほど変化していないようにも思われる。とくに、いまでも政治思想史の研究が圧倒的に多いという状況は、政治権力や政党組織との関係において思想を定位しようとする研究姿勢を物語るものである。一部、新興領域である社会史や文化史が、既存の政治史中心の歴史叙述に風穴を開けようとしているが、思想史への影響はさほど強くない。

運動型思想史の叙述が政治の領域に偏ってきたことは、理由のないことではない。二〇世紀の中国は戦争・革命・内乱・大衆運動等々、まさしく政治権力が社会・経済・文化のあらゆる領域に猛威をふるった激動の時代だったからである。そこでは、長期的に持続する構造や変化の少ない事象への目配りは薄弱であり、哲学や学術など、政治とは直接的関係の薄い問題はなおざりにされてきた。また、政治運動や事件を重視するあまり、思考様式や精神構造の分析は後回しにされ、思想史独自の時期区分を提示するには至らなかった。運動型思想史の限界というべきだろう。

## 3　主題型

ある主題にもとづいて史料を渉猟し、特定の時代における表象や観念の布置状況を叙述するタイプの思想史を主題型と名づけておく。主題の設定はもっぱら史料を読む側（研究者）に存するが、かならずしもアプリオリに決めていいものでもない。多くは、先行する研究や同時代の問題関心にそくして主題が選ばれる場合が多い。たとえば、一九八〇年代には中国の改革・開放政策の興起にともなって、中国の近代化と伝統思想の関係に関心が集まり、「中国社会主義と大同思想」「近代中国における儒教」「中国伝統の中の自由と民主」などのテーマが思想史研究の視界に浮上してきた。また、一九九〇年代には、第二次天安門事件（一九八九年）の勃発やソ連・東欧社会主義の解体にともない、市民社会や公共圏、ナショナリズムやリベラリズムの問題を近代中国の歴史に立ち返って問い直す研究が多くあらわれるようになった。

これらの主題は、現代社会に生きる人間の「歴史への問い」にほかならない。主題は無数にあり、選択の自由も無限であるように思えるが、多くは先行する研究の蓄積の中から、あるいは他分野・他学科の刺激を受けて設定される場合がほとんどである。「過去と現在の対話」を自覚し意識するのが、この主題型の特徴である。もちろん、学案型・運動型思想史も歴史への問いかけと現代的問題関心なくしては成り立たないが、主題型はこれをより強く意識し、研究者の主体的関心を主題という形式で提出するところに違いがある。

厳密にいえば、主題型はテーマ批評（テマティズム）を方法論的な核とし、そこでは「作者」と「テクスト」が切り離され、「意図」や「動機」に還元されない、脱主体的な読み＝批判が展開されるのだが、ここでの用法はより緩く、テクストの作者＝主体の「意図」や「動機」を同時代の文脈（社会的コンテクスト）に開いて、「現実」とその相互作用を探究する方法、と定義しておきたい。それは、いいかえれば、思想家や知識人の思索をかれら・かの女らが生きた時代状況の中において解釈するという方法である。

さて、主題型研究が具体的に陥りやすい陥穽は、主題の設定が大きすぎたり、問題意識が先行したりするあまり、史料にもとづいた論証がなおざりにされることである。史料を強引に解釈しすぎるだとか、テクストの勝手なつまみ食いだとかいう非難が浴びせられるのは、往々にしてそうした場合である。あるいは、欧米の近代を普遍的モデルとして中国史を解釈するという外挿法が、内在的共感的理解を妨げるという批判も、多く投げかけられてきた。主題型は見る側の臆断・偏見に傾きがちで、科学としての歴史学の検証に耐えないというわけである。主題型研究にとっては耳の痛い批判である。しかしだからといって、単純な二分法に向かうのも危険である。史料から出発するか、主題から出発するか、に最終的な解答はない。要は、先行研究の型に学びつつも、自己内の対話や他者との相互作用の中で、自分なりの研究スタイルや方法論を磨いていくよりほかに道はないのである。

いうまでもなく、以上の三つの思想史研究の分類は、理念的な型を示すにすぎず、実際の研究はそれらの組み合わせや混合の中で進められる。また、1、2、3の順序で研究が深化・発展してゆくというわけでもない。いずれの型にも共通するのは、史料上の考証と文脈中の定位が大前提となるという点であって、歴史をダシにしておのれの感慨や考えを表出する「思想論」と思想史は区別されなければならない。以下に、その前提たるべき史料の扱い方・読み方の問題を論じてみたい。

## 三　史料を読むこと

### 1　テクストとコンテクスト

思想史を書く上での史料といえば、まずは知識人が遺したさまざまなタイプの文献（著述、奏摺《そうしょう》、書簡、筆記、日記、回想録など）が最も重要な素材になる。とくに学案型の思想史にとって、当事者や周辺人物の著作が主要な考察対象となることは言を俟たない。しかし、後に論じるように、テクストの内在的理解のためには、テクストをなりたたせる背景・状況――社会的コンテクストについても一定の理解が求められることを忘れてはならない。たとえば、清末のある士人の思想を取り上げるのであれば、その生涯、経歴、家族・師生・交遊関係といった情報に加えて、かれが生きた時代についての全体像を自分なりに把握しておかなければならない。もちろん、一から史料にあたる必要はないし、二次文献や通史の類で大まかな時代像を自分なりに把握しておけばすむ場合も多々ある。けれども、テクストを正しく解釈し、その思想内容を深く理解するには、テクストの内部に沈潜するのみでは不十分なケースも多い。

一例を挙げると、西洋の議会制の導入を説いたことで変法論者の一人に数えられる鄭観応（一八四二～一九二二）に『盛世危言』という著作がある。若き日の毛沢東が梁啓超の『新民叢報』と並んで愛読したことでもよく知られる清末変革論の代表作といっていい。その『盛世危言』でしばしば言及されるのが「議院」篇であり、そこでは上下一心・君民一体の観点から西洋議会制度の効用が説かれている。しかし、『盛世危言』は初め『易言』（三十六巻本と二十巻本がある）と題して刊行され、その後五巻、十四巻、八巻と版を改めるたびに構成を大きく変えている

（しかも、それぞれの刊本にもまた異本が複数あるので、テクストの校訂作業は相当に複雑になる）[13]。本文についても、版を改めるたびに大幅な改訂がなされ、「議院」篇も版によって、鄭観応の思想変化に関わる大きな文字上の異同がある。幸い、今日のわれわれは、各種版本による文字の異同を注記した信頼できるテクストを夏東元編『鄭観応集』で簡単に手にできるし、テクストとして最も大部な『盛世危言増訂新編』十四巻も影印本で容易に見られるようになった。

ただし、版本の整理、文字の校訂が済めば、能事畢《のうじおわ》れりというわけではない。それは基礎作業というべき事柄であって、思想史を書く上での起点にすぎない。いうまでもなく、探究すべきは、『盛世危言』の各種版本の間に、どうしてかくのごとき改編・補訂がなされたかという問題である。それを調べるには、『盛世危言』のテクストの外にいったん出て、鄭観応の置かれた時代状況――具体的には清仏戦争・日清戦争・列強の租借地獲得競争・戊《ぼ》戌《じゅつ》維新・義和団運動・東南互保――に細かな目配りをし、鄭観応がそれらの事件や運動にどう関わり、行動したのか、またそれが「買辦《ばいべん》」としてのかれの事業経営といかなる関係を結んだのか、等々の問いが問われなくてはならない。そうした時代背景・時代状況との関わりの中で、たとえば八巻本（一九〇〇年刊）における「議院」篇書き換え[14]の意味――義和団事件渦中の蕭条《しょうじょう》たる政治状況への絶望と期待（？）――を読み解けるのであり、鄭観応自身の思想変化とその「変法」思想の内実がより深く理解されるのである。

さらに、『盛世危言』が版を重ねた時期には、湯寿潜『危言』（一八九〇年）、陳虬『治平通義』（一八九三年）など西洋の議会制度に着目し、その導入による政治刷新の必要を説く論者も少なくなかった[15]。戊戌維新期になると、梁啓超・黄遵憲らによって議会開設による「上下一心」「君民一体」の政治改革が時代の合い言葉となるほど、「変法」論は勢いを増していく。鄭観応はそうした時代状況と無縁の環境で「議院」の改訂を行ったわけではない。事態はまさしくその逆であり、康梁一派のラジカルな変法プランに期待と不安を覚え、戊戌政変後はおのれに累が及ぶことも危惧し、今日から見れば「穏健」にも「保身」にも映る補訂を『盛世危言』に施したのであろう。そうしたことをふまえて、はじめて各時期における『盛世危言』編纂の動機や意図を知ることができるし、さらに鄭観応の思想と行動の全体像をより深く理解できるのである。テクストの内と外を移動し、テクストを社会的コンテクストに結びつけて解釈すること、ここにこそ思想史を書くことの醍醐味があるともいえる。

## 2　史料を精読すること

歴史学一般についていえることだが、思想史研究にとって最も重要な階梯が史料の読みにあることは、今も昔も変わらぬ真理である。

桑兵は、近年の近現代中国史研究の現状を批判的に総括する文章の中で、日ましに増える史料への向き合い方に触れ、史料を「目にできる（看得到）」ことと「読んでわかる（読得懂）」ことの違いを論じている。(16) 新史料の発見、史料集の公刊、文書館の公開などにより、われわれが眼にし、使うことのできる史料の数は劇的に増えつつある。しかし、それらの史料を的確に扱い、解読し、それにもとづいて論文の構想を組み立てるには、ただ多くの史料を「目にする」だけでは不十分である。一つ一つの史料について、その性質や背景を知り（史料批判）、さらに文法や語彙を咀嚼して意味の理解を深め、さらには語られなかったこと、史料に映し出されていないことまで読みとる（「行間を読む」）必要がある。

もとより、近代中国史に関する史料は個人ではとうてい読み尽くせぬ膨大な量があり、しかも不断に増大している。研究テーマに関連した史料だけでも、それらをもれなく収集・発掘し、他の史料と突き合わせ、さらに先行研究と対話しながら新旧の史料を精読するのはなかなかの難事である。そこで、ここではあえて断言しておこう。新史料の発掘や利用を優先しなくとも、既存の史料や文献を丹念に読みこなし、新たに対象や課題を発見してゆくべき沃野が、近代中国思想史研究にはまだ大きく広がっているのだ、と。べつに檔案館や文書館に足繁く通わないでも可能な研究テーマは、足下に山ほど積まれているのである。基本的な史料や研究論文を消化することなく、檔案史料にばかり目を向けるのは本末転倒であり、基本的文献を読まずして一次史料だけでただちに論文が書けるわけではない。

よくいわれるように、研究歴の浅い若手ほど、檔案など一次史料に飛びつきがちである。だが、檔案史料がそのまま歴史の全体を語っているわけではないし、研究のテーマや方法に応じて、史料は異なった相貌を見せることがしばしばである。史料から出発するといっても、史料が客体として進んで何かを語るわけではないのである。この点、新出史料に飛びつくよりは、まずは既刊の史料（集）、既存の研究をじっくり精読することからはじめることをすすめたい。「細分化したテーマ研究においては、成果が新たに検証されないまま、材料を探す態度で本を読み、『目にできる』ものによって『読んでもわからない』ものを覆い隠すという偏向を絶えず増長させる」[17]との桑兵の論断は、初学者のみならず、なべて研究者が以って傾聴すべき箴言であろう。

### 3　文書読解の四重苦

他の章でも説かれるように、史料の正確な読解と「孤証」にのみ頼らない批判的検証は、歴史研究の最も重要な基礎をなす。しかし「言うは易く行うは難し」。とくに清末民初期の史料の扱いにくさ・読みにくさには、時代特有の要因も作用していよう。ここでは、その要因を四つに分けて整理しておきたい。[18]

【文体の混交】

第一に、近代中国は文体や語彙の移行期にあたり、清末から五四運動期にかけては「現代漢語」の形成と変容の時期であったことが挙げられる。思想の波瀾万丈の時代に照応し、思想を表現する媒体である言語・文字もまた波瀾万丈の時代であった。とくに、欧文の影響や俗語の混入もあって、さまざまな文体や表現が試みられたが、新語や俗語をふんだんに取り入れたこの時期の雅俗混交の文章はけっして読みやすいものではない。それは梁啓超流の「新民体」も例外ではない。たとえば、思想面でも文体面でも梁の強い影響下にあった陳天華（一八七五〜一九〇五）が著した「要求救亡意見書」（一九〇五年）の次の一節を見ていただきたい。

難者曰、今瓜分之談、尚属影響、而行如是之挙動、不幾類於無事張皇乎。応之曰、瓜分者豈必待改図易色、而始謂之瓜分哉。土地・人民・主権、有一不完全、則不可謂之国。今土地則已去者無論、指名坐索者又紛紛矣。如俄之要求厦門等地、及要求蒙古・新疆之鉱山、其余名〔各〕国不勝枚挙。人民則非洲・美洲之工人。東三省之難民、惨無天日。而上海則俄国水兵公然殺人於市、而惟定以四年之監禁。嗟、我同胞曾草芥之不啻也。

傍線を付したところは雅俗（文白）混交体で、しかも外国文法に影響された変則的な表現になっている。五四新文化運動以降の白話文を読み慣れた目と頭には、リズムといい、意味といい、すんなりと理解できるものではないだろう。(19)

【語彙の流入】

文体の揺らぎ・変則性に加えて、文書読解の困難として挙げるべきは、西学・東学（日本学）の流入や相互往来の深化にともなう新たな「新名詞」の増加、とくに日本漢語の流入である。日本語の使い手にとって、清末「新名詞」はむしろなじみが深いだけに、理解に困難はないようにも思えるが、日中両国語の相違や時代における意味内容の変化に留意する必要がある。

一例を挙げれば、上に引いた陳天華の一文に見える「影響」はむしろ古典的用法であり、現代漢語・日本語では意味を捉えられないだろう。[20]「自由」「共和」「革命」「進化」「公理」など、政治体制に関わる基本語彙については、概念史や語彙史の分野でさまざまな研究があらわれつつあり、[21]それこそ思想史研究の新たな潮流になる気配すら感じさせる。[22]概念史の研究はまだ緒に就いたばかりだが、法律政治や自然科学の各分野における、欧米・日本・中国の間の学知の移入や影響関係を見てゆくことで、思想史研究にも新たな視野が開かれることが期待される。

これとは別に、清末の史料にあらわれる外国の地名や人名など固有名詞の多くは、原綴や書誌情報が示されないことが多いので、出所や引用箇所の特定に困ることが多い。世によく知られた人物や地名であればいざ知らず、今日ほとんど忘れ去られているにもかかわらず、当時盛名を博した著者・書物・文献については、やはり原書にさかのぼった精査が必要である。とくに清末民初までは、著述と翻訳・紹介の境界があいまいで、中国人による著作には往々にして「種本」や「原作」が存在する状況が少なくないから、固有名の同定を通じて、また引用箇所の特定を通じて、原書・原文と対比し新たな問題の発見に至ることは大いにありうることである。

一例を挙げれば、梁啓超「中国史叙論」（一九〇一年）の冒頭に、「法国名士波留氏はかつて俄国通史を著した」、「徳国哲学家埃猛埒済氏曰く」と二人の西洋人名があらわれる。『新編　原典中国近代思想史』第三巻の編集にあたり、編集協力者吉川次郎の尽力により、最終段階になってようやく「波留氏」とはアナトール・ルロワ・ボリュー（Anatole Leroy-Beaulieu）、「俄国通史」は林毅陸訳『露西亜帝国』（東京専門学校出版部、一九〇一年）のことであり、また「埃猛埒済氏」はヘルマン・ロッツェ（Rudolph Hermann Lotze）を指すことが判明した。[23]明治期の図書資料をウェブで公開している国立国会図書館近代デジタルライブラリーのたまものである。

梁啓超（一八七三〜一九二九）の西学受容の経路が明治期の日本にあったことはすでに知られているが、近代中国の知識人が接した「学知」の移入・連鎖のありようを知る上で、こうした人名や書名の同定と対照は基礎作業として欠かせないものである。この点では、梁啓超の思想研究が最も進んでいる。たとえば、梁啓超の「文明」論に着目し、その「歴史と地理の関係」（一九〇二年）が浮田和民『史学通論』の翻案によることを実証した石川禎浩の研究などが大いに参考になろう(24)。また、李大釗（一八八九〜一九二七）の「我がマルクス主義観」（一九一九年）が河上肇『マルクスの社会主義の理論的体系』を下敷きにして書かれたことはつとに知られているが、後藤延子はさらに考証を重ねて、後半部分の種本が福田徳三『続経済学講義』（大倉書店、一九一三年）であることを明らかにしている(25)。清末民初期における中国語著述の「日本資源」に関しては、今後より多面的な研究がなされるべきである。

【編纂史料のわな】

さて、「四重苦」の第三に挙げるべきは、史料の多さに加えて、史料そのものにイデオロギーや政治的動機にもとづく加工や削除が加えられていることである。とくに編纂ものの史料集を扱う際には注意が必要である。一九五〇年代に出された中国史学会主編「中国近代史資料叢刊」のシリーズは、その後の近代中国史像を決定づけたといってよいほど影響力の大きな史料集であり、いまだにまずは参照されるべき基本文献といっても過言ではない。しかし、すでに別稿で指摘したように、これは「新中国」成立という時代状況を背景に編まれた史料集であり、その意味で、史料の取捨選択や配列・編集において、編者の歴史観やイデオロギーが色濃くあらわれていることは否めない(26)。同じことは、清末最後の十年の主要な政治言論を集成した張枏・王忍之編『辛亥革命前十年間時論選集』にもいえ、蔡尚思編『中国現代思想史資料簡編』になると、対象が現代（五四運動期以降）になるだけに、その傾向はいっそう顕著である。

なべて史料集は編者の歴史観の反映といってしまえばそれまでだが、われわれはむしろ史料が編述される背景や状況に立ち返ることで、逆に史料編纂・出版の経緯や過程を思想史研究の対象とすることもできる。たとえば、民国期に刊行された『清季外交史料』（その原型が、公刊されなかった『光緒朝籌辦夷務始末記』であることは台湾の馮明珠がつぶさに論じている[27]）について、川島真は編集の過程で、不平等条約改正、中華の「失地」回復という編者の強い政治的意図が投影されていることを指摘している[28]。『清季外交史料』は清末外交史の研究史料であるにとどまらず、民国期の外交思想や対外観を研究する上で、またとない素材にもなりうるのである。

初学者にとって史料の大海に飛び込む前に、道しるべとして読むべき基本文献を秩序立てて整理した史料集があることはかけがえのないことであり、積極的に利用すべきである。要は、原典・原文にあたる手間さえ惜しまなければ、史料集は大いに活用すべきであり、まずある特定の人物なり事件・思潮・運動なりについて、その概略を把握する上で、全体を通読した上で、個々の史料の吟味へと進んでいくべきである。

その際、留意すべきは、影印された史料集は別として（実をいえば、影印本にも「加工」の問題があることは、後述する『翁文恭公日記』の例がある）、活字化された史料（集）には注記なき省略・削除など意図的なものから、衍《えん》字《じ》・脱字・誤字などの印刷ミスに至るまで、史料の信頼性に関わる問題が多かれ少なかれ存在するということである。筆者の気づいた限りでも、『辛亥革命前十年間時論選集』には人種差別に関わる（と編者が見なした）表現が勝手に削除されている例があり、同じく『走向世界叢書』にも断りなしの削除や伏せ字があることはディケターや坂元ひろ子がすでに指摘している[29]。やはり、編纂ものの史料を扱う際には、完全を期することは難しいにせよ、こまめに原書・原文にあたることを心がけるべきである。

実際に、編纂された史料集では得られない情報を原書・原本からは得ることもできるし、それが研究上少なからぬ意味をもつことも少なくない。筆者の経験から一つ紹介すると、一八九八年の戊戌維新にあたり、変法派の言論基地として大きな役割を果たした天津『国聞報』のケースがある。原文は長らく入手困難で、中国国家図書館（もと北京図書館）収蔵の現物もコンプリートではないため、従来は『戊戌変法』第三冊「報紙新聞」の選録がもっぱら使われてきた。ところが、マイクロフィルムで原文を取り寄せ、日本の外交文書を用いて『国聞報』経営の舞台裏を考察する過程で、初期の第一面中央に「華俄道勝銀行」（露清銀行）の広告が毎日登載されていることに、重要な意味のあることがわかってきた（次頁図）。

実は、ロシアの在天津領事館は『国聞報』の政界への影響力に目をつけ、経営者の厳復（一八五四〜一九二一）や王修植に買収工作を仕掛けており、その結果が「華俄道勝銀行」の広告掲載になったというわけである。当時、『国聞報』経営陣はロシアの資金提供の誘いをかわしながらも、広告掲載という形で「友好」関係を維持しようとしていた。しかし、この関係は長く続かず、今度は日本が『国聞報』の買収を企図し、ロシアの影響力の排除をもくろむようになる。それは紙面にも如実にあらわれた。それまで、西暦と中暦を掲げていた第一面上部の日付が、ある日突然何の断りなしに「大日本明治」と「大清光緒」の年号併記に変わるのである。史料集に収められた文字情報だけではわからない、そうした紙面構成の変化を通じて、われわれは戊戌維新や日中関係に関わる重要な史実を解明することができたのである[30]。新聞・雑誌の原本には、標点本にはない独自の史料的価値があることを、改めて確認しておきたい。

第四十四號

大清光緒丁酉二十三年十一月十五日

國聞報

西歷一千八百九十七年十二月八號

本館設在天津紫竹林海大道　每張取大錢十文　外埠按道近遠酌加寄費

華俄道勝銀行

図　『国聞報』第44号（1897年12月8日）第1面

【筆名とアナクロニズム】

四重苦の最後は、著者の同定とアナクロニズム（時代錯誤）の問題である。清末から民国期の著述には、政治的その他の理由により、筆名・変名で書かれたものが少なくない。また、無署名の文書や機関・団体名で出された文書も数多くある。これらを思想史の史料として使う場合、文書の作者や執筆背景についての理解は欠かせないが、証拠や手がかりに欠け、判断に苦しむ場合も少なくない。たとえば、一八七四年に香港で創刊された、近代最初の中文紙と称される『循環日報』は、その論説の多くが王韜（一八二八〜九七）の手になるといわれている。だが、実際どの号のどの論説が王韜のものであるのか、今日でも定論を下しにくい[31]。厳復が『国聞報』に書いた評論にも似たような問題がある[32]。また、革命団体や政治領袖が発した宣言・檄文などは、起草者が判明しているものはむしろ少なく、著述の主体は各種周辺史料から類推するしかない。かつて「毛沢東思想」と「毛沢東の思想」を弁別する必要が説かれたことがあったが、孫文『革命方略』や蔣介石『中国の命運』をどこまで個人の著作として考えるかは、なかなか厄介な問題をはらむ。

中には、筆名や変名で発表した著述を、後になって本人あるいは関係者が、実名で公刊するケースもある。こうした場合は、最初に発表されたもの（あるいは原稿として遺されたもの）に、より強いオリジナリティが認められるのが普通である。たしかにそうであるが、後に公表されたテクストのほうが、史料としての信頼性を高める場合もある。改訂を経たテクストのほうが文字の信頼性が増し、新たな情報が加わるからである。さらに、異本や各版を校訂し、適切な訳注を施した標点本史料集のほうが、利用価値が高まるというケースもあるだろう。要は、逐一テクストに当たって、自分の目と頭で史料批判を行うしかない。

厄介なのは、著者自身が原稿や刊本に手を入れながら、執筆や発表の時期を遡らせることで、後世の読者の耳目を欺きかねないことである。その最たる例は、康有為『戊戌奏稿』（一九一一年）であろう。康有為の変法奏議を収めた同書は、「〔戊戌＝一八九八年〕×月」という日付に、長い間疑いがさし挟まれることはなかった。これを、後年の康有為自身の偽作だと疑ったのが黄彰健『戊戌変法史研究』で、一九八〇年代になって、北京の故宮博物院で康有為が戊戌年に光緒帝に上呈した奏議集（『傑士上書彙録』）や御覧進呈本（『日本変政考』『波蘭《ポーランド》分滅記』等）が発見され、黄の疑義の正しさが証明されることになった。康有為が戊戌年に執筆した奏議はその後、中国第一歴史檔案館の原檔を博捜した孔祥吉の手で、その全貌がほぼ復元されており、(33) これまで『戊戌奏稿』をもとに組み立てられてきた康有為の変法思想に対する見方も修正を余儀なくされることになった。『戊戌奏稿』は辛亥革命前夜の康有為の思想を示すものであって、戊戌維新の思想・運動を分析する史料には使えない。使うとすれば、アナクロニズムに陥りかねないのである[34]。

逆に、本人による文字の削除・補訂の跡が疑われてきたが、原本との対照の結果、史料の価値に影響を及ぼすほどではないことが明らかになった『翁同龢日記』のような事例もある。光緒帝の師であり、変法運動の推進に積極的な役割を果たした軍機大臣翁同龢の日記は、張元済の手で一九二五年に上海商務印書館から『翁文恭公日記』の書名で出版されるや、長年宮廷の中枢に身を置いた著者の経歴から、戊戌維新のみならず、ひろく清末政治史を研究する上で、またとない一次史料として注目されてきた。だが、戊戌政変後、康有為ら変法派支持の嫌疑を消すため、康党との関係を記した日記の原本に自ら書き換えを行ったとの説を金梁が提起して以来、『翁同龢日記』の信憑性に疑念を抱く研究者もあらわれた。孔祥吉と筆者は、翁同龢の子孫が保管する日記の原本と影印本のつきあわせを行い、金梁が指摘する後年の改竄（「康有為」の文字の削除など）を確かめるとともに、補作の箇所は多くはなく、むしろ張元済が人間関係への影響を顧慮してあえて影印しなかった部分があることを発見した[35]。これにより『翁同龢日記』の信頼度は高まり、その史料的価値が改めて確認されることになった。

## 4　過去を異化する歴史

以上縷説してきたように、近代中国思想史研究の要諦は、遺された史料を精読することに尽きる。それとともに、史料が書かれ、編まれ、読まれた背景や状況を理解することも肝要である。なかんずく過去の史料に向かい合う際、最も重要なのは、現代の価値基準をものさしにして歴史の評価を下さないということである。とくに、一九世紀以前の史料になると、政治体制も社会構造も文化規範も、今日の世俗化された現代社会とは大きく離れているために、奇怪に映ったり、荒唐無稽に感じられたり、はては幼稚に見えたりする記載が少なくない。文人官僚の書き残したものであれば、愚民観や性差別と見なされる言述は随所に指摘できるだろう。

だが、われわれが歴史に問いかけるのは、現代の価値観から出発して、過去を了解可能な世界に招き寄せることではない。むしろ過去を「異化」し、それによってわれわれの生きる世界を多元的なものにしてゆくことこそ、思想史を含めた歴史学に求められるところである。人民を疎外する「専制」体制、君民を峻別する政治文化、女性を排除する儒教道徳、夷狄《いてき》を貶視《へんし》する「中華思想」、どれもが奇妙であり、「封建」的な過去の遺物に見える。しかし、そこで一歩立ち止まって、かれらはなぜそのような言述を遺したのか、かれらの「常識」はなぜわれわれとかくも違うのだろうと考えるところから、思想史の探究ははじまる。そうすることで、「現在」を特権視する思考の惰性を揺さぶり、謙虚に過去の人々の生に向き合う態度がもたらされるだろう。それはまたわれわれに人間の経験領域の広がりと多様性を開示し、「現在」の生をより豊かなものにするはずである。

とはいうものの、勧善懲悪的な歴史観はいまだに根強い。客観性・実証性を標榜する研究であっても、前意識的にというべきか、現代的な道徳規範やイデオロギーが投影される例も少なくない。今日の中国の歴史学界では、李鴻章はいまだにその「売国」的「妥協」的な対外姿勢を指弾され、袁世凱は権力野心と帝王思想を糾弾され、時代状況の中でかれらが選択した「近代」への道は否定的に評価されがちである。他方、歴史の主流として語り続けられるのは、先駆者・革命家の挫折と成功、そしてその栄光の物語である。

歴史叙述において、道徳判断と政治評価が分離しがたいのは、古今東西変わらぬ通例であろう。しかし、文化人類学の知見が教えるように、道徳や価値観は共同体によって異なり、また時代にしたがって変化するものである。「野蛮」「残虐」に見える慣習や規範も、特定の文化共同体の中では合理性を有している場合が少なくない。理性的判断だけでなく、正邪を弁別するわれわれ現代人の価値観や世俗的感性すら、特定の歴史的環境の産物であることを忘れないようにしよう。

さらに、進歩や発展を基準とした思想の評価もまた、現代的な価値観を歴史に読む込む点で、イデオロギーの拘束を受けていることに自覚的でなければならない。近代中国の変革思想は「洋務」「変法」「立憲」「革命」などに区分される、多様で豊かな思索の跡を刻んできたが、現在でもやはり「近代」との距離に応じて、思想の価値が序列化される傾向が強い。たとえば、先に鄭観応『盛世危言』の「議院」論に触れたが、鄭観応にしても、王韜にしても、かれらが「変法思想家」と評価されるのは、「西学」へのいち早い注目や制度改革（変法）の主張によってである。しかし、かれらが「西学」に関心を抱いた動機や意図は一様でなく、各自の思考様式にも大きな違いがある。王韜などは、西学の摂取そのものが目的ではなく、むしろ中国にかつてあった黄金時代に帰ること、言い換えれば「聖人の道」に至る方途として、変法を主張していた。

さらにいえば、王韜の場合、「変法」はあくまで「器」の次元に限定されており、中国の「道」の絶対性への確信は、まったく揺らぐことがなかった。むしろ、西洋のすぐれた「器」を導入することを通じてこそ、中国の「道」の普遍性が明証される、とかれは終始信じていた。王韜は、中国のような農業国に西洋の機械や技術が導入されると、「遊惰の民」が増え、「意外の変」（民衆暴動）が起こり、国内秩序が動揺しかねないとして、洋務派官僚の近代化政策と対立するかのごとき発言までしている。さらに王韜の「変法」論には、鄭観応や陳虬のごとき、議院についての積極的言述はまったく見られない。同じ「変法思想家」であっても、またお互いを認め合った仲であっても、王韜と鄭観応の示す中国革新の処方箋は、大きく食い違うのである。かれらが「変法思想家」であるか否かを問う前に、それぞれの「変法」思想の内容をていねいに腑分けし、比較吟味してゆく必要があろう。[36]

ところで、清末「変法」論には、日清戦争以後の西学の本格的な流入と受容の中で、経学・諸子学ひいては仏学を援用しての「付会《こじつけ》」式解釈がよく見られる。康有為の『大同書』しかり、譚嗣同の『仁学』しかり、おのれの伝統資源を総動員しての文化防衛戦の観すらある。規範的な「近代」思想史の目線からすれば、異様であり、滑稽であるとしか見えない代物だろう。しかし、思想史の醍醐味はかれらの誤読や「西学」理解の限界をあげつらうことにあるのではなく、またその変革理論の幼稚さ・不十分さを批判することにあるのでもない。むしろ、かれらが生きた時代の知的環境を把握し、かれらの「創造的誤読」も含めて、思想的模索・苦闘の跡をたどり、喜怒哀楽の情を共感的に理解することこそ、進むべき道である。ついつい近代的な価値観で過去の（非西洋の）思想家を裁断し、そこに歪曲や欠如や失敗を見いだそうとする思考の惰性を振り動かし、日本とも西洋とも異なる中国「近代」の苦闘の歴史を読み取る上で、最後に、清末思想界における諸子学・仏学の隆盛を論じる島田虔次の、ややパセティックな「捨て台詞」を改めて想起しておきたい。

康有為においても譚嗣同においても、一面において出口のない論理の不毛に彼らをたえずつれこみつつ、しかも他面、それと密接な表裏一体性において、変革の思想に対して仏教が果たした大きな役割は、あくまで注目しなければならない。たしかにそこには、かずかずの滑稽がある。泥くさい牽強付会がある。かかる滑稽を演じないですんだ国民に平安あれ!!　自らの肩の上に、自らの肉体の一部として、重く周到な数千年の「学」の伝統をになわず、それ故に西欧サイエンス・西欧デモクラシイを西欧サイエンス・西欧デモクラシイとして虚心に受けいれえた国民は、それを喜劇とみるに相違ない。〔中略〕偉大なもののみが多く苦しみ多く迷うというのは、国と文明の歴史においても真理である。中国史の未曾有の転期に際して譚嗣同や章炳麟のしめした思想上・行動上の多くの矛盾、チンプンカンプン、私はそれに対してむしろ満腔の敬意をささげるものである。ここにこそ学者＝思想家の真の姿があるといいたい。文明の意地があるといいたい(37)。

「進歩」や「権利」、「科学」や「民主」を唯一のものさしとすることなく、しかし同時にそれらの価値に対する希求の努力の跡を丹念にたどりながら、「文明の意地」を賭けた思想のありようを個々のテクストとコンテクストの中に発見してゆくこと、近代中国思想史に課せられた任務は重く、道は遠い。

(1) 丸山眞男「思想史の考え方について」三五六頁。
(2) 安丸良夫「課題と方法」二頁。
(3) マンハイム『イデオロギーとユートピア』一九一頁。
(4) 安丸前掲論文、三頁。
(5) 人文科学研究における「言語論的転回 (linguistic turn)」の潮流を受けて、歴史記述の物語性 (narrativity) が盛んに議論され、歴史学の方法としての実証主義に懐疑の眼が向けられるようになったことは周知の事実である。これにともない、表象されたもの、構成されたものとして史料のテクスト性を自覚する研究志向も強まったが、重要なのは、歴史叙述の物語性を強調してテクストに「外部」はないと言いつのることではなく、カルロ・ギンズブルクが批判的に応答したように、テクストがあくまで「ゆがんだガラス」であることを自覚しつつ、テクストと「外部」のレフェランスの関係を不断に問い直すことだろう。そうした地道な作業においてのみ、テクストから「事実」への(終わりのない、無限の)接近が可能となるのである(二宮宏之「歴史とテクスト」参照)。
(6) 毛沢東の革命運動と一九五〇年代後半以降の急進社会主義化の歴史を知るわれわれとしては、土地問題における「均平」への要求が、「現実」社会の分配・所有の公正さに対する批判意識(イデオロギー)に発していながら、同時にまた「大同」「均平」といった観念表象と結合して、「現実」を超越する未来への投企(ユートピア)を導く動因となっていったことを思い起こしておきたい。これこそまさしくマンハイムのいう「全体的イデオロギー」である。
(7) 丸山前掲論文、三五七〜三六一頁。
(8) ラヴジョイ『観念の歴史』。

(9) 山田賢「革命イデオロギーの遠い水脈」。
(10) 藤谷浩悦「辛亥革命の心性」一四六頁。
(11) ただし郭書は、康有為・譚嗣同・梁啓超・厳復・章炳麟・王国維・孫中山にはじまる人物伝記・思想評論に加えて、論理学や弁証法の中国への紹介、古代思想の整理と批評、「東西文化」「科学と人生観」「中国社会史」をめぐる論争などの章も立てており、純然たる学案型とはいえない部分もある。
(12) たとえば、一九八〇年代以降、義和団運動の研究は中国でも日本でも大幅に縮減したが、義和団の源流や民衆思想に関しては、小林一美『義和団戦争と明治国家』など、新たな問題提起を含むすぐれた実証研究があらわれている。
(13) 『盛世危言』の各種版本とその異同については、夏東元編『鄭観応年譜長編』下巻「付録一『盛世危言』版本簡表」が時系列にそって細かく整理している。また、費成康「『盛世危言』版本考」参照。
(14) 一八九六年に出版された『盛世危言増訂新編』十四巻で鄭観応は、五巻本中の「議院」を上下二篇に増補したのだが、議会設置の是非については、「広く学校を開いて人材が輩出した後に行う」と、それまでの五巻本での主張をややトーンダウンさせている。これが一九〇〇年の八巻本になると、「先に広く学校を開く」のが「正」、「先に議院を設け国会を開く」のが「権」と、「正権」の範疇で議会開設の要を再論している。議院をめぐる『盛世危言』の論調の変化や揺れに関しては、まだ十分な検討が加えられていない。
(15) 小野川秀美『清末政治思想研究』第二章「清末変法論の成立」。
(16) 桑兵「近代中国研究の史料と史学」八八頁。
(17) 同右、八八頁。
(18) いうまでもなく、以下の「四重苦」は否定的欠如態として述べられるものではない。それは、「一定の苦痛や不快の試練に耐えてそれを克服した処に生まれる典型的な「喜び」、すなわち歓喜の感情」(藤田省三「「安楽」への全体主義」)をもたらすような「苦行」にほかならない。「苦」なくして「楽」なし、あるいは「苦楽並進」(章炳麟「四惑論」)である。
(19) 劉晴波・彭国興編『陳天華集』一六二頁。「要求救亡意見書」の試訳は、孔祥吉・村田雄二郎『清末中国と日本』第八章を参照されたい。

(20)「影響」は古典に見える語だが、明治初期に日本でinfluenceの訳語に当てられ、それが中国にも伝わり、古典語の用法に変化を来すことになったという。詳細は、沈国威『近代日中語彙交流史』第五章「中国語における日本語の受容について」を参照。

(21)たとえば、近代中国における「革命」観念の変遷を分析したすぐれた研究に、陳建華『「革命」的現代性』がある。また、金観濤・劉青峰『観念史研究』は清末民初における政治・社会関係の基本語彙をデータベース化し、定量分析することで、思想史研究の新たなアプローチを開拓している。

(22)たとえば、二〇一一年には台湾国立政治大学で「近代東亜観念史」の国際研究プロジェクト（http://jhiea.nccu.edu.tw/p_intro.html）が起動し、データベースの構築や機関誌の刊行がはじまろうとしている。

(23)村田雄二郎責任編集『新編　原典中国近代思想史』第三巻、二六七〜二六八頁。

(24)石川禎浩「梁啓超と文明の視座」。

(25)後藤延子「李大釗とマルクス主義経済学」。

(26)前掲『新編　原典中国近代思想史』第三巻「解説」。

(27)馮明珠「『清季外交史料』作者質疑」、同「王亮的四份借書檔」。

(28)川島真『中国近代外交の形成』、同「未完の「近代外交」」。

(29)坂元ひろ子『中国民族主義の神話』二四三頁。

(30)詳細は、村田雄二郎「清末の言論自由と新聞」参照。

(31)村田雄二郎責任編集『新編　原典中国近代思想史』第二巻には、王韜関連の原典として、『循環日報』に掲載された、日本の初期アジア主義団体である興亜会についての評論を三篇掲載した。王韜執筆である可能性がきわめて高いものの、無署名のため、あえて王韜作と断定するのを避けた。

(32)王栻「厳復在『国聞報』上発表了哪些文」、王栻主編『厳復集』第二冊。

(33)孔祥吉『康有為戊戌変法奏議研究』、同『救亡図存的藍図』、同『康有為変法奏章輯考』。

(34)それにもかかわらず、日本では戊戌変法を論じるのに、いまだに『戊戌奏稿』に依拠した湯志鈞編『康有為政論集』を引く例が絶えないのは、研究者の慢心か軽率としかいいようがない。

(35)　孔祥吉・村田雄二郎『翁同龢日記』改削史実」。
(36)　この意味で、今日に至るまで最も範例的思想史叙述であり続けるのが、小野川前掲書である。これと関連して、王韜・陳虬・康有為の大同思想の違いを、竹内弘行『康有為と近代大同思想の研究』が詳細に論じている。
(37)　島田虔次「清朝末期における学問の状況」五五一～五五二頁。

# 座談会

## 近代中国研究の現状と課題

吉澤誠一郎
岡本隆司
村上　衛
村田雄二郎
西　英昭
石川禎浩
齋藤希史
（発言順）

## 入門とマニュアル

**吉澤**（司会）　では、先ずは編者からよろしくお願いいたします。

**岡本**　そもそも、なぜこのような本を作ろうと思いついたのか、というあたりから口火を切らせていただくのがいいだろうと思います。私は若い人たちに「こうしなさい」というかたちで「入門」を示す立場ではありませんし、また私自身もこれまでに出ていた入門書から恩恵ばかり受けている身ですので、このような本を企画すること自体、おこがましい限りです。ただし入門書をいろいろと読み、また使っているがゆえに、今までの入門書に思うところもあります。その思うところを批評することでもいいのですが、それよりも「自分だったらこのようなものを作る」としたほうがずっといいのではないか——これが、そもそもの動機になっています。

大きく見ますと、入門書には一昔前のものと最近のものという、二つの大きな塊があると思います。これは私自身がそう感じているだけで、実際に調べてみると違うのかもしれませんが、感触としてはそうです。一昔前のものは、いわゆる文献や史料を懇切丁寧に説明するスタイルが一般的だったと思われます。

それに対し、最近出ているものは少し変わった特徴が出ている。「対外的な発信力」や「競争力」「グローバル化」などが必ず枕詞につく感じになっていると思います。その「〇〇力」を付けるためのやり方なり材料なりということで、非常にベーシックな、堂々と「マニュアル」と書名につけている本（小杉・林・東長編『イスラーム世界研究マニュアル』）もあります。これが最近の入門書の特徴ではないかとみています。

一昔前のもので私などがよく使ったのは、山根幸夫先生の『中国史研究入門』や島田虔次先生の『アジア歴史研究入門』など。最近のもので一番典型的なのは『中国歴史研究入門』（礪波ほか編）、『海域アジア史研究入門』（桃木至朗編）であり、あるいは正面切って「グローバル化」などとおっしゃっているのは、飯島渉さんと田中比呂志さんが編集された学部生と大学院生向けのもの（『中国近現代史研究のスタンダード』『二一世紀の中国近現代史研究を求めて』）。だいたい、いま申し上げた括りで整理できるのではないかと思います。

それらのなかには、「マニュアル」「ベーシック」などと言っているが、所期の成果を上げているかが問題のような気もしています。マニュアルですので、それに即して卒論を書いてみることはできているように思いますが、それ以上となると、ちょっと頭打ちになっているのではないか。ドクターコースあたりまでの底上げはそれなりになされているように思いますが、それ以上になってから、若い人が面白い研究をしているかというと、少し疑問符がつくのではないか。非常に両極端になっている気がして、論証や手続きがしっかりしているものは、概して面白くない。面白そうだと思うと、グチャグチャだというようなことが目につく。一般論で一緒にしてしまうのはむしろ失礼なので、実名を挙げろと吉澤さんにそそのかされているのですが（笑）、そこはやめておきます。ただ、そういうのが結構あると思っています。

おそらく一昔前はそうではなかった。面白い研究がきちんと立証・論証・手続きも踏めていたということだったのでしょう。これがおそらく、日本の中国研究なり歴史研究なりの、昔は「世界に冠たる」と言われていた技量だったと思う。そういうものを回復しないといけないはずなのに、最近は「技法」や「技術」「マニュアル」とか言うばかりで、そうはなっていない。一体、今どこに問題があるのかということを少し考えます。

「グローバル化」「発信力」の関連でいいますと、語学をやるのも大事ですし必要はあるのですが、それだけでいいのかと強く思います。日本のいい研究成果を読もうと思ったら、それは海外の人に日本語を勉強してもらわないとどうしようもないので、それはむしろ外国の問題であって、われわれの問題としては、まず日本語でしっかりした、面白いものを書く技量が必要ではないか。独りよがりの考えながら、そのように思っているところです。

そういう関心からして、入門書がこうあるべきだという雛形を探せば、やはり七四年に出た前作『近代中国研究入門』でしょう。プロであればわきまえておかねばならないいろいろなものが、ここに備わっている。それは、「マニュアル」を謳う最近の研究入門にはあまり説かれていないことではないかと考えまして、本書を企画したということです。

さらには、近年のもう一つの局面ですが、歴史研究は非常に旗色が悪いというか、逆風に晒されているという状況です。歴史そのものに対する興味が弱くなっているわけではなく、特に現状分析の研究者が歴史に言及なさることが非常に多いのですが、歴史に興味はあっても、歴史「研究」に対する興味や尊重があるかというと、それはどうも疑わしい。

もちろんこの本はプロになってもらう人に読んでほしいのですが、違う分野の人にも、「歴史研究はこういう手続きでやっているということをぜひ知ってほしい」「もし歴史に足を踏み入れるのであればこのぐらいはわきまえてからにしてほしい」などのことを示しておくのは重要ではないか。それを知ってもらうことが、歴史研究が晒されている逆風を少しでもやわらげる道ではないか。それが自覚できると、いい加減な研究も少なくなってくるのではないか――このように考えた次第です。そういう目的に即しても、前作のスタンスは大いに見習うべきところがあると感じます。

編者の意図が伝わったかどうか、あるいはどう受け止めていただいたか、そのあたりをざっくばらんにお話ししていただきたいと思います。

**吉澤** 今の岡本さんのお話は、この本を編集するにあたっての基本的なねらいのご説明だったわけですけれども、みなさま、それぞれの章をお書きいただいて思ったこと、あるいは岡本さんの見方とはちょっと違うニュアンスで考えていることなどについて、ご発言いただけますでしょうか。

最近の入門書として今いくつか挙げていただきましたが、例えば大学院生のみなさんはそれらを読んでいるのでしょうか。実際にその影響力があるのかないのかもよく分からないのですが、どんなものでしょうか。村上さんはどのようにみていらっしゃいますか。

**村上**　私は直属の学生があまりいないものですから、具体的には分からない部分が多いのですが、ただ、きちんと隅から隅まで読んでいるとは到底思えないのが現状ですね。それは学生に限らず、有職者の方にも当てはまることだと思います。つまり、この本ほどではないが、ある程度手続きみたいなことは、こうした入門書のそこかしこに書いてあるはずなんですね。でも、それがきちんと読まれていないと感じることが往々にしてあります。挙げられている必読の先行研究も読まず、基礎史料も使用していない研究も多い。結局、それが十分役割を果たしていないということも、有職者も含めて言えると思います。

**岡本**　学生を指導するときに、それらを「見ろ」とは言うんです。ただ、どこまで読んでいるかは非常に疑問なところがある。これは、例えば『史学雑誌』の「回顧と展望」でも同じような気がする。結局、目録としてしか見ない。

**吉澤**　『二一世紀の中国近現代史研究を求めて』について議論しているときに、本来先輩や先生から口伝えで教えられるべきものを文字にして出すのはいかがなものか、よくないというか、ぼくの感覚と違うという違和感を一寄稿者として述べたところ、大学院生から「いや、隠されたものであってはいけない。ちゃんと文字にして教えていただくのがありがたい」など、さまざまな意見があった。ですから、そうしたマニュアルみたいなものがほしいし、もっとマニュアル化してほしいという考え方はあるのかもしれませんね。

かつては、職人的な感じで「習うより慣れろ」と仕込まれたり、先輩から怒られたり、あるいはそれこそ先生の口伝であったり、先生がやっているのを密かに真似するとか、そういうことで伝授されてきたのが実態だったのでしょうが、それがあまりうまく機能しなくなったので、マニュアル的なものも必要になったとは思います。

**村上**　大学の組織再編が続いている以上、今後もそういう入門書が必要なことは事実だと思いますね。

**村田**　おっしゃったように、特にここ十年ぐらい、大学や研究機関をめぐる状況がドラスティックに変わっているので、マニュアルとか懇切丁寧な解説書みたいなものは必要だし、意義がないわけではないと思いますが、やはり研究となると、マニュアル化の先ですよね、そしてこの本が目指そうとしているのも。さきほど岡本さんが紹介したものをいくら一生懸命読んでも、深く広い意味で本が読めるようにはならない。

「職人的」という言葉がいみじくも吉澤さんから出ましたが、大学の教室や研究室の面談だとか、あるいは一対一のフェイス・トゥ・フェイスの関係でしかできないもの、それが研究にとって大事ですね。何よりも本を読める人を目のあたりにして、自分もああなりたいとか、あるいはすばらしい研究を読んで自分もああいうものを書きたいと思うのがモチベーションとしては一番大事で、そこはどんなに状況が変化してもマニュアル化はできない。だから、学生に対して効率ばかり言わないで、やはりじっくりと本やものに向かい合うことが、何より大事と思っています。

確かにマニュアルや検索ツールが実際に便利になったのは一方でいいことです。でも、その先、実際に研究をやっていこうとすると、史料をつき合わせて、分からないところを汗をかいてあれこれ調べ、ほこりまみれになったり足で稼いだりする、そのへんのやり方というのは、最後にどこかで残るのではないかと思います。だから、懇切丁寧なビブリオグラフィ（文献目録・文献案内）を作ってあげたり、マニュアルを書いたりするということはぼくはやっていません。そんなことは自分でやりなさいという感じですね。

**西**　それを自分でやらない学生が増えているというのが最近よく感じる問題です。文献案内とかマニュアル的なものというのは、法制史の分野ではそもそも存在しなかったので、先ほど岡本さんに挙げていただいたような文献を自分なりに使い勝手いいようにカスタマイズするといいますか、自分で自分用の文献案内、自分用のマニュアルみたいなものを作ってやっていく努力はしていたのですが、今はそれがないなぁと思います。かつ最近の若い人は、例えば文献案内にある本なり辞典なりを図書館に行って実際に手に取るということをまずしないんですよね。われわれがいくら頑張っても、そこをやってもらわないとどうしようもないというのが一つあると思います。

**石川**　西さんは自分なりのビブリオグラフィを作らなければいけないというのを自分で感じて作ったんですか。

**西**　そうですね。私は法学部の出身で身のまわりに中国の専門家がほとんどいない状況でしたので、そのなかで中国研究を始めようと思うと、本当に訳も分からず、とりあえず文学部に行って、関係の先生方を訪ね歩くところからでしか始めようがなかった。そこで各先生方がどうされているのかを傍目で見ながら真似をしてやってきた。そうせざるを得なかったのです。

**村田**　京大にもあるのかどうか分からないが、東大には「放し飼い」という言い方があった。放し飼いでも意欲があって能力がある学生は西さんみたいに自分でやれる。ただ、今は放し飼いではいけない。下手をするとハラスメントになってしまいます（笑）。

放し飼いでいいんじゃないかと内心思っていても、ある程度は指導しないといけない。自分やまわりのことを振り返っても、東大はみんな放し飼いだったと思う。何にも教えてくれない。

**岡本**　京大もそうだと思いますね。

**石川**　そうですね。より放し飼い（笑）。

**岡本**　今も放し飼い。

**吉澤**　そう、放し飼いには放し飼いのよさがある。

**岡本**　ただ、今は牧草が生えてないという……（笑）。

**吉澤**　そっちが問題か。

**石川**　みなさん、前作はいつごろ読みましたか。ぼくは恥ずかしながら、今回、これを執筆するまで読んでいない。この本があることは知っていたけれども、ぼくが八〇年代はじめに大学に入ったときには、新刊ではなく、もう新鮮味もなかったし、また入門書みたいなものに頼るのが何となく嫌だった。だけど今回読んでみて、もっと早く読んでおけばよかったという気持ちになりました。結局、大学では放し飼いすぎて、誰も研究上の心得なんて教えてくれなかったですから。口伝、つまり「これ読め」「あれ読め」ということを教えてくれる人もいなかったし、こんな入門書があるよということさえ誰も教えてくれなかったですからね。

**村田**　口伝といえば、学会とか研究会の役割が大きかった。今、それが少し弱まっていると思います。例えば、よその大学にはあの先生がいるから、そこへ行けというのがあった。

**石川**　研究会も、今は短い時間での発表が中心でしょう。だからその研究がどうやってできたのかということや、どういう史料に基づいているのかということ、さらにはその史料をどうやって探したのかということについて、研究会ではあまり情報を公開できない。時間がないですから。

**村田**　ぼくが何とか本を読めると思えるようになったのは研究会ではなくて、読書会なんですよ。千年一日の如く、例の「三行主義」で読むわけです。偉い先生方がこうでもないああでもないなどと、王船山読書会なんかでやっている。それが一番勉強になりましたね。そういう場所が今はなかなかできにくくなっているのかもしれません。

**岡本**　私が前作を読んだのは学部のときです。

**石川**　早熟だよ（笑）。

**岡本**　そうではなくて、それこそ先ほどの話でいえば、東大や京大には、先輩や先生方など実物がいるわけですよ。私自身は地方大学出身なので、周りにいないんですね。西さんは法学部なので周りに誰もいないとおっしゃっていましたけれど、私は文学部の東洋史ですが、やっぱり周りに誰もいなかった。

それで勉強しようということになると、放し飼いという点は同じでしたので、一つは研究会に自分から顔を出す。もう一つは、この手のものを探す。ちょうど売れ残ったのがあったんですよ。中身を何も知らずに買って読んでみると、論文の書き方が書いてある。田中正俊先生のところですが、これを金科玉条のように真似ようとした。要するに何も知らなかったわけです。

**石川**　でも、学部のときに読んで意味が分かった？

**岡本**　分からないです。

**村田**　学部生のときに買って読んだけれど、このとおりやっていたら論文は絶対書けないということが分かった。

**岡本**　それは環境がちゃんと整っているから、そのように分かるわけであって、要するに田舎もんですわ。右も左も分からないので、そのとおりやってみたわけです。「あっ、クリップで留めるんだ」とか、「原稿用紙に写すんだ」とか。でも、いつまでたっても進まない。卒論を書くころまでは、そのままやってましたが、全然あかんので、結局、我流になりました。

ただ、ここで書いてある心構えはなるほどそのとおりかなというのは、実感するんですね。このぐらいの漢和辞典を引いていても、文章は読めませんよ、というようなことは、歳を食ってくるにつれ、少しずつ分かるようになってきた。その点では、誰よりもよく読んだかもしれない。もし若い人たちが、マニュアルでもいいので読んで使うのだったら、隅から隅まで読んでみて、一遍全部真似をしてみるという経験は必要という気もする。とにかく紹介されているものを全部集めるとか、なかに書いてあることを自分なりに考え直してみるとか。そこまでやらないと活かせないのではないかということを、お話をうかがっていて思いました。ですから、本書を最終的にどう使うかは別にして、ぜひ最初から最後まで読んでほしいですね。

**村上**　私は、前作は学部のとき先輩に渡されました。まだ研究方法もろくに知らないころでしたが、やはり田中先生のところに大変な衝撃を受けました。結局私は田中先生が紹介していない史料を使う方向にいってしまいましたが。

でも、こうした「入門書」や「留学」といったいろいろなかたちの衝撃を、いつの段階でもいいから与えられることがいいと思うんですね。いろいろなかたちで衝撃を受けていくなかで、自分のあり方を考えて、研究をどうしたいかなど考え直していく機会を与えられるのが大切だと思います。そうした機会を与えるものに今回の本がなればいいな、と。

逆に言うと、例えば経済史の部分で私が書いたものとは全く違った方向からやってみたいという研究が出てくるのもまた面白いと思うし、むしろそうあってほしいという感じがします。

**吉澤**　齋藤さん、文学ではマニュアル本などは多少あるのですか。

**岡本**　より口伝。

**吉澤**　より口伝の昔ながらの感覚がある、ということでしょうか。

## 勉強法とその現状

**齋藤**　確かに今回の原稿を書くにあたって、イメージが少し摑みにくいところがありました。私が前の『近代中国研究入門』を読んだのは大学院生か助手のころだったと思いますが、古典文学研究をやっていた私が京大人文研の梁啓超の研究班に出るのに何か知らないとまずいだろうと思って、たぶん手に取ったんだろうと思います。

**岡本**　歴史を知るということで？

**齋藤**　歴史というか、文学以外の他のジャンルについてもひととおりの知識をということで。たまたま前野直彬先生の文章があって、これは面白かった。あと、田中先生のなかで工具書についてかなり詳しく説明されていて、これは文学と同じなんだと思った記憶はありますね。例えば『助字辨略』（劉淇）を読めというのは、われわれは口伝の世界でしたが、それがちゃんと書いてある。

ただ、口伝とはいっても、リストがあるわけではないですね。入門書的なもので、院生のときにわれわれが読まされたというか、院生たちの間でこれは読んだほうがよいというかたちで伝わっていたのは、狩野直喜先生の『漢文研究法』でしょうか。それ以外ではとにかく「『吉川幸次郎全集』を読め」「『内藤湖南全集』を読め」ですね。後に小川環樹先生の著作集が出たので、私は学生には、まずは『小川環樹著作集』を全部読みなさいと言うようになりました。『唐詩概説』なども入っていますし、吉川先生のものを全部読むのは大変だけど、小川先生のものは五冊なので一応読めるでしょう、と。

そういうかたちで、いわばマニュアル化されたものではなくて、ある誰かの学問体系を丸ごと知ることによって、自分のやりたいことが見えてくるだろうという感じですね。

**岡本**　それは歴史研究でも同じで、ある人の論文を読んで「これは」と思えば、その人の全著作を通して読む。私は誰に教わったわけでもないけれど、そうしていますし、そうしろと学生にも言っていますが、実行した学生は今のところいません。

**齋藤**　ある先輩は吉川全集を三回通読した、と（笑）。そんなことができるのかと思いましたが、高校時代に吉川全集を全部通読した人もいるという話も聞きました。そうしたタイプの方が多かった。

**吉澤**　今回の本のなかで西さんも書いていらっしゃいましたが、ある研究者の論文のなかから一、二篇だけを読むのではなくて、ちゃんと全部を見ることが、大学院生のころの練習としては非常に意味があるでしょう。現在現役で書いている人のものもいいのですが、すでに逝去した偉大な学者について、若いころから中年を経て老年までどのような関心のぶれがあるのか――あるいはぶれない人もいるだろうけれども――、そうして一生をみることはいい体験だろうという感じはもちますね。だから、全集がいいのはそういうことがあるかもしれない。

**齋藤**　もう一つ、科研とかプロポーザル的なものは、文学研究は未だにやはり書きにくいところがある。何を明らかにするかと言われても……（笑）。あとで事後的に明らかになるけれども、あらかじめ明らかになるようなことだったら面白くないのではないかと考えてしまうのは、どちらかというとこのジャンルの……。

**岡本**　どこも一緒だと思うけれど。

**齋藤**　もちろんそうですが。

**村田**　「予測される効果」とか、「社会へのインパクト」とか、書きにくいよね。

**齋藤**　分かっていたら……。

**岡本**　分かっていたら研究する必要がない。

**村田**　「心を豊かにする」とでも書くしかない（笑）。

**石川**　その場合、仮説のようなものを立てるということはないんですか。

**齋藤**　仮説的なものは、さすがに一応立てます。ただ、それは形式として書いているわけです。たぶんわれわれの世代であれば自分のやりたいこと、ある種の核みたいなものがあるから、それはそれとしてプロポーザルは書きますよ、というように、書類を書くときにある程度使い分けをしていますよね。だけど、今の若い人になると、ちょっと気の毒なんですが、その核ができる前に、そうした学振の申請書などをたくさん書かされてしまう。それで、今度はそのマニュアルがほしい、ということになる。

われわれにとっては、その乖離というものが大きく感じられるし、彼らにとっては、芯がないときにそれを書いてしまうことになる。となると、岡本さんが言われるように、今、書くべき入門書があるとすれば、その「芯をつくる」というか、研究者としての核をつくる本があったほうがいいと思うわけです。

**村上**　プロジェクトの話に戻りますが、それこそ芯ができていない院生の人たちを余計ぐらつかせるようなプロジェクトがあると思いますね。

**岡本**　また便利使いしますしね。

**村田**　でも他方で、そのプロジェクト型に博士課程のかなり早い段階から入っていかないといけない状況があるから、さっき言ったような研究会だとか読書会でじっくり本を読んだり、ある人の作品にずっと付き合っていったりすることがしにくくなっている。若い人を責められない。

**岡本**　そういう意味でいえば、現状は非常に厳しいですね。

**村上**　若い人の問題ではなくて、プロジェクトを組んでいる人の問題だと思いますね。

**齋藤**　私たちもたぶん、それに日々侵食されている感はあります。今までの蓄積で何とかなっている部分はあるかもしれないが、それがだんだん侵されてきているような部分というのがある。若い人だけの問題でもないような気がしています。

**岡本**　そう、何か身を切り売りしているような感覚は、無きにしも非ず、ですね。「もうストックはないよ」と毎月言っている気がする（笑）。ゆっくり読むという機会がないことはすごく不幸だと思う。

その点では、先ほど齋藤さんから梁啓超研究班の話がありましたけれども、『梁啓超年譜長編』の訳・注を作っている段階、あの仕事は本当によかったと思います。文献を扱うというものが、何となくこれでいいという感覚になれたのは、あの仕事があったおかげという気はしますね。

**石川**　『梁啓超年譜長編』の訳注作成の仕事には、実は院生が二人加わったんですが、残念なことに、二人ともその後、研究職には就かなかった。つまり、あそこで集中的にやったセミナーというか勉強の方法を、若い人には伝えたはずなんだけれども、たぶん消えてしまうわけですね。とても残念だと思います。

**吉澤**　研究会などもじっくりやるというのがだいぶ少なくなって残念です。交流の場としての意味は一応あるのかもしれないけれども。

**岡本**　それこそ京大人文研でいえば、大昔の『雍正硃批諭旨』の、ああいうものから始まって、近代史班でも読む会があって、石川さんよくご存じだと思うんですが、中国近代史に関する基本的タームを調べるという名目で、島田虔次先生が、「民」とかいろいろな言葉をピックアップなさって、それに関する出典を読んだわけです。ですからそれこそ『四書集注』に始まって『管子』とか、『日知録』とか、およそ近代史とは直接関係のなさそうなものを輪読する会があって、そこでこっぴどくいじめられた記憶があります。

**石川**　一九八九年夏から一年半ぐらいやったかな。島田先生がいろいろ言葉を見つけて、当然、近代史の人だけではだめだということで、吉川忠夫先生に来てもらって、例えば『孟子』に見える「民」の義なんかを解説してもらうんですよ。もちろんこちらも関連するものを少し調べて、こういう意味だと思いますというかたちで報告するけれども。

**岡本**　とにかく出典を全部調べてみたり、確か音読していましたね。音読して、訓読して、意味を言って、それで狭間直樹先生、森時彦先生がグジャグジャ言って、最後に吉川先生がボソボソと言って締める。

**石川**　それが今流に言えば、interdisciplinaryということだったのかな。もっとも、当時は、近代史を研究するのに何でこんなことまで知らないといけないんだというのが正直なところで、やれと言われたから調べましたけれども。

**岡本**　ドーンと渡されて、分担を決めて、何でこんなことをやっているのか分からないままに……。はじめはそうなんですね。分かっていると逆におかしいと思うんですよ。そうではなくて、分からんままに読んで、いろいろ怒られながら解説を聞いて、何となく感覚になっていくというほうがむしろ重要な経験だと思う。

**吉澤**　まさに職人養成の徒弟。ディシプリンとはそうしたもののわけですね。語源からしてもそういうものですから。そうやってある種の力を養っていったということは確かにあると思う。

**村田**　『民報索引』なども、そうした「成果」を求めない息の長い読書会の成果。

**石川**　『民報索引』は小野川秀美先生の個人の仕事ですね。十三年間同じ採録基準を保って索引をお作りになった。

**村田** 今はとてもできません。

**石川** それは無理です。

**村田** ただ、日本だけの問題ではなくて、韓国とか中国を見ていてもやはりプロジェクト中心主義で、五年とか三年で若手を巻き込みながらやっていますので、同じですね。むしろ一時代前だと、日本の研究会や読書会に招かれて参加した海外の学者が、懇親会などで話すと「自分たちもこういうものがほしい」とよく言っていましたね。でも、帰ってそれをやろうとしてもうまくいかないみたいで、今は日本以上にプロジェクト化が進んでいる。しつけをするディシプリン的な場をどこに確保していくか。これは結構大事な問題ではないか。

**岡本** さっきから私が言っているのは、京大人文研にそれを残してほしいから言っているんですけれども（笑）。

**村田** 学部はだめですよ、学生がいるところは。やはり研究所で頑張ってもらわないと。

**石川** 昔に比べると、京大人文研の共同研究班は若手養成の機能がだいぶ強くなってきたと思います。研究会を平日の昼間に開催するわけですから、最近の大学の忙しさだと、一般の大学教員はなかなか参加できない。自然とPD（ポスト・ドクター）、OD（オーバー・ドクター）ふくめて大学院生の占める比率が大きくなってくる。そこで発表や討論をしたり、読むべき史料についてアドバイスをしたりすることに重点が移ってきていることは確かです。

**岡本** あとはそこに「本読み」の機能を加えていただく。

**西** そうした場をわれわれがつくっていかないと。思い返すと院生のころに岸本美緒先生が契約文書研究会をずっとやっておられて、私もとりあえずそれに出ることで勉強の仕方を学びました。かつ、ああいう場があると、それを真似して個人で勉強会を組織することもできます。私も同期の連中を呼んで当時やっていました。

若い学生だけが集まって、例えば英語の本を読もうなどという研究会は、見ているかぎり最近ほとんどないですね。そういう場が積極的につくられるべきだと感じています。

**岡本** 私も、「読書会」とかいって院生のころやっていたような記憶がありますね。今の子らは忙しいのかな、やらないですね。うちの学生や院生はやってなくはないが、ちょっと違うような気もするので……。

**吉澤** どういう点が違うのですか。

**岡本** やっているだけましとも思うのですが、どちらかというと思想書を読むとか、そういう方向。うちは東洋史、西洋史が組織として分かれていないものですから、院生連中が共通してとなると、マルクスとかフーコー、ヴェーバーといった思想書を読んでいますね。それはそれで何も知らないよりはいいことだと思いますが、東洋史だったらもっと先にやることがあるだろうという気はしなくもない。いろいろ言いたくなるような局面もありますが、そこは放し飼いで、ほったらかしている。

**吉澤**　今の院生はマルクス、ヴェーバーはほとんど読んでいないと思いますが、岡本さんの認識だと、中国研究の人は読まなくてよいということですか。

**岡本**　いや、読まなくてもよいわけではなくて、自分の経験からすると、それは一人で読んでいましたよ、前提として。そのうえで何がというような感じだと思いますので。前提として知っておかないといけないですし、読んでおかないと、何が何やら分からないということもあります。だからそれは前提として自分で読んでいて、読書会で読むのであれば、それは別の本になるでしょう、という文脈なんです。

**吉澤**　たぶん一人で読むのはしんどいから、みんなで読んでいるのでしょう。

**岡本**　ただ、読書会を引っ張っているのは、そういう本が好きな人なので、それは総意ではないという気もしますし、そういうのに馴染みのない学生が読んでいるのは、それでいいのかとも思いますね。

**村上**　昔は学生とか院生の研究会が多かったし、自分もフルに使わせていただいた。例えば私は英語が苦手なので、FOなどの英文史料や英文文献を読む会をつくって、東洋史で一番英語が読める東南アジア史とか南アジア史の院生を引っ張ってきて読んでもらう。もちろん、テクストは例えばギアツ（Clifford Geertz）とか東南アジア関係にしましたけど。

漢文であれば古代史のところに潜り込むとかいう方法があったんですね。だから、自分も余裕があったし、先輩方も余裕があったけれど、今はそういうものがない。また他の地域とか時代に関してあまり関心ももたないというのもあるかもしれない。

**西**　当時は学内になければ他大学に行ってやっていました。私も慶応とか早稲田に行って、全くの部外者だけれども混ぜてもらった。そういうのを積極的にやろうというのは当時の全体的な雰囲気としてあったと思うのですが、最近はないなぁと思いますね。

**吉澤**　今が排他的になったということでは必ずしもないわけだから、それは意欲の問題と考えるべきなんでしょう。

**村上**　あと、学生に聞くと時間がないということもありますね。実際には三年では終わらないけれど、一応三年で博士論文を書かなければいけないことになっているから相当大きなプレッシャーで、その前に学会発表したり、論文も投稿したりしなければいけない。先ほどの話ではないが、本人たちを責めるのは酷ではないかと思います。全体の大きな環境の変化が、研究会や読書会を成立させにくくなっているのは間違いないと思います。

**吉澤**　ただ一方で、これは最初に岡本さんがおっしゃったような、ある種の水準の頭打ちというか停滞というか、そういう状況をどうするかということをかなり真剣に考えるべき状況なんだろうと直感的には思います。ですから、今のような大学院教育、特に博士課程の仕組みを少し見直していかなくてはならないことは当然あります。

**齋藤**　両方できる学生もいると思うんですね。つまり、一年に一回ぐらい学会発表して、自分でテクストをきちんと読み込んで芯もつくっていってという、そういうレベルの学生は本当に今でもいます。それはそれでいいのですが、みんながそういうわけでもないときに、どちらがいいのか。つまり、学会発表だけして、それでだめになってしまうぐらいだったら、学会発表はしなくていいからともかく本を読みなさいという指導を、私たちはむしろしたほうがいいのではないかと思いますが。

**村田**　テクストを読む授業を出しても学生は来ませんよ（笑）。文学、思想史だとテクストを読むというのが基本ですけれども。やはりシラバスやレジュメをきちんと用意するなど、マニュアル重視の授業になっていますね。

**齋藤**　われわれは歴史研究であろうと文学研究であろうと、要するに、今の時代でないもののことを考えようというときには、その時代のひとあたりの資料にどっぷり浸かって、リアリティをそこで摑みますよね。そこで、書いてあるかないかの実証のレベルとは違うところのリアリティが蓄積のなかでできて、これはあるだろう、これはないだろうということがだんだん見えてくることがあります。

それがなくて断片的に綴り合わせたような論文をしばしば目にして、これはないでしょう、証拠はないけれどこれはないよね、というのがありますよね（笑）。そのあたりが伝わらないことが多い。

**岡本**　そうなんですよ。さっき申し上げた、論証はできているけれど面白くないというのは、証拠はないけれどこうだ、という感覚がおそらくないんですよ。実証は論文のなかで表れてくるけれど、それを支える、見えない非実証の部分の素養と蓄積がどれだけあるか、という問題が結構大きいのではないか。それはおっしゃったように、テクストを読むとか、そういう職人的な部分の訓練がないとでき上がってこないものなのかなと、今、お話を伺っていて非常によく分かる感じです。

**石川**　今のことは本当に大事なことで、決して揚げ足をとるつもりではないけれど、こんなことがありました。

島田虔次先生が『梁啓超年譜長編』の訳注を検討していたときに、戊戌変法以前の梁啓超のある文章について、「あっ、これはカントだ」と急におっしゃったのです。読んでいるに違いないから調べてみろとおっしゃって（笑）、最終的にはカントとは関係なかったのですが、島田先生は当初「こういう論のもって行き方はやはりカントに特有なものだから、関係があるはずだ」と。ご自分のもっているカントについての読みというか、勘を清末に投影できるんです。その勘は、この場合は「勘違い」になったわけですが、それでも見えない部分の素養というか、蓄積があの先生の場合はたくさんあったんですね。

**岡本**　「カントだから、関係あるんだ」と断言されるところがすごい（笑）。

**齋藤**　それはリアリティがあって……。

**石川**　そう。それは先生には間違いなくあるんですよ。

**齋藤**　そのリアリティを、合っているかどうか分からないが持つことが一人前の研究者としての証みたいなところがあって、そういうリアリティなしに引っ張ってきて、似ているからここはこれだというのが面白くない論文の典型ではないか。そのバックグラウンドがないというところがありますね。

**村田**　マニュアル化ということでいうと、今、大学の授業はかなり規格化・標準化が求められていますよね。これもグローバル化のプレッシャーで、私はどちらかというとネガティヴだけれど、十五週やりなさいというだけでなくて、外からの一番の不満は、近代中国であれば近代中国について一通り基本的な知識とそれに必要なさまざまなスキルを学ばせていないということです。教授が好き勝手にテーマを選んで、好きな本をもってきて、それを授業と称している、と。

実際はそんなに両極端ではないと思うけれども、さっき言ったテクスト・原典にきちんと付き合うことは、外から見ると日本の百年以来、あるいは近世以来の伝統なのかもしれません。先生と顔を突き合わせてじっくり原典と付き合っていく、いわゆる「本読み」です。それは中国にはないですね。中国では先生がしゃべるのを拝聴する。場合によっては研究テーマも与えられる。講読の授業とかもありますが、一種のセミナーですね。だから「本読み」とは違う。

アメリカは完全に「工場生産」「大量生産」型です。コースワークではこれこれを読みなさいと、徹底的にやる。ただ、読むといっても一次史料は、一、二時間では読めませんので、テキストブックみたいなものを配って、一パラグラフをざっと読む程度ですよ。読み方は全然違う。逆にいうと、そういうなかだけで育っていると、史料はそんなにしっかり読めないし、現代になればなるほど二次史料となって、一次文献はほとんど扱わない研究になる。それに比べると、日本の研究はもう少し着実に史料をきちんと押さえている。ぼくはそこに日本の優位があると思う。

もっとも、アメリカ的なやり方を日本ができるかというと、それはやはり無理だと思う。社会構造や大学をめぐる環境の違いがある。だから、齋藤さんが言うように、そのなかで何でもできる優秀な学生は出てきているから、そこを育てていけば、頂上は一部だけれども、なんとかなるかもしれない。

歴史研究はどのように本やテクストを読んでいくかが死活的に重要だと思う。日本の中国研究は「空洞化」だとか言われて、かなり悲観的な人が多いけれど、ぼくはそのへんは楽観的というか、日本のよさをどのように守っていくかという方向で考えたほうがいいと思う。

**岡本**　ですので、悪しき方向にいきそうな雰囲気を何とかしたいという思いはあるんですけれども、どうすればいいかはよく分からないので、今回の本でも書くしかない感じではありますね。

**村上**　経済学部で養成される経済史は、どうしても近経（近代経済学）のアメリカ式コースワークの影響がかなり強いです。だから参照すべき論文は幅広く読んでいるけれども、史料にベタッという感じにはならないことが多い。それは論文を読めば一目瞭然です。

**岡本**　経済史とか経済の話は現代中国経済でも同じで、近経に入らない経済というのは基本的に地域研究だ、みたいなことで追いやられてしまうわけですよね。

**村上**　逆にそういうなかでも、丁寧に史料を読む経済学部の歴史系の先生方もいらっしゃいます。最近ある場で、そういった先生が人文系で養成された人の論文を読んで、「もうちょっとじっくりと張り付く感じで史料を読んだ論文を書かないのか」という感想を言われ、非常に困りました。だからわれわれも気をつけないと。経済学部出身の人にそう見られてしまうのはまずいなと思いました。

**岡本**　「最後の砦を守る」みたいなところがないといかんわけですよね。結局、日本の中国研究が生きていくのに何を最後の砦にするかは重要な気もしていて、そのときに何があるんだろうか。

村田さんがおっしゃったみたいに、アメリカのようになるのは無理だと思いますし、だからといって中国人のような真似は究極的には無理ですので、そうすると……、ということを模索していく必要はある気がします。それがグローバル化のプレッシャーとどう向き合っていくかの答えになるような気もする。

**吉澤**　われわれ大学の教員をやっている者の責任はかなり重いと思います。いろいろな圧力をわれわれが何とか跳ね返して、良いものを残せるような仕組みをつくっていくことが大事ですね。今作っているこの本もその努力の一つであるということで何かの役割を果たせれば、非常にうれしいです。

## 現代研究と歴史研究

**吉澤**　ここで話題を変えて、現代中国研究について考えてみたいと思います。前作には現代中国研究、つまり石川滋教授の「現代の中国経済」と浅井敦教授の「現代の中国法」が入っていましたが、今回は同時代中国研究の章は立てていません。これは現代中国研究が非常に盛んになっている現状は、四十年前とは当然違うからです。

前作は、その「序文」に書いてありますが、一九七〇年秋に素案が始まって、七四年に刊行されています。そのあいだに田中角栄訪中という非常に重要なことがあったわけです。ですから、七四年の段階では中国と日本の関係はそれ以前とはかなり違うものになっていたわけです。でも、その時代は簡単に中国に行ける状態ではないし、現代中国研究というのは確かにあったけれども、非常に特殊なあり方をしていたのは言うまでもないことです。そのなかで前作は現代の中国法、現代の中国経済という章が設けられていたわけです。ただ、非常に限られた人々が細々と研究しているのが当時の現代中国研究のあり方だったと思います。

今日の状況は全く異なります。現代中国研究というのはいろいろなかたちで脚光を浴び、多くの人が実際に研究をしていますし、社会学などの現地調査を通じた成果もあります。

前作は、近現代史を対象とする研究の手引と言いながら同時代中国研究を含めていたという、ある種の特徴をもっていたわけですが、今では同じように編集するには無理があるでしょう。一方で、歴史研究と現代中国研究とが、どうやって生産的な関係をつくっていくべきか、きちんと考えなければいけない課題であろうと思います。そうした点については編者の「まえがき」にも少し書いてありますが、みなさまからも、お考えを伺えればと思います。

**岡本**　この本を作ろうとした立場からいくつかお話ししたいと思います。

前作は歴史研究そのものに現代中国のあり様が非常に大きく影を落としていた時代に作られました。私自身は歴史屋ですので、当時の現代中国そのものがどうだったかというよりは、むしろ中国史研究に及ぼしていた影響のほうに目が向いて、序章のような書き方をしたわけです。

当時の中国研究というのは、一方では現在とは逆の「存在感」があった時期でもありました。例えば中国文学者がオピニオン・リーダーであった時代もありましたが、今はおそらくそんなことはほぼありえない。先ほど吉澤さんにまとめていただいたような、現代中国研究との向き合い方が今とは全然違う時代に、前作は敢えて現代中国研究を載せていて、われわれは載せていないというのは必然ではあるわけです。最近の傾向からみて、現代中国のほうが出版物の量、研究者の数は優位を占めている状況です。逆に言うと、現代中国の企画のなかで「歴史」が論じられる状況があるのに対して、歴史プロパーで何が言えるかということが動機の一つになっています。

ただ、これは私自身の考え、スタンスです。おそらくみなさんそれぞれの立場で向き合っておられると思いますので、その点は大いに言っていただけると、文脈はより拡がると思います。

私自身は、はっきり言えば、とにかく現代中国で歴史に言及している奴はいい加減で、腹立たしい（笑）。いわばそれだけが動機みたいなものですので、みなさんにはもうちょっと真面目な話をしていただいたほうがいいかなと思っております。

**村田**　ぼくの場合、現代中国研究と歴史研究が接点をもつ機会が二度ありました。一度目は毛里和子先生が主導した文科省の特定領域科研「現代中国の構造変動」で、これは東大出版会から八冊本が出ています。第三巻が「歴史」で、西村成雄先生が編者でしたが、結果としてあまりうまくいかなかったと思う。対話にならなかったというのがその理由です。個人的には、現代中国研究者から、悪くいうと自分の研究にとっての示唆だとかヒント・衝撃・刺激をあまり受けなかった。お互いの違いを確認したという意味では少しプラスになったのかもしれないけど。

二度目が、石川さんらがやっておられる人間文化研究機構（NIHU）の「現代中国研究拠点事業」です。すでに五年近く行われ、第二期目が二〇一二年四月から始まりますが、そこでも違いとか問題点が見えてきた。基本的には、現代中国を研究する人の歴史的なパースペクティヴとか歴史学研究の成果に対する無知・無関心が厳然としてあると思います。一部の人はその問題に気づいているけれども、お互い研究があまりにも細分化して、どこから入っていっていいのか分からない。その点は少し同情すべきかもしれませんが、現代中国をやる人は少なくとも百〜百五十年ぐらいのパースペクティヴで中国を見てほしいということはいつも言っています。それでもなかなか合作・協力しにくいということがあって、お互いに問題があると思う。政治改革の問題とか民族問題、それから経済成長とその問題点など、そのあたりはお互い努力してやっていかなければいけない。基本的には現代中国研究者がもっと軸足を歴史研究のほうに伸ばしていってほしい。

七四年の前作のときは、現状分析と歴史研究というのはもっと近かったのかもしれない。社会科学的なモデルとか方法はもちろん必要なので、両者はもっとうまく協力すべきだと思います。これが一点。

二点目には、近代史研究のほうの努力不足もあるかもしれない。百〜百五十年ぐらいのあいだに繰り返し現れてくるような類似性の奥にある底流、あるいはそれこそ構造変動があるのだとすれば、それをきちんとクリアカットに提示する。そこのところは歴史研究者の側にも責任がある。岡本さんの『中国「反日」の源流』だとか、笹川裕史さんの『銃後の中国社会』はそういう意味では、現代中国に関心をもつ人にとっては非常に発信力がある歴史書です。あのように読みやすさを意識したものがもっと書かれるべきと思います。

あと一つは、クロスオーバーというか、歴史研究と現状分析が重なる部分がある。それは一九五〇年代、六〇年代中国の研究で、少しずつ史料も出始めています。それから一九四九年前後の中国研究があって、国民党政府から共産党政府への歴史的な連続性をもった、ある種のプロセスが見えてきているので、そこはかなりいい線いっているのではないか。つまり、前向きに進んでいる感じがします。

**石川**　NIHUの事業で現代中国の研究者と五年間一緒にやってきましたが、歴史にたいするスタンスは、やはりだいぶ違いますね。村田さんが今、少なくとも百年スパンでとおっしゃったけれども、例えば象徴的な話が、デジタルデータベース化された上海の新聞『申報』の購入をめぐる件です。高額の『申報』データベースを中国が売り出していますが、NIHUの事業として是非共同購入しましょうとぼくが提案したら……。

『申報』って、どんな新聞ですか？」、「清末から七十年以上発行された大変情報量豊富な上海の新聞です」と説明しても、現代をやっている人は買おうとしないんですね。それが去年のことでした。ところが、年度末になって、思いがけず予算が余ったから、急に買いましょうということになった。吉報ではあるけれど、買い方がそういうことなんです。必要だから買いましょう、つまり現代中国の理解のために一九四九年以前に出た新聞は必要だから買いましょう、というのではなくて、予算が余ったから年度末に買いましょうということなんです。

こうしたことがあるので、どのようにすればうまい具合に生産的な協力関係ができるかは難しい問題です。ただ、これも村田さんがおっしゃったことだけれど、かつては一九四九年の境が非常に大きなものだとみんな考えてきたわけですが、実はその境というのは、今まで思われたほど大きな溝でも壁でもなかったということがだんだん分かってきています。歴史の側の研究も四九年で自主的に歩みを止めるのではなく、四九年を跨ぐような研究をやりましょう、あるいは五〇年代だって史料があるんだったらやりましょう、という気運になってきています。体制として六十年以上も続いているこの国の姿を歴史からアプローチして研究しようとする気運はありますから、これがもっと伸びていけば、少しは期待がもてるのではないかと思っています。

**村上**　社会史もそうですが、経済史の場合は一番協力できる分野ではないかと思います。自分はまだ全然やっていないんですが、モデルみたいなものを史料から構築していくと、形は変えているかもしれないけれど、現在に共通するものがあると思うんですね。そういう点では今でも協力できると思います。

あと、今は現代中国研究が盛んという話ですが、実は研究者養成に関しては現代中国研究も同じ問題を抱えています。社会科学系は圧倒的に欧米志向なので、いい学生がほとんど全部そっちのほうにとられてしまっている。特に経済学部では近代経済学が強いので、あまり地域経済をやらない。そのなかで圧倒的に欧米の経済分析にいきますので、中国経済に取り組む日本人学生は極めて少ない。だから研究者養成でかなり困っている面はあると思うんですね。経済学部でも現代中国経済はものすごく重要だと思っているけれども、それに対応した研究者養成は全然できていない。

**吉澤**　それには経済学部の先生方の感覚のズレがあるのかもしれません。要するに、経済学部というのは基本的にはビジネスマンをつくる学部として学生からは見られているでしょう。そして、なかなか難しい中国でのビジネスをうまく進めることは、日本経済にとって死活問題です。あらゆる大学の経済学部に中国経済や中国経済史の先生がきちんと専任でいて、授業で教えていくというのは、経済学部の社会的機能を考えたら当然のことと思うのですが……。

**村上**　最大の問題は近代経済学の問題かとは思いますが。

**村田** それは現代中国と近代史の研究の乖離という問題であるよりは、社会科学の欧米志向がそれほど変わっていないということで、だから当然、地域研究の対象としての中国への関心もアカデミックには向きにくいのかもしれないし、人材も少ない。一応、研究されているけれども、正直なところ、なかなか歴史研究と対話するほどの厚みがない。現状分析をやりながら厚みをつくるというのは大変だと思います。

八〇年代以降の研究について、モデル化とか比較といった面ではまだ非常に薄いのではないか。そのあたりを考えてみると問題は複雑ですよね。

**村上** 中国経済はものすごい関心を集めているので、中国・中国経済に関する知識の少ない人が、中国経済に顔を突っ込んで、統計だけを利用していろいろなことを書き散らしているというのが現状としてありますね。法学も同じだと思いますが。それは非常に問題です。

**吉澤** 法律にしても、実務の部分では中国法は極めて注目されているというか、とても重要なものですよね。

**西** そうですね。現在、中国法務ということで相当光はあたっているけれども、逆に実務家が増えたかというと全然増えていない。研究会をやってもほとんどが留学生という状況です。かつ、実務の方々とわれわれ研究者というのは関心があまりにも違いすぎて、結局、現代中国法関係者のあいだでも対話が成り立たない状況があります。他方、一九七四年当時、前作では法に関して二章も割かれるという夢のような事態があって(笑)、そのころならば、おそらく現代中国法を研究するのであれば滋賀秀三先生の著作は当然の前提として読んでおこう、という良心がたぶんあったと思うんですね。

歴史学と実務が互いを尊敬しあう関係といいますか、そういうあり方が今あるかと言われると、相当薄れてきている。それでいて、現代の法文化とかそうした問題を考えたいと思ったときに、結局、滋賀先生も読まずに適当に書き散らかすような文章が増えてきて、先ほどご指摘があったような話になるわけです。特に留学生の問題は相当根深くて、なぜか彼らは歴史を書きたがるんですね、しかも論文の枕として。ごくごく簡単に歴史を書くんですが、そもそも元のところから間違っていたりして、頭が痛くなるんです。

他方で大変興味深い問題として、現代の法を語る上で、どうして現在の法制度はこうなのかということを考えようと思ったら、当然、歴史に遡るという作法があっていいはずなんですが、中華人民共和国の人にせよ、台湾の人にせよ、実は当事者たる彼ら自身が自らの法制史にあまり興味をもたないという、まさに理解し難い現象が生まれているのです。特に台湾の現行法は、中華民国法制にその起点をもっていて、それをものすごいスピードで改正して使っているわけですが、その改正の段階で、自らの歴史、自ら何をやってきたかということに関心がほとんど向けられないという大変奇妙な現象があるんですね。そうしたことに関して、むしろ日本の中国学者から「それはおかしいだろう」という異議申し立てをすべきなのかなと、最近は考えています。

**吉澤**　日本の法律学者の多数派は実定法、つまり具体的な日本の民法とか刑法の研究者ですよね。そういった人たちの場合、日本の法制史についての関心はかなり強いと言うべきなんですか。

**西**　そうですね。法学部で修士論文、博士論文を書くことになって、ある法制度を扱うのであれば、当然、歴史的な淵源である法継受のさらに前、ですからフランス、ドイツの歴史にまで遡って調べてくるものだという――最近ちょっとその伝統は崩れていますが（笑）――、そういうもとに立っていますので、歴史に対する関心は非常に高いと思います。

やはり実定法の先生方も、方法論としてなり、もしくは今の社会というものを考えるための一つのカウンターパートとしてなり、それはそれで合理的な別の社会のあり方に対する関心は大変高いと思います。「現代中国」と「近代中国」という垣根を越えてなお拡がり、様々な領域に思考を促す力というのは、近代中国には当然あると思っています。

## 研究のすそ野

**村田**　あと、話を複雑にするかもしれないけれど、五、六〇年代には、現代中国論というか、同時代観察というか、チャイナウォッチみたいなものと歴史研究は、完全に一体ではなくても、かなり近接し、重なっていた。論壇やジャーナリズムにおける中国論の役割というのも今よりはるかに大きかったと思う。その乖離がいつ進んできたのかと考えると、これはやはり八〇年代、特に九〇年代以降でしょう。端的にいうと、中国への社会的な関心は強いが、歴史には興味をもたなくなってきた。昨年は辛亥革命百周年で、いろいろイベントや会議がありましたが、新聞なんかはいまだに梅屋庄吉、宮崎滔天らと孫文とのうるわしい関係という、それだけで辛亥革命を語っている。

五、六〇年代だったら、「歴史」といっても戦前を知っている世代だから、関心の持ち方がちょっと違うんですね。新聞記者とか論壇誌の記者とか、そういう人々とアカデミズムの近接感みたいなものがあった。衛藤瀋吉先生のように、ジャーナリズムと多元的に接点をもっている人がいたから、まだ幸せな時代だったのかもしれない。今は辛亥革命ひとつとってみても、がっかりするぐらい単純というか、非常にステレオタイプ化された中国論がメディアには出てますよね。歴史研究の現場と全く離れてしまっている。

**岡本**　ジャーナリズムとアカデミズムの問題というのは永遠のテーマなので、なかなか難しいとは思いますけれども、ひところ前に学者がジャーナリズムに力をもっていたのが幸せな状態かと言われると、それもどうかなという気もしないではない。功罪いずれの部分もたぶんあるんだろうと思うのですが、ただ、その波及効果というか、影響の部分では受け手の問題が致命的に重要で、特に中国に対する関心という点があまり喜ぶべき現状ではない。昔はその点まだ健全だったような気がする。受け手の問題だけでいえばですが。

関心の向き方とか意見の持ち方が単純化しているというか、一元化しているというか、そういうのが問題です。先ほど研究者をどう育てるかという話がありましたが、一般の人にどういう意識をもってもらうかは、もっと重要な気もします。そのあたりはどうしたらいいか分からないけれども、危機感だけはあるという感じですね。

**吉澤**　中国にずっと行っている記者さんはしっかりした力があるとは思いますが、そういう深い理解をもつ記者さんが書いたいい記事が、小さく掲載されてしまうことなどがあるような気がするんですね。いい記事というのはなかなか微妙な味わいをもったものなので（笑）、分かりにくい部分もあり、紙面編成をするときに片隅に追いやられたりしてよく見えないところに置かれてしまうとか、そういうこともあるかもしれないと思います。やはり中国は複雑な社会なので、微妙な味なものがあるわけですね。おそらくそういうのはいい記事なんです。

**岡本**　微妙にしか書けない。

**吉澤**　微妙にしか書けないものがあって、そういうのがいい記事なんですが、特派員の人が一生懸命書いてもなかなか大きく扱われないことがあるのかもしれないと、何となく思いますね。

**齋藤**　村田さんが言われた、論壇やジャーナリズム全体に歴史研究への、あるいは歴史への尊重が不足しているのではないか、あるいはもう少し別の、あまり使いたくない言葉ですが、教養的なものが不足しているのではないかというのは、もしかしたら世代的にやむを得ない部分があるのかもしれない。

あるいは、新聞記者や論壇でしゃべっている若い人たちはわれわれが教育した学生たちで、つまりほとんど大学を卒業しているわけですから、要するに歴史のポジションが大学教育のなかで近年どんどん縮小してきていることが、おそらく関わっていますね。カリキュラムのなかでもコンテンポラリーな興味を促進するものが多く、歴史についての訓練をしていない。構造的にこちらにも責任があるのではないかという話ですが。

**岡本**　要するに負のスパイラル。

**村田**　大学教育で現代史を必修にしろという意見がありますね。どう教えるかという問題がすぐ出てきてしまいますが。

**齋藤**　最初に岡本さんが、この本は入門書だと話されたときにずっと考えていたのは、入門書といっても、卒論を書くための、あるいは修論を書くためのマニュアル本ではないものが求められているとするならば、それは必ずしもアカデミズムに入る人のためのものだけではないんですよね。卒論を書く学生の多くは学者になるわけではない。でも、彼らに卒論を書かせることの意味というのは、むしろその経験を社会に生かしてほしいということになるわけですね。その外側のリーチをどこまで伸ばすのかが今度の入門書なのかとちょっと考えたのです。

前作は明らかに学者、研究者のための本ですよね。そうでなければ手に取りにくいような中身。でも、今度の本はもしかしたら、研究者以外の人たちが中国というものは何かというのを知るときに、ここから知る方法があるということを示す本になる。近代中国という場所は現代の中国とはもちろん違う歴史的存在ですが、古典中国のような、今のわれわれにとって切り離された別世界みたいなものでもない。そういう意味では、ここから中国が分かるというようなものとして、中国について考えようとする人たちに訴えかけられるような入門書を岡本さんはイメージされているのかな、と。

**岡本**　そうありたいと思いますけれども、やはりプライオリティがあって、まずは博士課程にいる人に読んでもらいたいということ。ですから研究のためというのが第一になりますが、ただ、研究は研究者だけのものではないと思いますし、すそ野があってはじめて成り立ちますので、非常に難しい問題だと思うけれども、研究者、あるいは研究を取り巻く社会にも「研究」というものを知ってほしいという思いはやはりあります。単にこうすれば論文が書けますということだけではなくて、こういうことは最低限やっておかないと「研究」というには足らないのだと。

つまり「研究」を示すことで、研究者以外の方にも実感をもっていただける作品を作りたいと思ったのですが、うまくいったかどうかは難しい。

**石川**　われわれのこの本は、これから著書を出版するようなプロのためのものなんでしょう。そのつもりで書きましたよ。

**岡本**　はい。まずは第一にそうなんですけれども、それだけで完結していいのかという問題。それが齋藤さんのおっしゃっていることだと思います。

**村田**　プロというか、研究者の世界というのは絶対必要だけれども、今、この時代だから、中国研究には少なからぬ予備軍がいるわけですね。ジャーナリズムやマスメディアとかを通じて中国に関心をもちつつ、しかし、一から史料を読んで研究するわけではない人たち。あと、実際に中国で仕事をしている人たち。それから最近増えているのは、団塊の世代で、退職してからもう一度大学で勉強しようという人たちですね。

**岡本**　生涯学習的な。

**村田**　そうですね、広くいうと生涯学習者、そういう人の数は少しずつ増えてきているし、その人たちはメディアが伝えるステレオタイプ化された中国像に満足しているわけではなくて、一歩先、二歩先を聞きたいと思っている。

大学生と話していても、彼らは二〇〇四、五年の首相の靖国参拝に対する反日デモなど見ていて、「一方で単純に反発する気持ちは分からなくはないけれども、でもどうしてそうしたことが起こるのかというのは、新聞を読んでいてもよく分からない」と言う。その先を知りたいという知的欲求みたいなものが潜在的にはかなりあると思うんですよ。そのとき、ぼくはうまく答えられなかったというのが一つのトラウマになっていて、いろいろ反省しています。

もちろん、メディアやジャーナリストばかりを責めるのは酷で、やはり売れなくてはいけないし、国民に読まれなくてはいけない。当然、分かりやすい紙面構成にしなければいけないということで、ニュアンスがあってはいけないのかもしれません。でも、一歩先を知りたいという潜在的欲求にヒントや手がかりを与えるような工夫は必要でしょうね。

**岡本**　逆にいうと、物事が分かるためにはこれだけの手続きが必要だ、特にプロの研究と呼ばれるためには膨大な手続きが必要で、当然、それを進めるには時間がかかるということ。

例えば先ほどの「うまく答えられなかった」というお話し、それはたぶん誰が聞かれてもうまく答えられないと思うんです。それは学者としての良心が一つあって、データも十分にないし、手続きも踏んでいないので、それこそ答えられないわけですよね。つまり、何で答えられないかを、知らない人たちも共有して分かってほしいということです。そこで研究に純化して、プロの手続きというか、そういうものをそれなりに見せるということがあってもいいかなと。近代中国の研究をするには最低限の手続きが必要で、それには時間がかかるんですよ、ということが分かっていただけたら、一つ目的は達せられると思いますね。

**村田**　今危惧しているのは、特に中国については、そうした手続きや方法、フレームワークなしですぐに結論を出そうとする傾向があるということです。

**岡本**　マニュアルというものには、安易に誘うようなニュアンスがある。

**村田**　それを批判できる一番有力なツールが学問なんですね。学問の力をそこで示さなければいけないと思うんです。だから、岡本さんも努力して選書を書かれたわけですね。それから齋藤さんが言われたように、大学生の大部分が社会に出ていくけれども、こういうツールを使って、大変な汗水を流し、そしてこういう結論が出てくるということを、自らの姿をもって示すということは非常に大事で、だからそれはやはりヴァーチャルな空間ではできないし、大学での教育とか授業での実践にならざるをえない。おそらく、そこに食いついていくというか興味をもつ人は、生涯教育の対象者や若い人たちのなかには相当いると思うんです。

その意味で、昨年（二〇一一年一二月）の辛亥革命シンポに一般で三百人もの聴衆が集まったことは驚くべきことなんですよ。他の国や地域では、いかに大きな事件でも、百年記念というだけでそれだけ人が集まらないでしょう。こちらから積極的に仕掛けていく。辛亥百年シンポジウムに来るような人たちを食いつかせる工夫、努力が必要なんです。

**齋藤**　学生に対しても社会に対しても、実際の研究の姿を、われわれの研究の営みそのものをもっと見せるというか、マニュアルでも成果でもなくて、プロセスを見せるということが問われている。むしろ以前はそれがあったのかもしれない。われわれが全集で読んでいるような先生方の場合には、営みそのものに私たちが興味をすごく惹きつけられて、この道に入ったというところがありますね。

**村田**　今は先生方は忙しくて、そのプロセスがないから（笑）、頑張ってプロセスを見せなくてはいけない。先生を見ていてもあまりに忙しくて、会議ばかりやっている。誰がその営みに魅力を感じるか（笑）。吉川（幸次郎）先生みたいに中国服を着て、格好よく講義していないとだめかな。

**岡本**　私の経験では先生はちょっと偉すぎるということもあって、直近の先輩、大学院生、あるいは助手が同じ部屋でゴチャゴチャしながら、何かよく分からないものを繰っている、とかいったことが原体験の一つだったような気がしますね。そういうプロセスを身近に見られることが重要というのは、確かにおっしゃるとおりだろうと思います。ですので、先ほどの話にも出た研究会とか読書会をやるのが致命的に重要になってくる気がします。

## 工具書とデータベース

**吉澤**　話がだんだんずれてきましたが、このあたりで本の話に戻りましょうか。

前作は最初が市古宙三先生の文献目録から始まるという、よくも悪くも強烈な特徴があったわけですが、今日ではインターネットをうまく利用すればそれほど必要ないという部分があり、一方では、見なくてはいけない工具書がそれぞれ当然あると思います。

今回の本のなかでは齋藤さんの章でインターネットとの付き合い方が議論されていて、ぼくは非常に有益だと思った。やはり研究のあり方自体変わってきているということもあって、当然いい面も悪い面もあると思います。そのようなことも含めて、工具書や辞書、あるいは検索方法やデータベースの功罪について話を始めたいと思います。

**岡本**　古典がすべてネットやウェブやデータベース化されているという状況で、齋藤さんはそれを強烈に意識されて、ああいうかたちでお書きになっていると思うし、私も文学の人と話していると「何でコンピュータで検索しないんですか」と必ず言われる。私が時代遅れだけの話ですが、そういう状況があるなかでどうテクストと向かい合っていくかという、そこが重要だろうと思うんです。そのあたりは齋藤さんからもう少し話をしていただけますか。

**齋藤**　データベースの存在が前提としてあった上で、それで何が問題になっているかというところで、普段感じていることを書いただけなのです。要は、調べていく過程でわれわれは読解力を身につけ、どこに用例がありそうかというのをざっと見て発見できるようになるわけですが、そのようにして力を身につけてきたのが、その機会をデータベース化によって奪われてしまったことがかなり大きいということです。

もう一つは、そうなってくると、そういう力を意識的に身につけようとする人と、そうでない人のあいだのギャップがどんどん広がっていくだろうということです。以前は入口で弾かれてしまった、というか読解力を身につける作業のなかである程度淘汰されてしまった部分が、言葉は悪いが、ツールがあるので論文が書けるようになってしまった。逆に、力がある人はそこでもっとしっかりした力を身につけるし、そうでない人はそれが一生身につかない。一生という言い方はどぎついけれども、たぶんそうだと思います。

今の三十代、つまり大学院に入る前からデータベースがあった人とそうでない人のあいだでは、ものすごい違いがある。私は、それがなくて自分にとってはよかったと思ったわけです。そうでなければ、二十代でこんな便利なものがあったら、使ってしまうでしょう。本当に読むという、きちんと版本に点を切って読んでいくということをやったかなと思うんですね、意志の弱さとかも含めて（笑）。そういう意味では、それを知っているわれわれは、そうじゃないんだ、別の方法があるんだということを彼らに示し続けなければいけないし、そういうプログラムを組まないといけないと思うのです。

**岡本**　今おっしゃった「奪われ」たという表現はすごくいいですね。

**吉澤**　史料はものすごく量がありますから、例えば四庫全書が検索できるようになって書けるようになった論文もあることはあると思うんですね。宋代の史料は一生をかけると全部読めるという伝説がありますが、一生までいかなくても二十年、三十年とカードをとってはじめて論文が書けたということがあったわけです。以前は若者は書けなかった。

最近は検索が簡単にできるので、自分にとって必要なものがどこにあるか比較的簡単に当たりをつけることができる。そこから先は当然読む必要はあるわけですが、とにかく、何十年もカードをとらなくてもよくなったということはあるんですね。だから宋代史や明代史については、今までは容易に書けなかったような論文が修士論文や博士論文で書けるようになった。それはそれでいろいろ問題があるかもしれないけれど、論文の書き方が変わってきたということがある。

近代史については、先ほど『申報』の全文検索が話題になっていましたが、やはりそうしたことがどんどん進行してきますので、われわれの心構えみたいなものもかなり必要になって、教育のなかでも相当意識していかないとまずいだろうと痛切に思います。

**齋藤**　最近の便利な道具を使えば全体の研究の水準は絶対に上がるし、成果も上がるんですよ。だけど、それぞれの人間が研究の営みのなかで得るものがどんどん小さくなっているんですよね。

**岡本**　一番はじめに申し上げたのが、そこなんですね。全体的平均的な水準は上がっているけれど、頭打ちになっている、面白い研究が少なくなってきているのは、そういうことに関係ある現象です。

**齋藤**　そういう意味では、こういうことを言うと理系の人に怒られるかもしれないけれど、理系化しているというか。工学のようにみんなで研究して、でもその結果一人ひとりに何が残っているかというと、あまり残っていないというような。

人文学というのは最終的に自分のなかに何か残っていることが大事で、残っていなければ研究をやっても意味がない。結局、自分に返ってくる学問ですよね、歴史でも思想でも文学でも、いわゆる人文学的手法というのは。

**石川**　論文を読んでも、こうやって調べたなというのがすぐに分かってしまうものが最近多いと思うんです。オンラインでこのように調べれば、必ずこの史料に行き着くよ、そうすると、これにリンクが貼られているから、それをたどれば見つかるよ、と。逆に、これは一体どうやって見つけたんだろう、どうやって読めるようになったんだろうというところは、今、齋藤さんがおっしゃったようになくなっていく部分ですよね。

**岡本**　表現がいいかどうかよく分からないけど、すごく世の中が明るくなっている気がするんですね。昔はもっと薄暗かった。薄暗いが故に勘も働きますし、鼻も利くようになって、例えば調べている用例はこのあたりかなというセンスが身につくとか、ここに目指す史料があるのではないかというのが働くんです。

けれども、最近はすぐ分かる、よく見えるので、感覚が麻痺している気がしますね。ですから、見えるようになった分、それだけ感覚が奪われている。先ほど「奪われた」というお話があったけれども、そんな感じかなと思いますね。今はコンピュータがあるわけですが、やはり若いうちにそれこそ『(佩文)韻府』を繰ってみて、それから経書、史書を引っくり返して、それで用例を全部調べてみる経験はどこかで必要だと思います。

**吉澤**　見えにくいということで今一番ピンときたのは、新聞記事、清末の新聞のリプリントは字が半分ぐらい消えていたり、潰れていたりします。もともと印刷が悪いわけですが、でも、それは読まなければ史料として使えないので頑張って読もうとするのです。一生懸命見ても見えづらいんだけれども、ただ、たくさん読んでいると見えるようになる。つまり、新聞記事では特殊な表現はありませんので、だいたいこういう言い方しかあり得ないということで、ほとんど読めるんです。活字が潰れていても読めるようになる過程で、また得るものがあると思うんですね。もし全文検索で字が出てきてしまったら、そうした能力は養われないでしょう。

**岡本**　それは手書きの文書を読んでいても同じですね。字体の問題ですが、近代の文書は千差万別ですので、これはこの字に違いないという感覚。感覚は熟練でしか摑みようがないので、それがすぐ分かってしまうのは非常にもったいない感じがします。

やはり『韻府』は使いますけれども、今日の学生はどうですか、ちゃんと使うんでしょうか。

**吉澤** 引かない。私も引きません。

**齋藤** 『漢語大詞典』が出てから。

**岡本** 『漢語大詞典』は、できのよい書とは思えない。齋藤さんの章でそのように書いていただいていて、よかった。プロからお墨付きを得たみたいで、うれしかったんです。もちろん用例とか語彙がたくさん載っているので、非常に役には立つんですけれども。

**齋藤** 辞書としての見識は『辞源』のほうが上ですね。

**石川** 用例についても、『漢語大詞典』は清末民初の用例が少ないと思う。近代語が。

**齋藤** でも影響力大きいですね。『大漢和辞典』以上ですね。私は『大漢和』は使うなと言われたので。

**岡本** 私も言われました。それは必ず言われるんです。

**齋藤** 学生のときに授業中に、あるいは飲んでいるときの話かもしれませんが先生に「『大漢和』って便利なの」と言われて、「先生は?」と聞くと、「もってない」って。もっていないのが誇りのような。

**吉澤** 使うと怒られたのですか。

**齋藤** 私が院生だったころは確か修訂版が出始めたころなんですね。修訂版は用例を再確認して補充してあるので、そこは使えますと申し上げた覚えがある。

**岡本** 『大漢和』は使うなというのは、不文律というか、必ず言われたことで、あまり理由は教わらなかった。ちょっと使うと、すぐ分かるんですけれど。

**齋藤** ところが、おそらく『漢語大詞典』を使うなということはないのではないでしょうか。

**岡本** ないでしょうね。

**齋藤** 『大漢和』に対しては何か歯止めがあったんですね。あれは使ってはいけない、みたいな。『漢語大詞典』にはそれがないので、みんなどんどん引いていますね。

**村田** 清末民初の場合は決定版はないですね。それぞれ部分的に使わざるを得ない。そういう意味では『中日大辞典』はあの時代の語彙を少し拾ってあるし、それなりに使えるけれど、これだけでよいというわけではない。

**岡本** やっぱり辞書に頼るなということですね(笑)。

**石川** でも、辞書は大事な工具書でしょう。

**吉澤** それこそ反マニュアル的な議論になってきましたね(笑)。『中日大辞典』は改訂ごとに歴史研究にとっての価値が小さくなってきた。

**齋藤** そうですね。清末の語彙がだんだん少なくなってきた。

**岡本**　一字のものは『学生字典』ですね、『支那文を読む為の…（漢字典）』。

**齋藤**　あれは今でも十分使えますね。

**岡本**　いいですね。やはり昔の辞書のほうがいいんですよ。

**齋藤**　『学生字典』はともかく必要最小限なので、そのあと自分で考えられる。文脈で意味を考えるということをやらせてくれる辞書かどうかが大きいですね。『辞源』もやはりそうだと思う。『漢語大詞典』は全部教えてくれて、このなかに全部あるというかたちなので、そこから先を考えさせる辞書ではない。辞書の役割が違う。

**岡本**　私は今も『辞源』を愛用しているので、今のお話にはとても意を強くして、気分がいいですね。結局、用例と文脈で意味を定置していくのが王道だと思いますので、辞書に決定版はない。それこそ『梁啓超年譜長編』の訳をしているときに本当にそういう目に何回もあった。だからこそ、序章でも書いた索引が意味をもってくる。あるいは、さきほども話に出た『民報索引』とか『雍正硃批諭旨索引』とか。

そこでぜひ言っておかないといけないのは、『中国随筆索引』『宋史職官志索引』をはじめとする佐伯富先生の一連のお仕事。これはウェブ全盛時代の今、誰も見向きもしませんし、『清国行政法』『福恵全書』などの山根幸夫先生のお仕事と比べて、近代史ではなじみが薄いのですが、不朽だと思います。佐伯先生の著述も索引と合わせると、きわめて有益です。よく分からないという事情もこれで知れるわけです。現状ではなかなか難しいかもしれませんが、伝えていくべきことだと考えています。

**吉澤**　やはり分からないものというのはあるんですよ。どんな偉い先生でも分からないものは必ずあるので、読めないものがあるということを教育上教えなくてはいけないんですね。必ず読めるとは限らない。そういう意味でも、分かりにくいというか、見えにくいものがあることも非常に大切だと思うのです。

**岡本**　社会全体が、分かるということに対して非常に安易になっている。

**齋藤**　そう。今分かりたい、すぐ分かりたいという。

**村田**　「分かる」「読める」ということの段階がいろいろあって、ぼくはいつも学生に原文を全部日本語に訳してみなさいと言います。訳してみてはじめて、分かっているのか、読めているのかがはっきりする。

**岡本**　自覚症状がない場合が結構多いですね。日本語に直して、その日本語が文章になっていなくても、訳せた達成感で読めた気分になっている。

## 史料と向き合う

**村田**　コンテクストまで考えると、ある文章、あるセンテンスのなかにどうしてこの言葉があるのかということの意味を考えていく、それが研究だと思う。単に辞書を引いて終わりではなくて、そこが出発点。分からないことはたくさんあって、結局、用例や著作をたくさん読んでいくことでしか解決しない。データベースは一定の効用はあるけれども、読むという行為はかなり個人的・私的な部分が残らざるを得ないと思う。ただ、さっき言ったように、口伝とか授業での教育も必要だけどね。

**齋藤**　むしろそれの重要性が増しているというか。

**村田**　おっしゃるとおり、ある概念などを分かったつもりになって、それで過ぎてしまう修士論文が多いです。じつはそこで立ち止まり、何でこんな言葉が出てくるのかと考えることが大事です。漢字の同型性という問題も清末にはあって、由来を調べ出すとそれこそ概念史とか語彙研究の果てしない広がりがあるのだけれども、そこまで行くのになかなか大変ですね。ただ、やはりそれが読むということだと思います。

あとデータベースの話だと、結局、ぼくもよく百度《バイドウ》なんかを使うんですけれども、たくさん情報があるようでいて、実は百の記事は一つのリソースから出ているということもある。

**岡本**　それは漢籍と同じですね。

**村田**　そのままコピー＆ペーストされている。だから間違った情報がそのまま伝わる。これは出版物でもあり得ることです。あと、データベースの場合は、データベースそのものがどの版本を使っているかによって間違いが生じたり、メタデータが間違っている場合などが結構あると思う。アジ歴（アジア歴史資料センター）もそういう意味では完璧ではなくて、かなり問題がある。実際にその作業にあたった大澤肇さんも言っていました。

一つの簿冊をどう区切るかということ自体が編集なんですね。だからデータベースに上がった途端に、極端にいえば二次史料になってしまう。簿冊を切り取って原則三百字で内容を拾っていく。キーワード検索で当たるのはそこだけですよね。後で大事な言葉が出てきても当たらないし、簿冊の区切り方でいろいろ問題が発生する。

例えば二つの報告書が一つのデータになっていたりする。二番目の報告書のほうはどんなに検索しても出てこない。メタデータそのものがないから。それから安易にネットに出ている画像情報などは、結構ページが落ちていたり、いい加減な処理をしたりしている。非常に危ないと思います。

**村上**　そういったデータベースを検索して出てきた史料を使って書かれた論文や本がすでにあるわけです。そのなかにはひどいものがすでに生まれてしまっているんですよね。

**村田**　中国で？

**村上**　日本にもあります。かなり訓練されてきたはずのシニアの先生でも、そういうのを使ってしまうと非常に薄っぺらな研究になってしまうこともあるから、結構、衝撃です。

**村田**　だから、編纂物の史料集よりはたちが悪いかもしれない。編纂物の史料集だと編纂している編者の歴史観だとかバイアスがあり、ひょっとしたら文字も変えられているかもしれない、そういう史料批判的な眼をもって見るでしょう。まず編纂史料集を、例えば『中国近代史資料叢刊』から読みなさいというのはそういう意味です。そこで読む力を養うということをしないと、齋藤さんが話されたように、どこかで「奪われ」てしまう。

**齋藤**　奪われていることに気がつかないんですよ。それが気の毒だと思う。それこそ、口伝とか授業とか演習の重要性というのが前よりずっと増しているのではないか。

**岡本**　それと、これは西さんが書かれていることですが、批判の必要性が逆に増していると思う。たくさんの著述が出てくるので、やはりひどいものはひどい、と言うスタンスがどうしても必要という気がしているのです。昔は、論文にする前に先生あるいは先輩に叩かれるというプロセスがあったのですが、そこが欠けてしまったまま出てくる。見過ごすと、それでいいんだ、となってしまって、いくらでも再生産されてくることになりますので、だめなものはだめ、と言うことは必要だと思いますし、私は口が悪いのでいろいろなところで書いて総スカンを食らっているんですが、それは必要という気はしていますね。

**吉澤**　学術雑誌の編集委員会や、東大出版会をはじめとする学術出版社のプロの編集者の見識がやはり大切で、編集の側から厳しく指導いただくことも必要なことでしょう。逆に、ひどい見識の出版社がひどい博論をそのまま印刷して出版してしまうことがあるわけですよね。活字に出す前の段階でのチェックを頑張っていくことが必要だろうと思います。

**村上**　出す前に、特に研究書は自分の学生でも後輩でも、あるいは同業者でもいいが、できるだけ回してチェックしてもらったほうがいいと思います。学生にお願いしたらきちんと対価を支払うべきだと思いますが。

今、出版社に全部のチェックを求めるのは酷な状況もあるので、研究者の側でもきちんと対策を考えていくべきだと思う。

**村田**　自分でやっていると絶対見落としてしまう。

**村上**　忙しいし。

**石川**　でも、出版社の側も、編集者がいるゆえんというのは、単に印刷所と著者のあいだの原稿の受け渡し係ではないわけですから。やはり出版物、成果を共に作っていくということが大事かと思いますね。

**村田**　校正だけではなくて校閲ですよね。中身に踏み込んでチェックしていただく。

**石川**　書く側は、自分の分かっていることを書いているから、自分では人に伝わっているつもりでも、実は全然伝わっていないことはままあるんですね。それは第三者、特に同業者ではない人のほうが気づくから、編集者の役割は本当に大きいと思う。

**齋藤**　アメリカの出版社ではよくありますね。ピア・レビューがあって、それを通らないと出版できない。日本の出版社であまりそういうシステムはない。

**石川**　そう。出版助成さえちゃんととってきてくれれば、どうぞ、どうぞと……（笑）。

**齋藤** 出版助成する側がちゃんと読んでいるかも問われますね。

**石川** それは読んでないでしょう。

**岡本** 非常にお寒いですよね。

**石川** 審査委員会だってそんなに読んでないでしょう。

**齋藤** そうなんですよ。そこが結構つらいところですね。もっとも、われわれ同業者が出版助成の審査をしているわけですから、われわれの問題なんですけれども。

**村上** あと、研究会が大事だと思うのは、史料をつけた報告を二時間ぐらいしてもらって、論文が活字になる前に一回、批判をする場を設けられることかと思います。二十分ぐらいの学会報告では全然分からないですよね。史料に何を使っているのかとか。

あまりごまかしがきかないような場を大切にしていくのがいいと思いますね。プロジェクトみたいなものも、既存の学会や研究会とジョイントするかたちでやっていくといいと思うのですが。

**吉澤** 二時間一本勝負だと史料の読みで盛り上がるときがありますよね。そうしたことが少なくなっている。

**石川** 先ほどの現代中国研究とわれわれ近現代史研究の溝について、ちょっと補足すると、中国では、いわゆる今の中国をやっている人たちは一一期三中全会あたりで分けて、それ以降を「新時期」なんて呼んでいて、それが現代中国研究になっていますよね。文革をあいだに挟んで、実はその前にも人民共和国史があるのだけれども、それらを捨象して現代中国なんて呼んでいる。「現代中国」とは改革開放以後の中国だというふうに、彼ら自身も暗黙のうちに分けているんですね。文革の十年のことはあまり研究しない。それ以前の時期は歴史学の対象だから「現代中国」研究者はあまり研究しないという棲み分けが実は中国にもあって、その溝は結構深いような気がする。

**吉澤** 棲み分け自体はあってもいいと思うんです。それはある程度違う研究対象なので違うんだよ、ということはあってもいいんですが、相互のちゃんとした尊重、相互尊重みたいなものがあるのかないのかということが、気にはなっている。

**石川** 中国にもないですね。

**吉澤** なぜないのか。そういうものはいらないのか、あるべきだけれどもそれに値するようなコミュニケーションがとれていないのか、そのあたりが分からないですね。

**岡本** 一つは、中国の場合はあくまで自国の話ですので、われわれの場合でも、現代日本あるいは日本の現状を調べている人と、日本の歴史を調べている人との関係を思い浮かべれば、ある程度類推できるかもしれない。もう一つは、中国の時代区分は、非常に政治的なことが絡みますので、そういうことがはたらいている可能性はある。お互いを尊重しないとか、無関心というのも、意識的無意識的にそこに関わっているような気もしなくもない。

ですので、われわれの場合、現代中国研究なり歴史研究なり、あくまで外国のことをやっているわけですから、一応切り離して考えるべきだし、そういうスタンスをとったほうがいい。ただ、そういう点がどうしても曖昧になってしまうのは、おっしゃるとおりだと思います。

**村田**　最後にひとこと。デジタル情報の扱い方ですが、ある人の言葉を借りると「善用も悪用もできる」。つまり、うまく使える人がいればうまく使えるし、使いこなせない人が使ってもうまくいかない。それ以上でもそれ以下でもない。

心配なのは、図書館に行って、例えば一棚を見てみるとか、探していた本の横の本をちゃんと調べるということが、デジタルデータベースの普及によって減ってしまうということで、要するに図書館にある史料だけでも、ある程度の規模をもった図書館であれば研究はできるし、それによって必ずしも成果を生み出せないわけではない。もちろんあくなき史料の探求というのは大事なんですけれども、近代史の場合は関連する史料をすべて集めて読むということはそもそも無理なわけですね、特に二〇世紀になると。だから、檔案中心主義に逆行するようですけれども、ごく普通に見られる編纂史料ものからきちんと段階を踏んで勉強していくことが大事だと思う。

例を一つだけ挙げますと、五四運動の研究は今はそれほど盛んではなくなっていて、中国近代史における意義は相対的には下降気味だと思うんです。ただ、王奇生さんが三年ぐらい前に発表した、非常に評判を呼んだ五四運動論がある（「新文化是如何〝運動〟起来的？」）。彼の最新論文集（『革命与反革命』）にも入っていてぼくは感心して読んだけれど、要するに五四運動というのは『青年雑誌』の創刊から始まる。しかし最初は発行部数も少ないし、上海で陳独秀などが編集していたころはほとんど注目されなかった。論壇の中心は『東方雑誌』などもっとメジャーな雑誌だった。ところが『新青年』はプロパガンダに巧みで、「運動」をした。宣伝操作の技術に長けていたのです。銭玄同が筆名を使って、文学革命をマッチポンプ的にでっち上げた。

この結論は、二〇年代の「運動」の時期につながっていって、非常に重要な視点を出しているけれども、彼が使っている史料は実は八〇年代ぐらいまでに出たものです。彼は檔案のプロだけれども、新しい事実を提供するような史料を使っていない。それでも画期的な論文が書けてしまうんですね。彼は史料をたくさん読み込んでいるから、深く読める。裏というか、背後を彼なりにきちんとロジカルに整理している。それこそがある意味、真っ当な研究で、歴史研究のあるべき姿を示している。そうした意味では一つのいい手本ではないかと思う。

**岡本**　今のお話で思いついたのですが、愛読書なり、お気に入りの史料なりをつくるというのは、非常に重要なこと。この史料を読ませれば、自分に敵うやつはいないとか。それはおっしゃったように編纂史料でも何でもいいのですが、枕頭に置いていつも見るとか、そういうものがある人とない人の違いのような気がしますね。最近は目的主義的に論文を書かざるを得ない部分がたくさんあるんですけれども、そうではなくて史料を読んでいると自然に発想が生まれて、では書いてみるかということで書いた論文のほうが、新しい史料など使っていなくても優れているに決まっている。

ですので、論文をしあげる大詰めになったらいろいろな資料にあたって調べないといけないし、データベースはその点とても便利ですので使えるとは思うのですが、発想の部分、コアになる部分はそうではないと思うんです。先ほどから出ている本の読み方も含めて、そこの部分をどう伝えていくかな。

**村上**　ある意味、史料・史料群と心中するといった感じですね。

**岡本**　FOと心中している村上さんみたいな感じ（笑）。

**石川**　共産党とは心中したくないな（笑）。

**村田**　どっちが長生きするか。

**石川**　向こうが長生きでしょう、きっと。

**村田**　生きているうちに一度は中央檔案館に入ってみたいよね。夢だよね。

**石川**　そういう意味ではもう少し長生きしたい。

**岡本**　文学研究、思想研究はそれこそ、特定の人と心中ですね。

**村田**　やはり偏愛がないとだめだね。史料にしても、人物にしても、作品にしても。

**岡本**　偏愛、好き嫌いですね。それはそう思います。好き嫌いを言わずに食べなさい、という史料も必要なんですけれど、それは好き嫌いがあってはじめて言えるような気もしますので、好き嫌いがないと、やはりメリハリのある面白いものは書けない。

**吉澤**　では、このあたりでよろしいでしょうか。非常に興味深いお話がいろいろ出てきました。ありがとうございました。

（二〇一二年二月一八日収録）

近代中国研究入門

2012年8月31日　初　版

［検印廃止］

編　者　岡本隆司《おかもとたかし》・吉澤誠一郎《よしざわせいいちろう》

発行所　財団法人　東京大学出版会

代表者　渡辺　浩

113-8654 東京都文京区本郷 7-3-1 東大構内
電話 03-3811-8814　Fax 03-3812-6958
振替 00160-6-59964

印刷所　株式会社暁印刷
製本所　矢嶋製本株式会社


ISBN 978-4-13-022024-8　Printed in Japan

# 執筆者一覧（執筆順）

**岡本隆司**（おかもと　たかし）　1965年生まれ．京都府立大学文学部准教授．〔主要著書〕『近代中国と海関』（名古屋大学出版会，1999，大平正芳記念賞受賞），『属国と自主のあいだ――近代清韓関係と東アジアの命運』（名古屋大学出版会，2004，サントリー学芸賞受賞），『李鴻章――東アジアの近代』（岩波新書，2011）．

**吉澤誠一郎**（よしざわ　せいいちろう）　1968年生まれ．東京大学大学院人文社会系研究科准教授．〔主要著書〕『天津の近代――清末都市における政治文化と社会統合』（名古屋大学出版会，2002），『愛国主義の創成――ナショナリズムから近代中国をみる』（岩波書店，2003），『シリーズ中国近現代史　1　清朝と近代世界――19世紀』（岩波新書，2010）．

**西　英昭**（にし　ひであき）　1974年生まれ．九州大学法学研究院准教授．〔主要著作〕『アクセスガイド外国法』（共著，東京大学出版会，2004），『『臺灣私法』の成立過程――テキストの層位学的分析を中心に』（九州大学出版会，2009），『法の流通』（共著，慈学社，2009）．

**村上　衛**（むらかみ　えい）　1973年生まれ．京都大学人文科学研究所准教授．〔主要著書〕『シリーズ20世紀中国史　1　中華世界と近代』（共著，東京大学出版会，2009），『帝国とアジア・ネットワーク』（共著，世界思想社，2009），『岩波講座　東アジア近現代通史　1　東アジア世界の変容と近代』（共著，岩波書店，2010）．

**石川禎浩**（いしかわ　よしひろ）　1963年生まれ．京都大学人文科学研究所准教授．〔主要著書〕『中国共産党成立史』（岩波書店，2001），『記念日の創造』（共著，人文書院，2007），『シリーズ中国近現代史　3　革命とナショナリズム――1925-1945』（岩波新書，2010）．

**齋藤希史**（さいとう　まれし）　1963年生まれ．東京大学大学院総合文化研究科教授．〔主要著書〕『漢文脈の近代――清末＝明治の文学圏』（名古屋大学出版会，2005，サントリー学芸賞受賞），『漢文脈と近代日本――もう一つのことばの世界』（NHKブックス，2007），『漢文スタイル』（羽鳥書店，2010，やまなし文学賞受賞）．

**村田雄二郎**（むらた　ゆうじろう）　1957年生まれ．東京大学大学院総合文化研究科教授．〔主要著書〕『漢字圏の近代――ことばと国家』（共編，東京大学出版会，2005），『シリーズ20世紀中国史　1　中華世界と近代』（共編，東京大学出版会，2009），『清末中国と日本――宮廷・変法・革命』（共著，研文出版，2011）．

# 索　引

＊　漢語は日本語読みで排列した．慣用にしたがったものもある．

＊　語句ではなく，意味でとったものもある．文献目録に掲げた文献は，原則としてとっていない．

＊　末尾に欧文索引を付した．

## ア　行



## カ　行

**サ 行**

## タ 行

## マ 行

## ヤ　行



## ラ・ワ　行

**欧 文**

# 文献目録

**【日本文】**

赤城美恵子「可矜と可疑——清朝初期の朝審手続及び事案の分類をめぐって」『法制史研究』54号，2004年.

浅田進史「ベルリンのドイツ連邦文書館所蔵の中国史料——「中国駐在ドイツ大使館Deutsche Botschaft in China」史料（1920年まで）について」『近現代東北アジア地域史研究会ニューズレター』17号，2005年.

味岡徹「民国国会と北京政変」中央大学人文科学研究所編『民国前期中国と東アジアの変動』中央大学出版部，1999年.

足立啓二「阿寄と西門慶——明清小説にみる商業の自由と分散」熊本大学文学部『文学部論叢』45号，1994年．のち同『明清中国の経済構造』汲古書院，2012年に再録.

———『明清中国の経済構造』汲古書院，2012年.

安部健夫『清代史の研究』創文社，1971年.

阿部洋『中国の近代教育と明治日本』（異文化接触と日本の教育），福村出版，1990年.

飯島渉・田中比呂志編『21世紀の中国近現代史研究を求めて』研文出版，2006年.

飯島・久保・村田編『シリーズ20世紀中国史』全4巻，東京大学出版会，2009年.

イーグルトン，テリー（Terry Eagleton）著／大橋洋一訳『文学とは何か——現代批評理論への招待』新版，岩波書店，1997年.

石井寛治『近代日本とイギリス資本——ジャーディン・マセソン商会を中心に』東京大学出版会，1984年.

石井摩耶子『近代中国とイギリス資本——19世紀後半のジャーディン・マセソン商会を中心に』東京大学出版会，1998年.

石川禎浩「梁啓超と文明の視座」狭間直樹編『共同研究　梁啓超』みすず書房，1999年.

石塚・中村・山本編『憲政と近現代中国』現代人文社，2010年.

市古宙三「研究のための工具類」坂野・田中・衛藤編『近代中国研究入門』東京大学出版会，1974年.

———『近代中国の政治と社会』増補版，東京大学出版会，1977年.

伊藤秀一「第一次カラハン宣言の異文について」『研究（神戸大学文学会）』41号，1968年.

今堀誠二『中国封建社会の機構』汲古書院，1955年.

———『中国封建社会の構成』勁草書房，1991年.

入江啓四郎『中国に於ける外国人の地位』東京堂，1937年.

岩井茂樹『中国近世財政史の研究』京都大学学術出版会，2004年.

岩間一弘『上海近代のホワイトカラー——揺れる新中間層の形成』研文出版，2011年.

植田捷雄『在支列国権益概説』巌松堂，1939年.

―――『支那に於ける租界の研究』巌松堂，1941 年.
―――『東洋外交史』上下 2 巻，東京大学出版会，1969，1974 年.
上野恵司編『魯迅小説語彙索引――吶喊・彷徨・故事新編』（中国語研究別巻），龍渓書舎，1979 年.
臼井佐知子『徽州商人の研究』汲古書院，2005 年.
内田慶市・沈国威編『近代東アジアにおける文体の変遷――形式と内実の相克を超えて』白帝社，2009 年.
内山雅生『現代中国農村と「共同体」――転換期中国華北農村における社会構造と農民』御茶の水書房，2003 年.
―――「近現代中国華北農村社会研究再考――拙著『現代中国農村と「共同体」』への批判を手がかりとして」『歴史学研究』796 号，2004 年.
衛藤瀋吉『近代中国政治史研究』東京大学出版会，1968 年．のち『衛藤瀋吉著作集』1，東方書店，2004 年に再録.
―――「政治外交史――辛亥革命以後」坂野・田中・衛藤編『近代中国研究入門』東京大学出版会，1974 年.
太田出「明清時代「歇家」考――訴訟との関わりを中心に」『東洋史研究』67 巻 1 号，2008 年.
太田辰夫『中国語歴史文法』江南書院，1958 年．のち 1981 年に朋友書店より再刊.
大橋洋一編『現代批評理論のすべて』新書館，2006 年.
岡本隆司『近代中国と海関』名古屋大学出版会，1999 年.
―――「辛亥革命と海関」『近きに在りて』39 号，2001 年.
―――『属国と自主のあいだ――近代清韓関係と東アジアの命運』名古屋大学出版会，2004 年.
―――「時代と実証――民国・アグレン・梁啓超」『創文』468 号，2004 年.
―――「明清史研究と近現代史研究」飯島渉・田中比呂志編『21 世紀の中国近現代史研究を求めて』研文出版，2006 年.
―――「「朝貢」と「互市」と海関」『史林』90 巻 5 号，2007 年.
―――『馬建忠の中国近代』京都大学学術出版会，2007 年.
―――「中国近代外交へのまなざし」岡本隆司・川島真編『中国近代外交の胎動』東京大学出版会，2009 年.
―――「伝えたい常識――『中国近代外交の胎動』によせて」『UP』441 号，2009 年.
―――『中国「反日」の源流』講談社，2011 年.
―――編『中国近代外交史の基礎的研究――19 世紀後半期における出使日記の精査を中心として』平成 17-19 年度日本学術振興会科学研究費補助金研究成果報告書，2008 年.
『小川環樹著作集』全 5 巻，筑摩書房，1997 年.
小川環樹『唐詩概説』岩波書店，2005 年.
―――・西田太一郎著『漢文入門』岩波書店，1957 年.
奥村哲「民国期中国の農村社会の変容」『歴史学研究』779 号，2003 年.

織田萬・加藤繁『清国行政法編述に関する講話』第六調査委員会学術部委員会，1940 年．のち臨時台湾旧慣調査会編『清国行政法』再刻版，全 7 巻，汲古書院，1972 年．第 7 巻に再録．

小野和子「五四時期家族論の背景」『五四運動の研究』第 5 函（京都大学人文科学研究所共同研究報告），同朋舎，1992 年．

小野信爾「ある謡言――辛亥革命前夜の民族的危機感」『花園大学研究紀要』25 号，1993 年．

小野川秀美『清末政治思想研究』増訂版，みすず書房，1969 年．のち『清末政治思想研究』全 2 冊（東洋文庫），平凡社，2009-2010 年として再刊．

―――編『民報索引』上下 2 巻，京都大学人文科学研究所，1970-1972 年．

小山正明「清末中国における外国製綿製品の流入」『近代中国研究』4 号，1960 年．のち同『明清社会経済史研究』東京大学出版会，1992 年に再録．

柏祐賢『柏祐賢著作集　4　経済秩序個性論（II）――中国経済の研究』京都産業大学出版会，1986 年．

片山剛「清代中期の広府人社会と客家人の移住――童試受験をめぐって」山本英史編『伝統中国の地域像』慶應義塾大学出版会，2000 年．

加藤雄三「清代の胥吏缺取引について」『法学論叢』147 巻 2 号，149 巻 1 号，2000-2001 年．

―――「租界社会と取引――不動産の取引から」加藤・大西・佐々木編『東アジア内陸世界の交流史』人文書院，2008 年．

―――「「中華民国」における訴訟知識の伝播――訴訟手冊の登場」鈴木・高谷・林・屋敷編『法の流通』慈学社，2009 年．

―――「租界に住む権利――清国人の居住問題」佐々木・加藤編『東アジアの民族的世界』有志舎，2011 年．

―――「（書評）王泰升著，後藤武秀・宮畑加奈子訳『日本統治時期台湾の法改革』」『法史学研究会会報』15 号，2011 年．

可児弘明『近代中国の苦力と「豬花」』岩波書店，1979 年．

狩野直喜『漢文研究法』みすず書房，1979 年．

カラー，ジョナサン（Jonathan Culler）著／荒木映子・富山太佳夫訳『文学理論』（〈1 冊でわかる〉シリーズ），岩波書店，2003 年．

唐澤靖彦「清代における訴状とその作成者」『中国――社会と文化』13 号，1998 年．

川合康三編『中国の文学史観』創文社，2002 年．

川勝平太「日本の工業化をめぐる外圧とアジア間競争」濱下武志・川勝平太編『アジア交易圏と日本工業化 1500-1900』（社会科学の冒険），リブロポート，1991 年．

川島真「日本における民国外交史研究の回顧と展望（上）　北京政府期（国民革命期を除く）」『近きに在りて』31 号，1997 年．

―――「日本における民国外交史研究の回顧と展望（下）　国民革命期から戦後初期まで」『近きに在りて』34 号，1998 年．

―――『中国近代外交の形成』名古屋大学出版会，2004 年．

――― 「未完の「近代」外交――中国の対外政策の通奏低音」『現代中国』85号，2011年.
漢字文献情報処理研究会編『電脳中国学入門』好文出版，2012年.
菊池秀明『広西移民社会と太平天国』風響社，1998年.
木越義則『近代中国と広域市場圏――海関統計によるマクロ的アプローチ』(プリミエ・コレクション)，京都大学学術出版会，2012年.
岸本美緒「モラル・エコノミー論と中国社会研究」『思想』792号，1990年. のち同『清代中国の物価と経済変動』に再録.
――― 『清代中国の物価と経済変動』研文出版，1997年.
――― 『明清交代と江南社会――17世紀中国の秩序問題』東京大学出版会，1999年.
――― 「明清契約文書研究の動向――1990年代以降を中心に」大島立子編『前近代中国の法と社会』東洋文庫，2009年.
喜多三佳「『天台治略』訳注稿」『鳴門教育大学研究紀要　人文・社会科学編』11-12，14-15号，『四国大学紀要 Ser. A　人文・社会科学編』18-27，29-34号，1996-2010年.
ギンズブルグ，カルロ（Carlo Ginzburg）著／上村忠男訳『歴史・レトリック・立証』みすず書房，2001年.
『近代中国人名辞典』山田辰雄編，霞山会，1995年.
久保亨『戦間期中国〈自立への模索〉――関税通貨政策と経済発展』東京大学出版会，1999年.
――― 『戦間期中国の綿業と企業経営』汲古書院，2005年.
――― 『20世紀中国経済史の研究』信州大学文学部，2009年.
久保茉莉子「中華民国刑法改正過程における保安処分論議」『東洋学報』93巻3号，2011年.
グライフ，アブナー（Avner Greif）著／岡崎哲二・神取道宏監訳『比較歴史制度分析』NTT出版，2009年.
クラウス，ミュールハーン（Klaus Mühlhahn）著／浅田進史訳「ドイツ・中国関係史，1848-1948年――研究動向の概観」『近代中国研究彙報』21号，2007年.
黒田明伸『中華帝国の構造と世界経済』名古屋大学出版会，1994年.
――― 『貨幣システムの世界史――〈非対称性〉をよむ』岩波書店，2003年.
源河達史「グラーティアーヌス教令集における帰責の問題について――C.15,q.1の形成」『法学協会雑誌』119巻2，5，7-8号，2002-2003年.
ケント，シャーマン（Sherman Kent）著／宮崎信彦訳『歴史研究入門――論文をどう書くか』北望社，1970年.
孔祥吉・村田雄二郎『清末中国と日本――宮廷・変法・革命』研文出版，2011年.
――― 「『翁同龢日記』改削史実」同『清末中国と日本』研文出版，2011年.
小口彦太「清代中国の刑事裁判における成案の法源性」『東洋史研究』45巻2号，1986年.
――― 「満州国民法典の編纂と我妻栄」池田温・劉俊文編『日中文化交流史叢書　[2]　法律制度』大修館書店，1997年. 中国語版は劉俊文・池田温主編『中日文化交流史大系　[2]　法制巻』杭州：浙江人民出版社，1996年.
国立国会図書館「近代デジタルライブラリー」http://kindai.ndl.go.jp/index.html

小島晋治・並木頼寿編『近代中国研究案内』岩波書店，1993 年.
小杉・林・東長編『イスラーム世界研究マニュアル』名古屋大学出版会，2008 年.
小瀬一「歴史統計を読んでみる」田中比呂志・飯島渉編『中国近現代史研究のスタンダード』研文出版，2005 年.
後藤延子「李大釗とマルクス主義経済学」信州大学人文学部『人文科学論集』26 号，1992 年.
木庭顕「政治的・法的観念体系成立の諸前提」山之内・二宮・塩沢・姜・村上・佐々木・杉山・須藤編『岩波講座　社会科学の方法　VI　社会変動のなかの法』岩波書店，1993 年.
――『政治の成立』東京大学出版会，1997 年.
――『デモクラシーの古典的基礎』東京大学出版会，2003 年.
――「ローマのポーコック」『思想』1007 号，2008 年.
――『法存立の歴史的基盤』東京大学出版会，2009 年.
小浜正子「生殖コントロールとジェンダー」飯島・久保・村田編『シリーズ 20 世紀中国 3　グローバル化と中国』東京大学出版会，2009 年.
小林一美『義和団戦争と明治国家』汲古書院，1986 年.
小林茂編『近代日本の地図作成とアジア太平洋地域――「外邦図」へのアプローチ』大阪大学出版会，2009 年.
コンパニョン，アントワーヌ（Antoine Compagnon）著／中地義和・吉川一義訳『文学をめぐる理論と常識』岩波書店，2007 年.
齋藤希史『漢文脈の近代――清末＝明治の文学圏』名古屋大学出版会，2005 年.
佐伯富『中国塩政史の研究』法律文化社，1987 年.
――編『宋史職官志索引』(東洋史研究叢刊)，京都大学東洋史研究会，1963 年.
酒井哲哉『近代日本の国際秩序論』岩波書店，2007 年.
坂元ひろ子『中国民族主義の神話――人種・身体・ジェンダー』岩波書店，2004 年.
笹川裕史・奥村哲『銃後の中国社会――日中戦争下の総動員と農村』岩波書店，2007 年.
佐々木正哉「営口商人の研究」『近代中国研究』1 輯，1958 年.
――「イギリスと中国――アヘン戦争への過程」榎一雄編『西欧文明と東アジア』(東西文明の交流，第 5 巻)，平凡社，1971 年.
――「鴉片戦争の研究」『近代中国』5-11，14-16 巻，1979-1984 年.
――編『鴉片戦争の研究――資料篇』東京大学出版会，1964 年.
――編『鴉片戦争後の中英抗争――資料篇稿』東洋文庫近代中国研究委員会，1964 年.
――編『鴉片戦争前中英交渉文書』巌南堂書店，1967 年.
佐々木揚「日清戦争後の清国の対露政策――1896 年の露清同盟条約の成立をめぐって」『東洋学報』59 巻 1・2 号，1977 年.
――「1895 年の対清・露仏借款をめぐる国際政治」『史学雑誌』88 編 7 号，1979 年.
――「近代露清関係史の研究について――日清戦争期を中心として」『近代中国』5 巻，1979 年.
――「1880 年代における露朝関係――1885 年の「第一次露朝密約事件」を中心として」

『韓』106 号，1987 年.
———「日清戦争をめぐる国際関係——欧米の史料と研究」『近代中国研究彙報』18 号，1996 年.
———『清末中国における日本観と西洋観』東京大学出版会，2000 年.
———編訳『一九世紀末におけるロシアと中国——『クラースヌィ・アルヒーフ』所収史料より』巖南堂書店，1993 年.
佐藤慎一『近代中国の知識人と文明』東京大学出版会，1996 年.
佐藤元英編著『日本・中国関係イギリス外務省文書目録』クレス出版，1997 年.
さねとう・けいしゅう『増補　中国人 日本留学史』くろしお出版，1970 年.
滋賀秀三『中国家族法論』弘文堂，1950 年.
———「中国家族法補考——仁井田陞博士「宋代の家族法における女子の地位」を読みて」『国家学会雑誌』67 巻 5/6，9/10，11/12 号，68 巻 7/8 号，1954-55 年.
———『中国家族法の原理』創文社，1967 年.
———「清朝の法制」坂野・田中・衛藤編『近代中国研究入門』東京大学出版会，1974 年.
———「研究結果報告」『東京大学法学部研究・教育年報』3 号，1975 年.
———『清代中国の法と裁判』創文社，1984 年.
———『中国法制史論集　法典と刑罰』創文社，2003 年.
———『続・清代中国の法と裁判（遺著）』創文社，2009 年.
———編『中国法制史　基本資料の研究』東京大学出版会，1993 年.
『支那文を読む為の漢字典』田中慶太郎編訳，第 9 版，研文出版，1987 年.
斯波義信『宋代江南経済史の研究』（東京大学東洋文化研究所報告），汲古書院，1988 年.
島田久美子訳注『黄遵憲』（中国詩人選集第二集），岩波書店，1963 年.
島田虔次『中国における近代思惟の挫折』筑摩書房，1949 年．のち同著・井上進補注『中国における近代思惟の挫折』全 2 冊（東洋文庫），平凡社，2003 年として再刊.
———「清朝末期における学問の状況」，同『中国思想史の研究』京都大学学術出版会，2002 年.
———・萩原・本田・岩見・谷川編『アジア歴史研究入門』全 5 巻・別巻，同朋舎，1983-87 年.
島田正郎『清末における近代的法典の編纂』創文社，1980 年.
清水賢一郎「革命と恋愛のユートピア——胡適の〈イプセン主義〉と工読互助団」『中国研究月報』573 号，1995 年.
朱徳蘭『長崎華商貿易の史的研究』芙蓉書房出版，1997 年.
「小特集　後期帝政中国における法・社会・文化」『中国——社会と文化』13 号，1998 年.
城山智子『大恐慌下の中国——市場・国家・世界経済』名古屋大学出版会，2011 年.
沈国威『近代日中語彙交流史——新漢語の生成と受容』改訂新版，笠間書院，2008 年.
シンジルト『民族の語りの文法——中国青海省モンゴル族の日常・紛争・教育』風響社，2003 年.
『清末小説』清末小説研究会，1985 年—.

『清末小説から』清末小説研究会，1986年—.
『清末民初小説目録』清末小説研究会編，中国文芸研究会，1988年；『新編清末民初小説目録』樽本照雄編，清末小説研究会，1997年；『新編増補清末民初小説目録』樽本照雄編，斉魯書社，2002年.
杉原薫『アジア間貿易の形成と構造』ミネルヴァ書房，1996年.
鈴木智夫『洋務運動の研究——19世紀後半の中国における工業化と外交の革新についての考察』汲古書院，1992年.
鈴木秀光「杖斃考——清代中期死刑案件処理の一考察」『中国——社会と文化』17号，2002年.
盛山和夫『社会学とは何か——意味世界への探究』ミネルヴァ書房，2011年.
———・海野道郎編『秩序問題と社会的ジレンマ』ハーベスト社，1991年.
瀬川昌久『客家——華南漢族のエスニシティーとその境界』風響社，1993年.
瀬戸林政孝「在来綿業史」久保亨編『中国経済史入門』東京大学出版会，2012年.
『宋教仁の日記』宋教仁著／松本英紀訳注，同朋舎出版，1989年.
桑兵著／竹元規人訳「近代中国研究の史料と史学」飯島・久保・村田編『シリーズ20世紀中国史　4　現代中国と歴史学』東京大学出版会，2009年.
曽田三郎『中国近代製糸業史の研究』汲古書院，1994年.
———『立憲国家中国への始動——明治憲政と近代中国』思文閣出版，2009年.
園田茂人「フィールドとしてのアジア」溝口・浜下・平石・宮嶋編『アジアから考える　1　交錯するアジア』東京大学出版会，1993年.
『大日本古文書——幕末外国関係文書』全51巻，附録8巻，東京大学史料編纂所編，東京大学出版会，1972-2010年.
高嶋航「近代中国求婚広告史（1902-1943）」森時彦編『20世紀中国の社会システム』京都大学人文科学研究所，2009年.
高遠拓児「清代秋審制度と秋審条款——とくに乾隆・嘉慶年間を中心として」『東洋学報』81巻2号，1999年.
高橋伸夫『党と農民——中国農民革命の再検討』研文出版，2006年.
高見澤磨「調停から見る中国近世・近代法史」川口由彦編『調停の近代』勁草書房，2011年.
———・鈴木賢『中国にとって法とは何か——統治の道具から市民の権利へ』（叢書中国的問題群），岩波書店，2010年.
高村直助『近代日本綿業と中国』東京大学出版会，1982年.
竹内弘行『康有為と近代大同思想の研究』汲古書院，2008年.
橘誠『ボグド・ハーン政権の研究——モンゴル建国史序説1911-1921』風間書房，2011年.
田中謙二訳注『龔自珍』（中国詩人選集第二集），岩波書店，1962年.
田中比呂志「研究成果を公表する」飯島渉・田中比呂志編『21世紀の中国近現代史研究を求めて』研文出版，2006年.
———・飯島渉編『中国近現代史研究のスタンダード——卒業論文を書く』研文出版，2005年.

田中正俊『中国近代経済史研究序説』東京大学出版会，1973 年.
――「社会経済史――論文の出来るまで・一つの実験」坂野・田中・衛藤編『近代中国研究入門』東京大学出版会，1974 年.
田邉章秀「『大清刑律』から『暫行新刑律』へ――中国における近代的刑法の制定過程について」『東洋史研究』65 巻 2 号，2006 年.
――「北京政府時期の覆判制度」夫馬進編『中国訴訟社会史の研究』京都大学学術出版会，2011 年.
谷井陽子「戸部と戸部則例」『史林』73 巻 6 号，1990 年.
――「清代則例省例考」『東方学報　京都』67 冊，1995 年.
田保橋潔『近代日鮮関係の研究』上下 2 冊，朝鮮総督府中枢院，1940 年.
千葉謙悟『中国語における東西言語文化交流――近代翻訳語の創造と伝播』三省堂，2010 年.
千葉正史『近代交通体系と清帝国の変貌――電信・鉄道ネットワークの形成と中国国家統合の変容』日本経済評論社，2006 年.
『中国共産党史資料集』全 12 巻，別冊付録，日本国際問題研究所中国部会編，勁草書房，1970-1975 年.
『中国随筆索引』京都大学東洋史研究会編，日本学術振興会，1954 年.
中国農村慣行調査刊行会編『中国農村慣行調査』全 6 巻，岩波書店，1952-1958 年.
張永江著／大坪慶之訳「近百年来における中国の清史編纂事業と最新の進展状況」『満族史研究』4-5 号，2005-2006 年.
角山榮編著『日本領事報告の研究』同文館，1986 年.
デーヴィス，N. Z.（Nathalie Zemon Davis）著／成瀬駒男・宮下志朗訳『古文書の中のフィクション――16 世紀フランスの恩赦嘆願の物語』平凡社，1990 年.
寺田浩明「寺田浩明の中国法制史研究ホームページ」http://www.terada.law.kyoto-u.ac.jp/
――「清代中期の典規制にみえる期限の意味について」『東洋法史の探求――島田正郎博士頌寿記念論集』汲古書院，1987 年.
東亜研究所『支那農村慣行調査報告書』1 輯，東亜研究所，1943 年.
東亜同文会編『支那省別全誌』全 18 巻，1917-1920 年.
東洋史研究会編『雍正時代の研究』同朋舎出版，1986 年.
礪波・岸本・杉山編『中国歴史研究入門』名古屋大学出版会，2006 年.
富澤芳亜「紡織業史」久保亨編『中国経済史入門』東京大学出版会，2012 年.
『内藤湖南全集』全 14 巻，神田喜一郎・内藤乾吉編，筑摩書房，1969-1976 年.
内藤湖南「近代支那の文化生活」同著・礪波護責任編集『東洋文化史』中央公論新社，2004 年.
中井英基『張謇と中国近代企業』北海道大学図書刊行会，1996 年.
中見立夫「ボグド・ハーン政権の対外交渉努力と帝国主義列強」『アジア・アフリカ言語文化研究』17 号，1979 年.
――「1913 年の露中宣言――中華民国の成立とモンゴル問題」『国際政治』66 号，1980

年.
――― 「ロシア帝国の外交史料をめぐって」『近代中国研究彙報』18号，1996年.
中村哲夫『近代中国社会史研究序説』法律文化社，1984年.
中村正人「清代刑法における処罰構造――窃盗犯に対する防衛行為を中心に」『前近代中国の刑罰』京都大学人文科学研究所，1996年.
中村元哉『戦後中国の憲政実施と言論の自由1945-49』東京大学出版会，2004年.
夏目漱石『漱石全集　第10巻　文學評論』岩波書店，1966年.
仁井田陞『中国の社会とギルド』岩波書店，1951年.
西英昭「『民商事習慣調査報告録』成立過程の再考察――基礎情報の整理と紹介」『中国――社会と文化』16号，2001年.
――― 「中華民国法制研究会について――基礎情報の整理と紹介」『中国――社会と文化』21号，2006年.
――― 「清末民国時期法制関係日本人顧問に関する基礎情報」『法史学研究会会報』12号，2008年.
――― 『『臺灣私法』の成立過程――テキストの層位学的分析を中心に』九州大学出版会，2009年.
――― 「中華民国民法親属継承編起草作業と慣習調査――Escarra報告書を手がかりに」鈴木・高谷・林・屋敷編『法の流通』慈学社，2009年.
――― 「(書評) 後藤武秀『台湾法の歴史と思想』」『法史学研究会会報』14号，2010年.
――― 「岡田朝太郎について (附・著作目録)」『法史学研究会会報』15号，2011年.
――― 「清末各省調査局について――基礎情報の整理と紹介」『法史学研究会会報』15号，2011年.
――― 「台北における図書館・文献検索情報――入門編・三訂版」『法史学研究会会報』16号，2012年.
西槇偉『中国文人画家の近代――豊子愷の西洋美術受容と日本』思文閣出版，2005年.
西村成雄編『現代中国の構造変動　3　ナショナリズム――歴史からの接近』東京大学出版会，2000年.
二宮宏之『全体を見る眼と歴史家たち』木鐸社，1986年.
――― 「歴史とテクスト――カルロ・ギンズブルグをめぐって」『二宮宏之著作集』第1巻，岩波書店，2011年.
『日本外交文書』外務省編，日本国際連合協会，1947-1963年.
根岸佶『支那ギルドの研究』斯文書院，1932年.
――― 『上海のギルド』日本評論社，1951年.
野澤豊編『日本の中華民国史研究』汲古書院，1995年.
野田仁『露清帝国とカザフ=ハン国』東京大学出版会，2011年.
野田良之「明治初年におけるフランス法の研究」『日仏法学』1号，1961年.
野間清「中国慣行調査，その主観的意図と客観的現実」『愛知大学国際問題研究所紀要』60号，1977年.
野村浩一『近代中国の思想世界――『新青年』の群像』岩波書店，1990年.

――――・山内・宇野・小島・竹内・岡部編『岩波講座　現代中国』全6巻，別巻2，岩波書店，1989-1990年.
――――・山内・宇野・小島・竹内・岡部編『現代中国研究案内』『岩波講座　現代中国』別巻②，岩波書店，1990年.
箱田恵子『外交官の誕生――近代中国の対外態勢の変容と在外公館』名古屋大学出版会，2012年.
狹間直樹「「中国国民党第一次全国代表大会宣言」についての考察」同編『中国国民革命の研究』京都大学人文科学研究所，1992年.
――――編『共同研究　梁啓超――西洋近代思想受容と明治日本』みすず書房，1999年.
――――編『西洋近代文明と中華世界――京都大学人文科学研究所70周年記念シンポジウム論集』京都大学学術出版会，2001年.
旗田巍『中国村落と共同体理論』岩波書店，1973年.
波多野善大『中国近代工業史の研究』東洋史研究会，1961年.
服部龍二『日中歴史認識――「田中上奏文」をめぐる相剋1927-2010』東京大学出版会，2010年.
濱下武志『中国近代経済史研究――清末海関財政と開港場市場圏』(東京大学東洋文化研究所報告)，汲古書院，1989年.
――――『近代中国の国際的契機』東京大学出版会，1990年.
――――『朝貢システムと近代アジア』岩波書店，1997年.
林達夫「歴史との取引」同『歴史の暮方』中央公論社，1976年.
林恵海『中支江南農村社会制度研究』上巻，有斐閣，1953年.
速水融『歴史人口学の世界』岩波書店，1997年.
原洋之介「村落構造の経済理論――共同行動の経済学的説明の方向について」『アジア研究』21巻2号，1974年.
坂野正高『近代中国外交史研究』岩波書店，1970年.
――――『現代外交の分析――情報・政策決定・外交交渉』東京大学出版会，1971年.
――――『近代中国政治外交史――ヴァスコ・ダ・ガマから五四運動まで』東京大学出版会，1973年.
――――「政治外交史――清末の根本資料を中心として」坂野・田中・衛藤編『近代中国研究入門』東京大学出版会，1974年.
――――・田中・衛藤編『近代中国研究入門』東京大学出版会，1974年.
「東アジアにおける行政文書公開の現状と課題」文科省学術創成プロジェクト「グローバリゼーション時代におけるガバナンスの変容に関する比較研究」http://www.global-g.jp/eastasia/
平田昌司「恋する陳寅恪――中国近代学術にとっての“異性”」狹間直樹編『西洋近代文明と中華世界』京都大学学術出版会，2001年.
廣野由美子『批評理論入門――『フランケンシュタイン』解剖講義』中央公論新社，2005年.
福島正夫『中国農村慣行調査と法社会学』中国農村慣行研究会，1957年.

福武直『中国農村社会の構造』大雅堂，1946年.
——『社会調査』補訂版，岩波書店，1984年.
藤井省三「恋する胡適——アメリカ留学と中国近代化論の形成」新田義弘編『岩波講座　現代思想　2　20世紀知識社会の構図』岩波書店，1994年.
藤井宏「新安商人の研究」(一)－(四)『東洋学報』36巻1-4号，1953-1954年.
藤田省三「「安楽」への全体主義」市村弘正編『藤田省三セレクション』平凡社，2010年.
藤谷浩悦「1906年の萍瀏醴蜂起と民衆文化——中秋節における謡言を中心に」『史学雑誌』113編10号，2004年.
——「辛亥革命の心性」飯島・久保・村田編『シリーズ20世紀中国史　1　中華世界と近代』東京大学出版会，2009年.
夫馬進「訟師秘本の世界」小野和子編『明末清初の社会と文化』京都大学人文科学研究所，1996年.
——編『中国明清地方檔案の研究』平成9-11年度科学研究費補助金研究成果報告書，2000年.
——編『中国訴訟社会史の研究』京都大学学術出版会，2011年.
ブルゴン，ジェローム（Jérôme Bourgon）／寺田浩明訳「アンシビルな対話」『中国——社会と文化』20号，2005年.
古田和子『上海ネットワークと近代東アジア』東京大学出版会，2000年.
——「市場秩序と広域の経済秩序」久保亨編『中国経済史入門』東京大学出版会，2012年.
ブローデル，フェルナン（Fernand Braudel）著／村上光彦訳『日常性の構造　1　物質文明・経済・資本主義15-18世紀I-1』みすず書房，1985年.
——著／浜名優美訳『地中海』全5巻，藤原書店，1991-1995年.
帆刈浩之「清末上海四明公所の「運棺ネットワーク」の形成——近代中国社会における同郷結合について」『社会経済史学』59巻6号，1994年.
堀和生『東アジア資本主義史論　I——形成・構造・展開』ミネルヴァ書房，2009年.
前野直彬「文学と文章」坂野・田中・衛藤編『近代中国研究入門』東京大学出版会，1974年.
鱒澤彰夫編『紅衛兵新聞目録』不二出版，2005年.
松原健太郎「「宗族」と「族産」をめぐる伝統中国社会——香港地域の諸事例に立脚した構造分析」『法学協会雑誌』116巻7号，117巻7号，1999-2000年.
——「契約・法・慣習：伝統中国における土地取引の一側面」濱下武志・川北稔編『支配の地域史』山川出版社，2000年.
——「「宗族」研究と中国法制史学——近五十年来の動向」『法制史研究』57号，2008年.
松本俊郎『「満洲国」から新中国へ——鞍山鉄鋼業からみた中国東北の再編過程1940-1954』名古屋大学出版会，2000年.
眞鍋藤治編『中華民国法令索引』大同印書館，1943年.
丸尾・野沢・大谷・山下編『魯迅文言語彙索引』（東洋学文献センター叢刊第36輯），東

京大学東洋文化研究所東洋学文献センター，1981 年.
丸山眞男「思想史の考え方について」同『忠誠と反逆——転形期日本の精神史的位相』筑摩書房，1992 年.
マンハイム，カール（Karl Mannheim）著／高橋徹・徳永恂訳『イデオロギーとユートピア』中央公論新社，2006 年.
三木・山本・高橋編『伝統中国判牘資料目録』汲古書院，2010 年.
三品英憲「台湾・法務部調査局資料室紹介」『近きに在りて』42 号，2002 年.
——「近現代華北農村社会史研究についての覚書」『史潮』新 54 号，2003 年.
——「1930 年代前半の中国農村における経済建設——中華平民教育促進会の「定県実験」をめぐって」『アジア研究』50 巻 2 号，2004 年.
三谷孝編『中国農村変革と家族・村落・国家——華北農村調査の記録』全 2 巻，汲古書院，1999-2000 年.
三橋陽介「日中戦争期の戦区検察官——中華民国重慶国民政府法制の一考察」『社会文化史学』50 号，2008 年.
宮坂宏「三谷孝編『中国農村変革と家族・村落・国家——華北農村調査の記録』に就いて」『専修大学社会科学研究所月報』454 号，2001 年.
宮崎市定「中国人の歴史思想」同著・礪波護編『中国文明論集』岩波書店，1995 年.
村上淳一『近代法の形成』岩波書店，1979 年.
——『「権利のための闘争」を読む』岩波書店，1983 年.
——『〈法〉の歴史』東京大学出版会，1997 年.
——編『法律家の歴史的素養』東京大学出版会，2003 年.
村田雄二郎「清末の言論自由と新聞——天津『国聞報』を例に」孔祥吉・村田雄二郎『清末中国と日本』研文出版，2011 年.
——責任編集『新編　原典中国近代思想史　第 2 巻　万国公法の時代——洋務・変法運動』岩波書店，2010 年.
——責任編集『新編　原典中国近代思想史　第 3 巻　民族と国家——辛亥革命』岩波書店，2010 年.
村松祐次『中国経済の社会態制（復刊）』東洋経済新報社，1975 年.
『毛沢東集』全 10 巻，毛沢東文献資料研究会編，初版，北望社，1970 年；第 2 版，蒼蒼社，1982 年.
『毛沢東集補巻』全 9 巻，毛沢東文献資料研究会編，蒼蒼社，1983 年；別巻，蒼蒼社，1986 年.
本野英一『伝統中国商業秩序の崩壊——不平等条約体制と「英語を話す中国人」』名古屋大学出版会，2004 年.
桃木至朗編『海域アジア史研究入門』岩波書店，2008 年.
森時彦「人口論の展開からみた 1920 年代の中国」狭間直樹編『1920 年代の中国——京都大学人文科学研究所共同研究報告』汲古書院，1995 年.
——『中国近代綿業史の研究』京都大学学術出版会，2001 年.
森田成満『清代中国土地法研究』自版，2008 年.

安丸良夫『文明化の経験——近代転換期の日本』岩波書店，2007 年.
柳父章『翻訳とはなにか——日本語と翻訳文化』法政大学出版局，1976 年.
矢野仁一『近代蒙古史研究』弘文堂書房，1925 年.
———『近代支那史』弘文堂書房，1926 年.
———『支那近代外国関係研究——ポルトガルを中心とせる明清外交貿易』弘文堂書房，1928 年.
———『近世支那外交史』弘文堂書房，1930 年.
———『日清役後支那外交史』東方文化学院京都研究所，1937 年.
———『満洲近代史』弘文堂，1941 年.
山岡由佳『長崎華商経営の史的研究』ミネルヴァ書房，1995 年.
山岸俊男『社会的ジレンマ——「環境破壊」から「いじめ」まで』PHP 研究所，2000 年.
山田賢「革命イデオロギーの遠い水脈」『中国——社会と文化』26 号，2011 年.
山根幸夫編『中国史研究入門』上下 2 巻，山川出版社，1983 年．のち 1991 年，1995 年に増補改訂版が再刊.
山室信一『法制官僚の時代——国家の設計と知の歴程』木鐸社，1984 年.
———『思想課題としてのアジア——基軸・連鎖・投企』岩波書店，2001 年.
山本英史『清代中国の地域支配』慶應義塾大学出版会，2007 年.
山本真「1930 年代前半，河北省定県における県行政制度改革と民衆組織化の試み」『歴史学研究』763 号，2002 年.
山本進『清代の市場構造と経済政策』名古屋大学出版会，2002 年.
山本有造『「満洲国」経済史研究』名古屋大学出版会，2003 年.
熊遠報『清代徽州地域社会史研究——境界・集団・ネットワークと社会秩序』汲古書院，2003 年.
熊達雲『近代中国官民の日本視察』成文堂，1998 年.
楊海英『モンゴルとイスラーム的中国——民族形成をたどる歴史人類学紀行』風響社，2007 年.
『吉川幸次郎全集』全 27 巻，筑摩書房，1984-1987 年.
吉澤誠一郎「中華民国史における「社会」と「文化」の探究」『歴史学研究』779 号，2003 年.
———「先行研究と向き合う」飯島渉・田中比呂志編『21 世紀の中国近現代史研究を求めて』研文出版，2006 年.
吉田金一「シベリア-ルート」榎一雄編『東西文明の交流　第 5 巻　西欧文明と東アジア』，平凡社，1971 年.
———『ロシアの東方進出とネルチンスク条約』東洋文庫近代中国センター，1984 年.
ラヴジョイ，アーサー・O（Arthur O. Lovejoy）著／鈴木・佐々木・内田・秋吉訳『観念の歴史』名古屋大学出版会，2003 年.
李宝嘉著／入矢義高・石川賢作訳『官場現形記（上）』（中国古典文学大系），平凡社，1968 年.
———著・劉鶚著／岡崎俊夫・飯塚明訳『官場現形記（下）・老残遊記・続集』（中国古典

文学大系)，平凡社，1969 年.
陸偉榮『中国の近代美術と日本――20 世紀日中関係の一断面』大学教育出版，2007 年.
劉正愛『民族生成の歴史人類学――満洲・旗人・満族』風響社，2006 年.
梁啓超著／小野和子訳注『清代学術概論――中国のルネサンス』(東洋文庫)，平凡社，1974 年.
『梁啓超年譜長編』全 5 巻，丁文江・趙豊田編／島田虔次編訳，岩波書店，2004 年.
廖赤陽『長崎華商と東アジア交易網の形成』汲古書院，2000 年.
林淑美「清代台湾移住社会と童試受験問題」『史学雑誌』111 編 7 号，2002 年.
臨時台湾旧慣調査会編『清国行政法』全 6 巻・索引，臨時台湾旧慣調査会，1905-1915 年. のち 1965-1967 年に大安より索引を山根幸夫編のものにさしかえて再刊，1972 年に汲古書院より大安版にもとづき全 7 巻として再刊.
――― 『台湾私法』全 13 巻，臨時台湾旧慣調査会，1909-1911 年.
レントリッキア，フランク (Frank Lentricchia)，トマス・マクローリン (Thomas McLaughlin) 編／大橋洋一訳『現代批評理論――22 の基本概念』平凡社，1994 年.
六本佳平・吉田勇編『末弘厳太郎と日本の法社会学』東京大学出版会，2007 年.
和田久徳・翁其銀『上海鼎記号と長崎泰益号――近代在日華商の上海交易』中国書店，2004 年.
渡辺浩『東アジアの王権と思想』東京大学出版会，1997 年.
渡部忠世・桜井由躬雄編『中国江南の稲作文化――その学際的研究』日本放送出版協会，1984 年.

**【中国文（拼音《ピンイン》排列）】**

阿風『明清時代婦女的地位与権利――以明清契約文書・訴訟檔案為中心』北京：社会科学文献出版社，2009 年.
阿英編『晩清小説史』上海：商務印書館，1937 年.
―――編『晩清文学叢鈔』全 19 冊，北京：中華書局，1960 年―.
『北洋時期国会会議記録彙編』全 16 冊 (民国文献資料叢編)，李強選編，北京：国家図書館出版社，2011 年.
蔡尚思編『中国現代思想史資料簡編』全 5 巻，杭州：浙江人民出版社，1982 年.
曹樹基『中国移民史　6　清・民国時期』福州：福建人民出版社，1997 年.
常建華『社会生活的歴史学――中国社会史研究新探』北京：北京師範大学出版社，2004 年.
陳慈玉『近代中国茶業的発展与世界市場』台北：中央研究院経済研究所，1982 年.
陳独秀「談政治」『新青年』8 巻 1 号，1920 年. のち任建樹編『陳独秀著作選編』第 2 巻，上海：上海人民出版社，2009 年に収録.
陳光宇等編『清末民初中国法制現代化之研究』全 18 冊，台北：編者打字油印本，1973-1974 年.
陳建華『「革命」的現代性――中国革命話語考論』上海：上海古籍出版社，2000 年.
陳平原『中国小説叙事模式的転変』北京：北京大学出版社，2003 年.

陳同『近代社会変遷中的上海律師』上海：上海辞書出版社，2008 年．

程燎原『清末法政人的世界』北京：法律出版社，2003 年．

程美宝『地域文化与国家認同――晩清以来「広東文化」観的形成』北京：生活・読書・新知三聯書店，2006 年．

『籌辦夷務始末』道光朝，全 80 巻，文慶等修，咸豊 6 年；咸豊朝，全 80 巻，賈楨等修，同治 6 年；同治朝，全 100 巻，宝鋆等修，光緒 6 年，北平：故宮博物院影印，1929-1930 年．

『籌備第一次国会報告書』全 2 冊（国家図書館蔵歴史檔案文献叢刊），陳湛綺編，北京：全国図書館文献縮微複製中心，2004 年．

大理院書記庁編『大理院判決録』北京：大理院書記庁，1912-1914 年．

『大清徳宗景（光緒）皇帝実録』全 8 冊，台北：新文豊出版影印本，1978 年．

『大清法規大全』全 6 冊，台北：考正出版社影印本，1972 年．

『大清律例彙輯便覧』台北：成文出版社影印本，1975 年．

『大清律例会通新纂』台北：文海出版社影印本，1964 年．

『大清律例通考校注』北京：中国政法大学出版社，1992 年．

『大清宣統政紀実録』全 2 冊，台北：新文豊出版影印本，1978 年．

鄧文光『現代史攷信録――研究現代史的甘苦（初稿）』香港：東風出版社，1974 年．

―――『中共建党運動史諸問題』香港：青驄出版社，1976 年．

『第二次鴉片戦争』全 6 冊（中国近代史資料叢刊），中国史学会主編，上海：上海人民出版社，1978-1979 年．

『点校本　大清新法令』全 11 巻，北京：商務印書館，2010-2011 年．

『20 世紀中文著作者筆名録』（Harvard-Yenching library bibliographical series 第 9 種）朱宝樑編著，修訂版，桂林：広西師範大学出版社，2002 年．

費成康「『盛世危言』版本考」『嶺南文史』2003 年 3 期．

費孝通『生育制度』天津：天津人民出版社，1981 年．邦訳は横山廣子訳『生育制度――中国の家族と社会』東京大学出版会，1985 年．

馮明珠「『清季外交史料』作者質疑」『故宮文物月刊』66 期，1988 年．

―――「王亮的四份借書檔――再論「清季外交史料」原纂者」『故宮文物月刊』318 期，2009 年．

高漢成『簽注視野下的大清刑律草案研究』北京：中国社会科学出版社，2007 年．

戈公振『中国報学史』上海：商務印書館，1927 年．

葛剣雄主編『中国人口史』全 6 巻，上海：復旦大学出版社，2001-2002 年．

故宮博物院明清檔案部編『清末籌備立憲檔案史料』北京：中華書局，1979 年．

郭湛波『近五十年中国思想史』北平：人文書店，1936 年．

郭衛編『大理院解釈例全文』上海：会文堂新記書局，1931 年；台北：成文出版社影印，1972 年．

―――編『大理院判決例全書』上海：会文堂新記書局，1931 年；台北：成文出版社影印，1972 年．

―――・周定枚編『中華民国六法理由判解彙編』上海：会文堂新記書局，1934 年；呉経

熊編増訂本，1935-37 年；呉経熊編・郭衛増訂本，1947 年.
国民政府法制局編『国民政府現行法規』南京：国民政府法制局，1928-1936 年.
国民政府文官処編『国民政府法規彙編』南京：同国民政府文官処，1929-1947 年.
国史館編『中華民国史法律志（初稿）』台北：国史館，1994 年.
韓明謨『中国社会学史』天津：天津人民出版社，1987 年. 邦訳は星明訳『中国社会学史』行路社，2005 年.
韓延龍・蘇亦工等編『中国近代警察史』北京：社会科学文献出版社，2000 年.
何炳棣『中国歴代土地数字考実』台北：聯経出版事業公司，1995 年.
何勤華『中国法学史』全 3 巻，北京：法律出版社，2006 年.
———・李秀清『外国法与中国法——20 世紀中国移植外国法反思』北京：中国政法大学出版社，2003 年.
洪成和「清朝前中期蘇州地区踹匠的存在形態」常建華主編『中国社会歴史評論』9 巻，天津：天津古籍出版社，2008 年.
侯外廬編『中国早期啓蒙思想史——十七世紀至十九世紀四十年代（中国思想通史　第 5 巻）』北京：人民出版社，1956 年.
『胡華文集』北京：中国人民大学出版社，1988 年.
胡喬木『中国共産党的三十年』北京：人民出版社，1951 年.
胡適『白話文学史』上巻，上海：商務印書館，1928 年.
黄克武『惟適之安——厳復与近代中国的文化転型』台北：聯経出版事業公司，2010 年.
黄興濤・夏明方主編『清末民国社会調査与現代社会科学興起』福州：福建教育出版社，2008 年.
黄源盛『民初法律変遷与裁判』台北：国立政治大学法学叢書編輯委員会，2000 年.
———『法律継受与近代中国法』台北：黄若喬出版（元照総経銷），2007 年.
———『民初大理院与裁判』台北：元照出版，2011 年.
———纂輯『平政院裁決録存』台北：自版，2007 年.
———纂輯『景印大理院民事判例百選』台北：五南図書出版，2009 年.
———纂輯『晩清民国刑法史料輯注』台北：元照出版，2010 年.
———総編『大理院民事判例輯存　総則編』台北：元照出版，2012 年.
黄彰健『戊戌変法史研究』台北：中央研究院歴史語言研究所，1970 年.
『建党以来重要文献選編（1921-1949）』全 26 巻，中共中央文献研究室・中央檔案館編，北京：中央文献出版社，2011 年.
『建国以来毛沢東文稿』第 2 冊，北京：中央文献出版社，1988 年.
蔣廷黻編『近代中国外交史資料輯要』上・中巻，上海：商務印書館，1931，1934 年.
金観濤・劉青峰『観念史研究——中国現代重要政治術語的形成』香港：中文大学出版社，2008 年.
景甦・羅崙『清代山東経営地主底社会性質』済南：山東人民出版社，1959 年.
孔祥吉『康有為戊戌変法奏議研究』瀋陽：遼寧教育出版社，1988 年.
———『救亡図存的藍図——康有為変法奏議輯証』台北：聯合報文化基金会，1998 年.
———『康有為変法奏章輯考』北京：北京図書館出版社，2008 年.

李伯重『発展与制約——明清江南生產力研究』台北：聯経出版事業公司，2002 年.
李恩涵『北伐前後的「革命外交」』台北：中央研究院近代史研究所，1993 年.
———『近代中国外交史事新研』台北：台湾商務印書館，2004 年.
李貴連『近代中国法制与法学』北京：北京大学出版社，2002 年.
———主編『二十世紀的中国法学』北京：北京大学出版社，1998 年.
李海文編『中共重大歴史事件親歴記（1921-1949）』成都・北京：四川人民出版社・人民出版社，2010 年.
『李鴻章全集』全 39 巻（国家清史編纂委員会文献叢刊），顧廷龍・戴逸主編，合肥：安徽教育出版社，2008 年.
李景漢「中国農村人口調査研究之経験与心得」『社会学刊』3 巻 3 期，1933 年.
———編著『定県社会概況調査』定県：中華平民教育促進会，1933 年.
李力「危機・挑戦・出路——「辺縁化」困境下的中国法制史学」『法制史研究［台北］』8 号，2005 年.
李啓成点校『資政院議場会議速記録——晩清預備国会辯論実録』上海：上海三聯書店，2011 年.
『李文忠公全集』全 165 巻，李鴻章撰・呉汝綸編，金陵刊本，光緒 31-34 年，台北：文海出版社影印，1965 年.
李玉貞「従蘇俄第一次対華宣言説起」中共中央党史研究室第一研究部編『蘇聯・共産国際与中国革命的関係新探』北京：中共党史出版社，1995 年.
———訳『聯共・共産国際与中国（1920-1925）』第 1 巻，台北：東大図書公司，1997 年.
立法院編訳処編『中華民国法規彙編』南京：中華書局，1933-1935 年.
梁方仲編著『中国歴代戸口・田地・田賦統計』上海：上海人民出版社，1980 年.
林満紅「清末社会流行吸食鴉片研究——供給面的分析（一七七三—一九〇六）」国立台湾師範大学歴史研究所博士論文，1985 年.
林明徳『袁世凱与朝鮮』台北：中央研究院近代史研究所，1970 年.
林学忠『従万国公法到公法外交——晩清国際法的伝入・詮釈与応用』上海：上海古籍出版社，2009 年.
林遠琪『邸報之研究』台北：漢林出版社，1977 年.
劉晴波・彭国興編『陳天華集』長沙：湖南人民出版社，2008 年.
羅志田「夷夏之辨与「懐柔遠人」的字義」『二十一世紀』1998 年 10 月号.
———「後現代主義与中国研究——《懐柔遠人》訳序」同『近代中国史学十論』上海：復旦大学出版社，2005 年.
羅志淵『近代中国法制演変研究』台北：正中書局，1976 年.
馬敏『商人精神的嬗変——近代中国商人観念研究』武漢：華中師範大学出版社，2001 年.
馬寅初「新人口論」『馬寅初全集』第 15 巻，杭州：浙江人民出版社，1999 年.
毛沢東『毛沢東農村調査文集』北京：人民出版社，1982 年.
『毛沢東文集』全 8 巻，中共中央文献研究室編，北京：人民出版社，1993-1999 年.
孟祥沛『中日民法近代化比較研究——以近代民法典編纂為視野』北京：法律出版社，2006 年.

『民国時期総書目　法律』北京図書館編，北京：書目文献出版社，1990 年.
那思陸『清代州県衙門審判制度』台北：文史哲出版社，1982 年.
――『清代中央司法審判制度』台北：文史哲出版社，1992 年.
『内務公報』全 18 冊（民国文献資料叢編），内務部総務庁統計科編，北京：国家図書館出版社，2010 年.
潘維和『中国近代民法史』台北：漢林出版社，1982 年.
――『中国民事法史』台北：漢林出版社，1982 年.
――『中国歴次民律草案校釈』台北：漢林出版社，1982 年.
『清季外交史料』王彦威輯・王亮編，北平：外交史料編纂処，1933 年.
銭穆『中国近三百年学術史』上下 2 冊，上海：商務印書館，1937 年.
邱澎生『当法律遇上経済――明清中国的商業法律』台北：五南図書出版，2008 年.
邱遠猷・張希坡『中華民国開国法制史――辛亥革命法律制度研究』北京：首都師範大学出版社，1997 年.
全国図書館文献縮微複製中心『国民政府司法例規全編』全 31 冊，北京：全国図書館文献縮微複製中心，2009 年.
――『国民政府行政法令大全』全 5 冊，北京：全国図書館文献縮微複製中心，2009 年.
商務印書館編『中華民国法規大全』上海：商務印書館，1937 年.
商務印書館編訳所編纂『大清光緒新法令』・『大清宣統新法令』北京：商務印書館，1910 年.
邵循正『中法越南関係始末』北平：国立清華大学，1935 年．のち 2000 年に河北教育出版社（石家荘）より改版のうえ再刊.
『盛世危言』上海図書館・澳門博物館編，上海：上海古籍出版社，2008 年.
『十二朝東華録』台北：文海出版社，1963 年.
『実用現代漢語語法』劉月華・潘文娛・故韡著，増訂本，北京：商務印書館，2001 年.
司法部参事庁編『司法例規』北京：司法部参事庁，1914-1927 年.
司法行政部編『民商事習慣調査報告録』（南京）：司法行政部，1930 年.
司法行政部『中華民国法制資料彙編（司法資料第三号）』台北：司法行政部，1960 年.
司法行政部民法修正委員会主編『中華民国民法制定史料彙編』上下 2 冊，台北：司法行政部，1976 年.
司法院編『国民政府司法例規』南京：司法院，1930-1946 年.
蘇亦工『明清律典与条例』北京：中国政法大学出版社，2000 年.
――『中法西用――中国伝統法律及習慣在香港』北京：社会科学文献出版社，2002 年.
台湾大学法学院中国近代法制研究会編『中国近代法制研究資料索引』台北：台湾大学法学院中国近代法制研究会，1974 年.
譚其驤主編『中国歴史地図集』全 8 巻，北京：中国地図出版社，1982-1987 年.
湯志鈞編『康有為政論集』上下 2 冊，北京：中華書局，1980 年.
唐啓華『北京政府与国際聯盟（1919-1928）』（中国現代史叢書），台北：東大図書公司，1998 年.
陶希聖『清代州県衙門刑事審判制度及程序』台北：食貨出版社，1972 年.

田濤『国際法輸入与晩清中国』済南：済南出版社，2001 年.
王汎森『中国近代思想与学術的系譜』台北：聯経出版事業公司，2003 年.
王建朗『中国廃除不平等条約的歴程』南昌：江西人民出版社，2000 年.
王健『溝通両個世界的法律意義――晩清西方法的輸入与法律新詞初探』北京：中国政法大学出版社，2001 年.
――『中国近代的法律教育』北京：中国政法大学出版社，2001 年.
王力主編『古代漢語』全 4 冊，修訂第 2 版，北京：中華書局，1981 年.
王奇生「新文化是如何“運動”起来的？」同『革命与反革命――社会文化視野下的民国政治』社会科学文献出版社，2010 年.
王森然『近代二十家評伝』北平：杏巌書屋，1934 年.
王栻主編『厳復集』全 5 冊，北京：中華書局，1986 年.
『王文韶日記』上下 2 冊，袁英光・胡逢祥整理，北京：中華書局，1989 年.
王新宇『民国時期婚姻法近代化研究』北京：中国法制出版社，2006 年.
王信忠『中日甲午戦争之外交背景』北平：国立清華大学，1937 年.
王芸生纂輯『六十年来中国与日本』全 7 巻，天津：大公報社，1932-1934 年．のち 1979-1984 年に生活・読書・新知三聯書店（北京）より第 8 巻を増補のうえ改版再刊.
汪楫宝『民国司法志』台北：正中書局，1954 年.
『翁同龢日記』全 6 冊，陳義杰整理点校，北京：中華書局，1989 年.
呉景平『宋子文政治生涯編年』福州：福建人民出版社，1998 年.
『戊戌変法』全 4 冊（中国近代史資料叢刊），中国史学会主編，上海：神州国光社，1953 年.
夏東元編『鄭観応集』上下 2 冊，上海：上海人民出版社，1982 年.
――編『鄭観応年譜長編』上下 2 巻，上海：上海交通大学出版社，2009 年.
謝瑩「継往開来　走向新征程――中央檔案館編研工作回顧与展望」『檔案学研究』2000 年第 1 期.
謝振民『中華民国立法史』上海：正中書局，1937 年；北京：中国政法大学出版社点校本，2000 年.
『辛丑和約訂立以後的商約談判』（帝国主義与中国海関資料叢編），中国近代経済史資料叢刊編輯委員会主編・中華人民共和国海関総署研究室編訳，北京：中華書局，1994 年.
『辛亥革命』全 8 冊（中国近代史資料叢刊），中国史学会主編，上海：上海人民出版社，1957 年.
『辛亥革命稀見文献彙編』全 45 冊（民国文献資料叢編），桑兵主編，北京：国家図書館出版社，2011 年.
『刑案匯覧』台北：成文出版社影印本，1968 年.
『刑案匯覧続編』台北：文海出版社影印本，1970 年.
『刑案匯覧三編』北京：北京古籍出版社点校本，2004 年.
行竜『走向田野与社会』北京：三聯書店，2007 年.
修訂法律館編輯『法律草案彙編』全 2 冊，台北：成文出版社影印，1973 年.
徐家力『中華民国律師制度史』北京：中国政法大学出版社，1998 年.

薛允升著述・黄静嘉編校『讀例存疑重刊本』台北：成文出版社，1970 年.
『鴉片戦争』全 6 冊（中国近代史資料叢刊），中国史学会主編，上海：新知識出版社，1956-1957 年.
楊伯峻『文言文法』北京：中華書局，1963 年；香港：中華書局，1972 年.
楊奎松「共産国際為中共提供財政援助情況之考察」『党史研究資料』2004 年第 1 期.
――『西安事変新探――張学良与中共関係之謎』南京：江蘇人民出版社，2006 年.
――『中華人民共和国建国史研究』第 1-2 巻，南昌：江西人民出版社，2009 年.
――「研究歴史有点像刑警破案――『南方周末人物』訪談」同『学問有道――中国現代史研究訪談録』北京：九州出版社，2009 年.
楊天宏『政党建置与民国政制走向』北京：社会科学文献出版社，2008 年.
楊幼炯『近代中国立法史』上海：商務印書館，1936 年.
――『中国近代法制史』台北：中華文化出版事業社，1958 年.
姚純安『社会学在近代中国的進程（1895-1919）』北京：生活・読書・新知三聯書店，2006 年.
『“一大”前後』(二)，中国社会科学院現代史研究室・中国革命博物館党史研究室編，北京：人民出版社，1980 年.
『一九三八年英日関於中国海関的非法協定』（帝国主義与中国海関資料叢編），中国近代経済史資料叢刊編輯委員会主編，北京：中華書局，1983 年.
印鋳局編『法令全書』北京：印鋳局，1912-1926 年.
兪江『近代中国的法律与学術』北京：北京大学出版社，2008 年.
『諭摺彙存』全 56 冊，台北：文海出版社影印本，1967 年.
展恒挙『中国近代法制史』台北：台湾商務印書館，1973 年.
張国福『中華民国法制簡史』北京：北京大学出版社，1986 年.
――『民国憲法史』北京：華文出版社，1991 年.
張晋藩『清代民法綜論』北京：中国政法大学出版社，1998 年.
――主編『清朝法制史』北京：中華書局，1998 年.
張枏・王忍之『辛亥革命前十年間時論選集』全 3 巻 5 冊，北京：生活・読書・新知三聯書店，1960 年.
張生『中国近代民法法典化研究』北京：中国政法大学出版社，2004 年.
――主編『中国法律近代化論集』(一)（二）北京：中国政法大学出版社，2002，2009 年.
張思『近代華北村落共同体的変遷――農耕結合習慣的歴史人類学考察』北京：商務印書館，2005 年.
――等『侯家営――一個華北村荘的現代歴程』天津：天津古籍出版社，2010 年.
『張之洞全集』全 12 巻（国家清史編纂委員会文献叢刊），趙徳馨主編，武漢：武漢出版社，2008 年.
『政治官報』（光緒三十三年九月―宣統三年閏六月）・『内閣官報』（宣統三年七月―十二月）全 54 冊，台北：文海出版社影印本，1965 年.
鄭秦『清代司法審判制度研究』長沙：湖南教育出版社，1988 年.

――― 『清代法律制度研究』北京：中国政法大学出版社，2000 年.
『鄭孝胥日記』全 5 冊，労祖徳整理，北京：中華書局，1993 年.
鄭友揆「中国海関貿易統計編制方法及其内容之沿革」『社会科学雑誌』5 巻 3 期，1934 年.
『中法戦争』全 7 冊（中国近代史資料叢刊），中国史学会主編，上海：新知識出版社，1955 年.
中共中央党史研究室第一研究部訳『聯共（布）・共産国際与中国国民革命運動（1920-1925)』北京：北京図書館出版社，1997 年.
―――訳『聯共（布）・共産国際与中国国民革命運動（1926-1927)』全 2 冊，北京：北京図書館出版社，1998 年.
―――訳『聯共（布）・共産国際与中国蘇維埃運動（1927-1931)』全 4 冊，北京：中央文献出版社，2002 年.
―――訳『聯共（布）・共産国際与中国蘇維埃運動（1931-1937)』全 3 冊，北京：中共党史出版社，2007 年.
『中共中央文件選集』全 18 巻，中央檔案館編，北京：中共中央党校出版社，1989-1992 年.
『中国国民党中央執行委員会常務委員会会議録』全 44 冊，中国第二歴史檔案館編，南寧：広西師範大学出版社，2000 年.
『中国海関密檔――赫徳・金登干函電彙編（1874-1907)』全 8 巻，中国第二歴史檔案館・中国社会科学院近代史研究所合編，陳霞飛主編，北京：中華書局，1990-1995 年.
『中国海関与緬蔵問題』（帝国主義与中国海関資料叢編），中国近代経済史資料叢刊編輯委員会主編，北京：中華書局，1983 年.
『中国海関与辛亥革命』（帝国主義与中国海関資料叢編），中国近代経済史資料叢刊編輯委員会主編，北京：中華書局，1983 年.
『中国海関与義和団運動』（帝国主義与中国海関資料叢編），中国近代経済史資料叢刊編輯委員会主編，北京：中華書局，1983 年.
『中国海関与英徳続借款』（帝国主義与中国海関資料叢編），中国近代経済史資料叢刊編輯委員会主編，北京：中華書局，1983 年.
『中国海関与中法戦争』（帝国主義与中国海関資料叢編），中国近代経済史資料叢刊編輯委員会主編，北京：中華書局，1983 年.
『中国海関与中葡里斯本草約』（帝国主義与中国海関資料叢編），中国近代経済史資料叢刊編輯委員会主編，北京：中華書局，1983 年.
『中国海関与中日戦争』（帝国主義与中国海関資料叢編），中国近代経済史資料叢刊編輯委員会主編，北京：中華書局，1983 年.
『中国旧海関史料』編輯委員会編『中国旧海関史料』全 170 冊，北京：京華出版社，2001 年.
中国社会学社編『中国人口問題』上海：世界書局，1932 年.
『中国文化大革命文庫』CD 版，宋永毅主編，香港：香港中文大学中国研究服務中心，2002 年.
『中華民国史檔案資料彙編』中国第二歴史檔案館編，南京：江蘇古籍出版社，のち鳳凰出版社，1979-2010 年.

『中華民国史檔案資料彙編　総目索引』上下 2 冊，中国第二歴史檔案館編，南京：鳳凰出版社，2010 年.

『中日戦争』全 7 冊（中国近代史資料叢刊），中国史学会主編，上海：新知識出版社，1956 年.

仲偉行『《翁同龢日記》勘誤録　附：甲午日記』上海：上海古籍出版社，2010 年.

周錫瑞（Joseph W. Esherick）「後現代式研究：望文生義，方為妥善」『二十一世紀』1997 年 12 月号.

周先庚「学生「煩悩」与「心理衛生」」『中山文化教育館季刊』1 巻冬季号，1934 年.

【ハングル】

『旧韓国外交関係附属文書』全 8 巻，高麗大学校亜細亜問題研究所・韓国近代史料編纂室編，서울：高麗大学校出版部，1972-1974 年.

『旧韓国外交文書』全 22 巻，高麗大学校亜細亜問題研究所・旧韓国外交文書編纂委員会編，서울：高麗大学校出版部，1965-1973 年.

【欧文】

*Archives of China's Imperial Maritime Customs, Confidential Correspondence between Robert Hart and James Duncan Campbell, 1874-1907*, compiled by Second Historical Archives of China & Institute of Modern History, Chinese Academy of Social Sciences, Beijing: Foreign Language Press, 4 vols., 1990-1993.

Banno, Masataka.（坂野正高）*China and the West 1858-1861, The Origins of the Tsungli Yamen*, Cambridge, Mass.: Harvard University Press, 1964.

Bernhardt, Kathryn. *Women and Property in China, 960-1949*, Stanford: Stanford University Press, 1999.

—— and Philip C. C. Huang, eds. *Civil Law in Qing and Republican China*, Stanford: Stanford University Press, 1994.

*British Documents on the Origin of the War, 1898-1914*, 11 vols., edited by G. P. Gooch and Harold Temperley, London: H. M. Stationery Office, 1926-1938.

*British Parliamentary Papers, Area Studies Series, China and Japan*, 42 and 10 vols., Shannon: Irish University Press, 1972.

Coates, P. D. *The China Consuls*, Hong Kong: Oxford University Press, 1988.

Cordier, Henri. *Histoire des relations de la Chine avec les puissances occidentales, 1860-1900*, 3 tomes, Paris: Félix Alcan, 1901, 1902.

——. *L'expedition de Chine de 1857-58, Histoire diplomatique, notes et documents*, Paris: Félix Alcan, 1905.

——. *L'expedition de Chine de 1860, Histoire diplomatique, notes et documents*, Paris: Félix Alcan, 1906.

Costin, W. C. *Great Britain and China 1833-1860*, Oxford: Oxford University Press, 1937.

Daniels, Christian and Nicholas K. Menzies. *Science and Civilization in China by Joseph Needham, Vol. 6, Biology and Biological Technology, Part 3 Agro-Industries and Forestry*, Cambridge: Cambridge University Press, 1996.

Dennett, Tyler. *Americans in Eastern Asia, a Critical Study of the Policy of the United States with reference to China, Japan and Korea in the 19th Century*, New York: Macmillan , 1922.

*Die Grosse Politik der europäischen Kabinette, 1871-1914: Sammlung der diplomatischen Akten des Auswärtigen Amtes im Auftrage des Auswärtigen Amtes*, 40 Bde., herausgegeben von Johannes Lepsius, Albrecht Mendelssohn Bartholdy, Friedrich Thimme, Berlin: Deutsche Verlagsgesellschaft fur Politik und Geschichte, 1922-1927.

*Documents diplomatiques français (1871-1914)*, 41 Tomes, Paris: Imprimerie Nationale, 1929-1959.

Duara, Prasenjit. *Culture, Power, and the State: Rural North China, 1900-1942*, Stanford: Stanford University Press, 1988.

Esherick, Joseph W. "Cherishing Sources from Afar," *Modern China*, Vol. 24, No. 2, April, 1998.

Fairbank, John King. *Trade and Diplomacy on the China Coast: The Opening of the Treaty Ports, 1842-1854*, 2 vols., Cambridge, Mass.: Harvard University Press, 1953.

———, ed. *The Chinese World Order: Traditional China's Foreign Relations*, Cambridge, Mass.: Harvard University Press, 1968.

———, Katherine Frost Bruner & Elizabeth MacLeod Matheson, eds. *The I. G. in Peking: Letters of Robert Hart, Chinese Maritime Customs 1868-1907*, 2 vols., Cambridge, Mass., etc.: Harvard University Press, 1975.

Faure, David. *Emperor and Ancestor: State and Lineage in South China*, Stanford: Stanford University Press, 2007.

Fogel, Joshua, ed. *The Role of Japan in Liang Qichao's Introduction of Modern Western Civilization to China*, Berkeley: University of California Press, 2004.

Furth, Charlotte, Judith T. Zeitlin, and Hsiung, Ping-chen, eds. *Thinking with Cases: Specialist Knowledge in Chinese Cultural History*, Honolulu: University of Hawai'i Press, 2007.

Great Britain, Foreign Office, Embassy and Consular Archives, FO 228.

Greenberg, Michael. *British Trade and the Opening of China 1800-42*, Cambridge: Cambridge University Press, 1951.

Hegel, Robert E. and Katherine Carlitz, eds. *Writing and Law in Late Imperial China: Crime, Conflict, and Judgment*, Seattle: University of Washington Press, 2007.

Hevia, James L. *Cherishing Men from Afar: Qing Guest Ritual and the Macartney Embassy of 1793*, Durham and London: Duke University Press, 1995.

Honig, Emily. *Creating Chinese Ethnicity: Subei People in Shanghai, 1850-1980*, New Haven: Yale University Press, 1992.

Hsiao, Liang-lin.（蕭亮林）*China's Foreign Trade Statistics, 1864-1949*, Cambridge, Mass.: East Asian Center, Harvard University, 1974.

Huang, Philip C. C.（黄宗智）*The Peasant Economy and Social Change in North China*, Stanford: Stanford University Press, 1985.

———. *Civil Justice in China: Representation and Practice in the Qing*, Stanford: Stanford University Press, 1996.

———. *Code, Custom, and Legal Practice in China: The Qing and Republic Compared*, Stanford: Stanford University Press, 2001.

———. *Chinese Civil Justice: Past and Present*, Lanham: Rowman & Littlefield Publishers, 2010.

Irish University Press, Area Studies Series, *British Parliamentary Papers*, China, 42 vols., Shannon, 1972.

*KPdSU(B), Komintern und die Sowjetbewegung in China: Dokumente*, Bd. 3 (1927-1931), Münster, 2000; Bd. 4 (1931-1937), Münster, 2006.

Lee, James Z. and Cameron D. Campbell. *Fate and Fortune in Rural China: Social Organization and Population Behavior in Liaoning, 1774-1873*, Cambridge: Cambridge University Press, 1997.

Liang, Linxia.（梁臨霞）*Delivering Justice in Qing China: Civil Trials in the Magistrate's Court*, Oxford: Oxford University Press, 2007.

Lo, Hui-min（駱惠敏）and Helen Bryant. *British Diplomatic and Consular Establishments in China: 1793-1949, II, Consular Establishment 1843-1949*, Taipei: SMC Publishing Inc., 1988.

Macaulay, Melissa. *Social Power & Legal Culture: Litigation Masters in Late Imperial China*, Stanford: Stanford University Press, 1998.

Maddison, Angus. *Chinese Economic Performance in the Long Run*, Paris: Development Center of OECD, 2007.

Matsubara, Kentaro.（松原健太郎）"Land Registration and Local Society in Qing China: Taxation and Property Rights in Mid-Nineteenth Century Guangdong," *International Journal of Asian Studies*, Vol. 8, pt. 2, 2011.

Momigliano, Arnaldo. *Studies in Historiography*, Worcester: The Trinity Press, 1966.

———. *The Classical Foundations of Modern Historiography*, Berkeley: University of California Press, 1990.

Morse, Hosea Ballou. *The International Relations of the Chinese Empire*, 3 vols., Shanghai, etc.: Kelly and Walsh, 1910, 1918.

———. *The Chronicle of the East India Company Trading to China 1635-1842*, 5 vols., Oxford: Clarendon Press, 1926, 1929.

Motono, Eiichi.（本野英一）*Conflict and Cooperation in Sino-British Business, 1860-*

*1911: The Impact of the Pro-British Commercial Network in Shanghai*, London: Macmillan Press, 2000.

*Papers relating to the Foreign Relations of the United States, 1888*, 2 vols., United States, Department of State, Washington, D. C.: Government Printing Office, 1889.

Pocock, J. G. A. *Barbarism and Religion*, I-V, Cambridge: Cambridge University Press, 1999-2010.

Pomeranz, Kenneth. *The Great Divergence: China, Europe, and the Making of the Modern World Economy*, Princeton and Oxford: Princeton University Press, 2000.

Reed, Bradly W. *Talons and Teeth: County Clerks and Runners in the Qing Dynasty*, Stanford: Stanford University Press, 2000.

*RKP(B), Komintern und die national-revolutionäre Bewegung in China: Dokumente*. Bd. 1 (1920-1925), München, 1996; Bd. 2 (1926-1927), Münster, 1998.

Roper, Michael. *The Records of the Foreign Office 1782-1968*, Kew: Public Record Office, 2002.

Sartori, Giovannni. *Parties and Party Systems: A Framework for Analysis*, Cambridge : Cambridge University Press, 1976. 邦訳はG・サルトーリ著／岡沢憲芙・川野秀之訳『現代政党学——政党システム論の分析枠組み』早稲田大学出版会，1980 年.

Sasaki, Yô.（佐々木揚）“The International Environment at the Time of the Sino-Japanese War (1894-1895)—Anglo-Russian Far Eastern Policy and the Beginning of the Sino-Japanese War,” *Memoirs of the Research Department of the Toyo Bunko*, No. 42, 1984.

Shirato, Ichiro.（白戸一郎）*Japanese Sources on the History of the Chinese Communist Movement: An Annotated Bibliography of Materials in the East Asiatic Library of Columbia University and the Division of Orientalia, Library of Congress*, edited by Martin Wilbur, New York: Columbia University, 1953.

Sommer, Matthew H. *Sex, Law, and Society in Late Imperial China*, Stanford: Stanford University Press, 2000.

Stephens, Thomas B. *Order and Discipline in China: The Shanghai Mixed Court 1911-27*, Seattle: University of Washington Press, 1992.

Stranahan, Patricia. *Underground: The Shanghai Communist Party and the Politics of Survival, 1927-1937*, Lanham, MD: Rowman & Littlefield, 1998.

Svarverud, Rune. *International Law as World Order in Late Imperial China: Translation, Reception and Discourse, 1847-1911*, Leiden: Brill Academic Pub., 2007.

Tan, Carol G. S. *British Rule in China: Law and Justice in Weihaiwei, 1898-1930*, London: Wildy, Simmonds and Hill Publishing, 2008.

Thurstone, L. L. and Thelma Guinn Thurstone. “A Neurotic Inventory,” *Journal of Social Psychology*, Vol. 1, No. 1, 1930.

United States, Department of State. General Records of Department of State, Diplomatic Despatches, Korea, 1883-1905.

Wong, R. Bin. (王国斌) *China Transformed: Historical Change and the Limits of European Experience*, Ithaca and London: Cornel University Press, 1997.

Wright, Stanley Fowler. *Hart and the Chinese Customs*, Belfast: Wm. Mullan & Son, 1950.

Wu, Tien-wei. (呉天威) *The Kiangsi Soviet Republic, 1931-1934: A Selected and Annotated Bibliography of the Ch'en Ch'eng Collection*, Cambridge, Mass.: Harvard-Yenching Library, Harvard University, 1981.

Xu, Xiaoqun. (徐小群) *Trial of Modernity: Judicial Reform in Early Twentieth-Century China, 1901-1937*, Stanford: Stanford University Press, 2008.

Zelin, Madeleine, Jonathan K. Ocko, and Robert Gardella, eds. *Contract and Property in Early Modern China*, Stanford: Stanford University Press, 2004.

*ВКП(б), Коминтерн и Китай: Документы*, Т. 1 (1920-1925), Москва, 1994; Т. 2 (1926-1927), Москва, 1996; Т. 3 (1927-1931), Москва, 1999; Т. 4 (1931-1937), Москва, 2003; Т. 5 (1937-май 1943), Москва, 2007.

Григорцевич, С. С. *Дальневосточная политика империалистических держав в 1906-1917 гг.*, Томск: Изд-во Томского университета, 1965.

*Красный архив: исторические жсурнал*, 106 т., Москва: Центральный архив Р.С.Ф.С.Р, 1922-1942.

Крюков. М. В. "Вокруг 'Перой Декларации Карахана' по китайскму вопросу. 1919 г.," *Новая и новейшая история*, 2000, № 5.

*Международные отношения в эпоху империализма: документы из архивов чарского и временного правительств, 1878-1917,* Москва: Государственное социально-зкономическое изд-во; Государственное изд-во политической литературы, 1931-1940.

Нарочницкий, А. Л. *Колонцальная политика капиталистических держав на Дальнет Востоке, 1869-1895,* Москва: Изд-во Академии наук, СССР,1956.

*Русско-китайские отношения в XIX веке: материалы и документы*, составители, М.Б. Давыдова и др., отв. редактор, С. Л. Тихвинский, Т. 1, редактор тома, В. С. Мясников, Москва: "Ламятники исторической мысли," 1995.

*Русско-китайские отношения в XX веке: материалы и документы, том* 4, *Советско-китайские отношения: 1937-194*5, 2 кн., составители, А. М. Ледовский и др., отв. редактор, С. Л. Тихвинский, Москва: "Памятники исторической мысли," 2000.

*Русско-китайские отношения в XX веке: материалы и документы, том 5, Советско-китайские отношения: 1946-февраль 1950, 2 кн.*, составители, А. М. Ледовский и др., отв. редактор, С. Л. Тихвинский, редактор тома В. С. Мясников, Москва: "Памятники исторической мысли," 2005.

ていつも見るとか、そういうものがある人とない人の違いのような気がしますね。最近は目的主義的に論文を書かざるを得ない部分がたくさんあるんですけれども、そうではなくて史料を読んでいると自然に発想が生まれて、では書いてみるかということで書いた論文のほうが、新しい史料など使っていなくても優れているに決まっている。

ですので、論文をしあげる大詰めになったらいろいろな資料にあたって調べないといけないし、データベースはその点とても便利ですので使えるとは思うのですが、発想の部分、コアになる部分はそうではないと思うんです。先ほどから出ている本の読み方も含めて、そこの部分をどう伝えていくかな。

**村上** ある意味、史料・史料群と心中するといった感じですね。

**岡本** FOと心中している村上さんみたいな感じ（笑）。

**石川** 共産党とは心中したくないな（笑）。

**村田** どっちが長生きするか。

**石川** 向こうが長生きでしょう、きっと。

**村田** 生きているうちに一度は中央檔案館に入ってみたいよね。夢だよね。

**石川** そういう意味ではもう少し長生きしたい。

**岡本** 文学研究、思想研究はそれこそ、特定の人と心中ですね。

**村田** やはり偏愛がないとだめだね。史料にしても、人物にしても、作品にしても。

**岡本** 偏愛、好き嫌いですね。それはそう思います。好き嫌い言わずに食べなさい、という史料も必要なんですけれど、それは好き嫌いがあってはじめて言えるような気もしますので、好き嫌いがないと、やはりメリハリのある面白いものは書けない。

**吉澤** では、このあたりでよろしいでしょうか。非常に興味深いお話がいろいろ出てきました。ありがとうございました。

（二〇一二年二月一八日収録）

ですので、われわれの場合、現代中国研究なり歴史研究なり、あくまで外国のことをやっているわけですから、一応切り離して考えるべきだし、そういうスタンスをとったほうがいい。ただ、そういう点がどうしても曖昧になってしまうのは、おっしゃるとおりだと思います。

**村田**　最後にひとこと。デジタル情報の扱い方ですが、ある人の言葉を借りると「善用も悪用もできる」。つまり、うまく使える人がいればうまく使えるし、使いこなせない人が使ってもうまくいかない。それ以上でもそれ以下でもない。

心配なのは、図書館に行って、例えば一棚を見てみるとか、探していた本の横の本をちゃんと調べるということが、デジタルデータベースの普及によって減ってしまうということで、要するに図書館にある史料だけでも、ある程度の規模をもった図書館であれば研究はできるし、それによって必ずしも成果を生み出せないわけではない。もちろんあくなき史料の探求というのは大事なんですけれども、近代史の場合は関連する史料をすべて集めて読むということはそもそも無理なわけですね、特に二〇世紀になると。だから、檔案中心主義に逆行するようですけれども、ごく普通に見られる編纂史料ものからきちんと段階を踏んで勉強していくことが大事だと思う。

例を一つだけ挙げますと、五四運動の研究は今はそれほど盛んではなくなっていて、中国近代史における意義は相対的には下降気味だと思うんです。ただ、王奇生さんが三年ぐらい前に発表した、非常に評判を呼んだ五四運動論がある（「新文化是如何〝運動〟起来的？」）。彼の最新論文集（『革命与反革命』）にも入っていてぼくは感心して読んだけれど、要するに五四運動というのは『青年雑誌』の創刊から始まる。しかし最初は発行部数も少ないし、上海で陳独秀などが編集していたころはほとんど注目されなかった。論壇の中心は『東方雑誌』などもっとメジャーな雑誌だった。ところが『新青年』はプロパガンダに巧みで、「運動」をした。宣伝操作の技術に長けていたのです。銭玄同が筆名を使って、文学革命をマッチポンプ的にでっち上げた。

この結論は、二〇年代の「運動」の時期につながっていって、非常に重要な視点を出しているけれども、彼が使っている史料は実は八〇年代ぐらいまでに出たものです。彼は檔案のプロだけれども、新しい事実を提供するような史料を使っていない。それでも画期的な論文が書けてしまうんですね。彼は史料をたくさん読み込んでいるから、深く読める。裏というか、背後を彼なりにきちんとロジカルに整理している。それこそがある意味、真っ当な研究で、歴史研究のあるべき姿を示している。そうした意味では一つのいい手本ではないかと思う。

**岡本**　今のお話で思いついたのですが、愛読書なり、お気に入りの史料なりをつくるというのは、非常に重要なこと。この史料を読ませれば、自分に敵うやつはいないとか。それはおっしゃったように編纂史料でも何でもいいのですが、枕頭に置い

**齋藤**　出版助成する側がちゃんと読んでいるかも問われますね。

**石川**　それは読んでないでしょう。

**岡本**　非常にお寒いですよね。

**石川**　審査委員会だってそんなに読んでないでしょう。

**齋藤**　そうなんですよ。そこが結構つらいところですね。もっとも、われわれ同業者が出版助成の審査をしているわけですから、われわれの問題なんですけれども。

**村上**　あと、研究会が大事だと思うのは、史料をつけた報告を二時間ぐらいしてもらって、論文が活字になる前に一回、批判をする場を設けられることかと思います。二十分ぐらいの学会報告では全然分からないですよね。史料に何を使っているのかとか。

あまりごまかしがきかないような場を大切にしていくのがいいと思いますね。プロジェクトみたいなものも、既存の学会や研究会とジョイントするかたちでやっていくといいと思うのですが。

**吉澤**　二時間一本勝負だと史料の読みで盛り上がるときがありますよね。そうしたことが少なくなっている。

**石川**　先ほどの現代中国研究とわれわれ近現代史研究の溝について、ちょっと補足すると、中国では、いわゆる今の中国をやっている人たちは一一期三中全会あたりで分けて、それ以降を「新時期」なんて呼んでいて、それが現代中国研究になっていますよね。文革をあいだに挟んで、実はその前にも人民共和国史があるのだけれども、それらを捨象して現代中国なんて呼んでいる。「現代中国」とは改革開放以後の中国だというふうに、彼ら自身も暗黙のうちに分けているんですね。文革の十年のことはあまり研究しない。それ以前の時期は歴史学の対象だから「現代中国」研究者はあまり研究しないという棲み分けが実は中国にもあって、その溝は結構深いような気がする。

**吉澤**　棲み分け自体はあってもいいと思うんです。それはある程度違う研究対象なので違うんだよ、ということはあってもいいんですが、相互のちゃんとした尊重、相互尊重みたいなものがあるのかないのかということが、気にはなっている。

**石川**　中国にもないですね。

**吉澤**　なぜないのか。そういうものはいらないのか、あるべきだけれどもそれに値するようなコミュニケーションがとれていないのか、そのあたりが分からないですね。

**岡本**　一つは、中国の場合はあくまで自国の話ですので、われわれの場合でも、現代日本あるいは日本の現状を調べている人と、日本の歴史を調べている人との関係を思い浮かべれば、ある程度類推できるかもしれない。もう一つは、中国の時代区分は、非常に政治的なことが絡みますので、そういうことがはたらいている可能性はある。お互いを尊重しないとか、無関心というのも、意識的無意識的にそこに関わっているような気もしなくもない。

**村上**　出す前に、特に研究書は自分の学生でも後輩でも、あるいは同業者でもいいが、できるだけ回してチェックしてもらったほうがいいと思います。学生にお願いしたらきちんと対価を支払うべきだと思いますが。

今、出版社に全部のチェックを求めるのは酷な状況もあるので、研究者の側でもきちんと対策を考えていくべきだと思う。

**村田**　自分でやっていると絶対見落としてしまう。

**村上**　忙しいし。

**石川**　でも、出版社の側も、編集者がいるゆえんというのは、単に印刷所と著者のあいだの原稿の受け渡し係ではないわけですから。やはり出版物、成果を共に作っていくということが大事かと思いますね。

**村田**　校正だけではなくて校閲ですよね。中身に踏み込んでチェックしていただく。

**石川**　書く側は、自分の分かっていることを書いているから、自分では人に伝わっているつもりでも、実は全然伝わっていないことはままあるんですね。それは第三者、特に同業者ではない人のほうが気づくから、編集者の役割は本当に大きいと思う。

**齋藤**　アメリカの出版社ではよくありますね。ピア・レビューがあって、それを通らないと出版できない。日本の出版社ではあまりそういうシステムはない。

**石川**　そう。出版助成さえちゃんととってきてくれれば、どうぞ、どうぞと……(笑)。

史料集を、例えば『中国近代史資料叢刊』から読みなさいというのはそういう意味です。そこで読む力を養うということをしないと、齋藤さんが話されたように、どこかで「奪われ」てしまう。

**齋藤**　奪われていることに気がつかないんですよ。それが気の毒だと思う。それこそ、口伝とか授業とか演習の重要性というのが前よりずっと増しているのではないか。

**岡本**　それと、これは西さんが書かれていることですが、批判の必要性が逆に増していると思う。たくさんの著述が出てくるので、やはりひどいものはひどい、と言うスタンスがどうしても必要という気がしているのです。昔は、論文にする前に先生あるいは先輩に叩かれるというプロセスがあったのですが、そこが欠けてしまったまま出てくる。見過ごすと、それでいいんだ、となってしまって、いくらでも再生産されてくることになりますので、だめなものはだめ、と言うことは必要だと思いますし、私は口が悪いのでいろいろなところで書いて総スカンを食らっているんですが、それは必要という気はしていますね。

**吉澤**　学術雑誌の編集委員会や、東大出版会をはじめとする学術出版社のプロの編集者の見識がやはり大切で、編集の側から厳しく指導いただくことも必要なことでしょう。逆に、ひどい見識の出版社がひどい博論をそのまま印刷して出版してしまうことがあるわけですよね。活字に出す前の段階でのチェックを頑張っていくことが必要だろうと思います。

局、用例や著作をたくさん読んでいくことでしか解決しない。データベースは一定の効用はあるけれども、読むという行為はかなり個人的・私的な部分が残らざるを得ないと思う。ただ、さっき言ったように、口伝とか授業での教育も必要だけどね。

**齋藤**　むしろそれの重要性が増しているというか。

**村田**　おっしゃるとおり、ある概念などを分かったつもりになって、それで過ぎてしまう修士論文が多いです。じつはそこで立ち止まり、何でこんな言葉が出てくるのかと考えることが大事です。漢字の同型性という問題も清末にはあって、由来を調べ出すとそれこそ概念史とか語彙研究の果てしない広がりがあるのだけれども、そこまで行くのになかなか大変ですね。ただ、やはりそれが読むということだと思います。

あとデータベースの話だと、結局、ぼくもよく百度《バイドウ》なんかを使うんですけれども、たくさん情報があるようでいて、実は百の記事は一つのリソースから出ているということもある。

**岡本**　それは漢籍と同じですね。

**村田**　そのままコピー&ペーストされている。だから間違った情報がそのまま伝わる。これは出版物でもあり得ることです。あと、データベースの場合は、データベースそのものがどの版本を使っているかによって間違いが生じたり、メタデータが間違っている場合などが結構あると思う。アジ歴（アジア歴史資料センター）もそういう意味では完璧ではなくて、かなり問題がある。実際にその作業にあたった大澤肇さんも言っていました。

一つの簿冊をどう区切るかということ自体が編集なんですね。だからデータベースに上がった途端に、極端にいえば二次史料になってしまう。簿冊を切り取って原則三百字で内容を拾っていく。キーワード検索で当たるのはそこだけですよね。後で大事な言葉が出てきても当たらないし、簿冊の区切り方でいろいろ問題が発生する。

例えば二つの報告書が一つのデータになっていたりする。二番目の報告書のほうはどんなに検索しても出てこない。メタデータそのものがないから。それから安易にネットに出ている画像情報などは、結構ページが落ちていたり、いい加減な処理をしたりしている。非常に危ないと思います。

**村上**　そういったデータベースを検索して出てきた史料を使って書かれた論文や本がすでにあるわけです。そのなかにはひどいものがすでに生まれてしまっているんですよね。

**村田**　中国で？

**村上**　日本にもあります。かなり訓練されてきたはずのシニアの先生でも、そういうのを使ってしまうと非常に薄っぺらな研究になってしまうこともあるから、結構、衝撃です。

**村田**　だから、編纂物の史料集より はたちが悪いかもしれない。編纂物の史料集だと編纂している編者の歴史観だとかバイアスがあり、ひょっとしたら文字も変えられているかもしれない、そういう史料批判的な眼をもって見るでしょう。まず編纂